第四卷

求是室序跋

龔書鐸文集

中华书局

龚书铎（1929—2011 年）

与北京师范大学中国近代史教研室同事合影（2004年）

与弟子们合影（前排右七，2008年）

博士生金庆惠学位论文答辩会合影（右三，1999年）

第四届全国青年史学工作者学术讨论会合影 2006.10.20

与青年史学工作者合影（前排右四，2006年）

为青年学者著作写序手稿

目　录

一部研究辛亥革命历史的专著

——介绍《辛亥革命史》

　　章开沅、林增平主编的《辛亥革命史》（上、中、下三册），已于辛亥革命七十周年前夕，由人民出版社出版。对于孙中山先生领导的伟大的辛亥革命，新中国成立以后，史学工作者曾进行了大量的研究工作，取得了不少可喜的成果。但象《辛亥革命史》这样一部约一百一十万字的学术专著，却是前所未有的。

　　编著者在马列主义指导下，力求对辛亥革命时期的历史，作出全面的、符合客观实际的论述。书中着力探讨了孙中山和资产阶级革命派的活动，展示了革命运动的兴起、发展和失败，主线鲜明突出。同时，也没有忽视对其他方面的描述，诸如农民、工人和少数民族的苦难生活和反抗斗争，华侨的悲惨境遇和对革命事业的贡献，立宪派的政治活动，清政府的垂死挣扎，帝国主义的侵略罪行，等等。通过这些叙述，展现了这个时期各个阶级、阶层和派别之间的关系、矛盾和斗争，交织成一幅广阔而复杂的社会图景。

　　给人印象深刻的是，编著者坚持了实事求是的态度，从历史事实出发进行分析。对于革命派，既充分肯定他们埋葬在我国延续两千多年的封建君主专制制度的丰功伟绩，也对他们的局限性进行了具体的剖析。对于戊戌变法后的立宪派，也是把他们放在当时复杂的历史情况下来加以考察，指出他们与清政府之间既有抵制革命的共同愿望，也有因各自阶级利益不同而存在着的分歧。对于大多数立宪派人转向革命阵营所产生的作用，既如实地恰当地估价他们对瓦解清朝统治所产生的影响，也强调指出他们对革命的破坏作用。这种实事求是的分析，不仅具有说服力，而且可以引出历史的经验教训。

能否实事求是地评述历史，首先是个思想路线问题，但也同对历史资料的掌握有关。《辛亥革命史》的编著者在资料的搜集掌握上，付出了很大努力，是值得称道的。书中仅主要征引书目，包括中外文的档案、官书、文集、笔记、日记、论著、方志、报刊等就达五百九十多种。正是由于较详细地掌握了有关辛亥革命的历史资料，才有可能对这段历史作出清楚的叙述和公允的评价。此外，由于详细地掌握了史料，对一些具体史实也作了订正。例如，关于袁世凯继任直隶总督一事，一种流行的说法是由于李鸿章的遗疏推荐，编著者在查考了有关史料之后，指出这种说法是靠不住的。

毛泽东同志指出："不但要懂得中国的今天，还是懂得中国的昨天和前天。"辛亥革命的志士为了谋求祖国的独立富强，不惜抛头颅、洒热血，这种爱国主义精神是值得我们继承和发扬的。然而由于领导这次革命的资产阶级的软弱妥协，资产阶级共和国仅是昙花一现，革命终于还是失败了，中国仍然是半殖民地半封建社会。中国共产党诞生之后，中国人民在党的领导下，经过长期革命斗争，才彻底推翻了帝国主义、封建主义、官僚资本主义这三座大山，建立了中华人民共和国，胜利完成了中国民主革命的任务，并进而展开了大规模的社会主义革命和社会主义建设。《辛亥革命史》用史实雄辩地说明了没有共产党就没有新中国，只有社会主义才能救中国这一真理。

（原载《北京日报》1981年10月9日）

一部形象鲜明的历史人物传记

——评杨国桢的《林则徐传》*

林则徐是中国近代史上著名的历史人物，引起过许多史学工作者的研究兴趣，出版了不少有关的论文和小册子。杨国桢同志著的《林则徐传》（人民出版社1981年出版），则是建国以来第一部关于林氏的长篇传记。这部传记，不仅是杨国桢同志二十年来刻苦钻研、辛勤撰述的结晶，也是我国史学界在这方面研究工作中所取得的一个可喜成果。

这部传记，从1785年（乾隆五十年）8月林则徐出生写起，迄于1850年（道光三十年）2月逝世为止，共分十五章：第一章介绍林则徐的家庭和他青少年时代的生活；第二、三、四章叙述他在奉旨禁烟前，担任考官、道员、按察使、布政使、河道总督、江苏巡抚和湖广总督等职期间，对科举、司法、吏治、河工、漕务、赈灾、盐政等政事的考究、治理和改革；第五章至第十二章写他在鸦片战争期间领导广东军民厉行禁烟，抵御英国侵略，捍卫国家主权和民族尊严的不屈不挠的正义斗争；第十三章记述他谪戍新疆后的流放生活；第十四、十五章写他被朝廷起用后的政治活动和晚年的境遇。可以看出，这部传记力图反映林则徐一生的历史，表现其全人。书中不仅对他的关键时期即鸦片战争期间的活动，予以细致入微的描写，而且对世人论及较少的时期，如鸦片战争以前和以后的活动，也作了明晰的阐述。同时，还结合传主的活动，适当勾画了嘉庆道光两朝

---

* 与史革新合撰。

的政治、经济、思想、外交等方面的情况，展开了一幅比较广阔的历史画面，塑造出林则徐完整的人物形象。

一部好的历史人物传记，不仅在于内容的全面和真实，还在于它能够准确地抓住人物的基本特征，对他的政治立场、思想主张、主要贡献以及历史作用等作出历史唯物主义的论述和评价。杨国桢同志的这部传记，正体现了这一点。林则徐的一生，大半时间是在官场度过的，是一个政治实践家。作者在写作中，捕捉住这个特点，"以林则徐的政治活动为主线，以在历史上的突出贡献为重点"，着力刻画他作为"地主阶级改革派中不可多得的实干家"[①]的形象，充分肯定了他在社会改革和抵御西方列强侵略上作出的历史贡献和起到的积极作用。

林则徐生活的嘉道年间，清皇朝已处于"四海变秋气"的境况，吏治败坏，弊政丛生。对于清政府当时存在的主要弊端，林则徐几乎全部遇到过，考究过，处理过。作为封建统治阶级的好官干吏，尽管他在实行社会改革的时候是从维护清皇朝长远利益考虑的，但是其中有些改革也给广大人民带来一定好处，有利于社会经济的发展，符合历史前进的方向。在书中，作者肯定了以下几点：

一、清理积案，决狱平恕。作者认为，这项活动"在本质上是为封建统治服务的。但是平一些冤狱，拿办横霸一方、贩卖鸦片的土豪恶棍，对受害的劳动人民还是有好处的"[②]。

二、对受灾人民减征缓赋，放赈济贫，大力剔除灾赈积弊，如禁止官吏勒派中饱、富户囤米抬价等，"对稳定灾区，缓和阶级矛盾，确实起到比较好的效果"，"多少剔除了官府赈灾中的一些弊端，给灾民一定的实惠"[③]。

三、敢于"破格具奏"，为民请命，请求朝廷对负担过重的常州府属各县一律普缓数分，以损上益下，暂纾民力。这使一部分自耕农民"从一律普缓中得到实际的经济利益，部分减轻了当前的生活困难"[④]。

---

① 杨国桢：《林则徐传》，"自序"第1页。
② 杨国桢：《林则徐传》，第44页。
③ 杨国桢：《林则徐传》，第48页。
④ 杨国桢：《林则徐传》，第82页。

四、研究和改革漕运、盐政、水利等的弊病，关心国计民生，注意发展生产。"他面对现实的实际情况，采取一些'兴利除弊'、'损上益下'的措施，企图做到'利国便民'，在维护封建统治阶级的长远利益的前提下，适当照顾中小地主、商人以至贫民的利益"，"明确地体现了地主阶级改革派的立场"①。

五、在办理贩粮助赈、改革盐务和货币、开采银矿的过程中，重视商人和商业资本的作用，表现出进步的经济思想。这种思想，"反映了商品经济和商业资本发展的要求，更多地还是反映了当时对商品经济发展的要求与封建主义的传统政策之间的矛盾"②。

作者在叙述林则徐实行的上述改革时，阐明了自己的见解，有些提法是新颖的。而这些，又都是作者用来表现林则徐这个"地主阶级改革派中不可多得的实干家"的重要事实根据和基本立论，从而把人物主要特点的一个方面突出出来。

但是，林则徐不仅是一位改革家，更重要的是在中华民族遭到西方列强侵略时，敢于挺身而出、抵御外侮的民族英雄。因此，描写他在鸦片战争期间的活动是本书的重点和高潮。这部分内容，在全书十五章中占了七章，篇幅最长，份量最重。为了塑造林则徐的爱国形象，作者全面地阐述了他在禁烟问题上的立场、主张、措施和抗击外敌斗争中的种种活动，并以细腻的笔调作了相当具体的描述。

首先，作者高度评价了林则徐在禁烟运动中表现出来的爱国主义精神，肯定了他领导的禁烟运动是"为国家民族争命"③，"向全世界表明中国人民反抗外来侵略的坚决性，并一洗贪官污吏所加予中国的耻辱"④。指出它的历史意义"远远超出查禁鸦片本身"，是"中国人民反帝斗争的伟大起点。从这个意义上，林则徐为中华民族立下了殊勋，是中国近代第一位

---

① 杨国桢：《林则徐传》，第101页。
② 杨国桢：《林则徐传》，第101页。
③ 杨国桢：《林则徐传》，第135页。
④ 杨国桢：《林则徐传》，第178页。

杰出的民族英雄"①。

作者也肯定了林则徐对英国武装侵略的积极抗击。他所制造的抗敌作战方针和筹造战船、购置大炮、招募民间壮勇、训练水师等一系列抗英措施，有效地挫败了英国侵略者的屡次进攻，"为捍卫祖国的独立作出了贡献"②。

作者还热情称赞林则徐为了"探访夷情"，翻译西方书报，研究外情的胆识和勇气。这表明"他和保守分子的区别，在于愿意探求新知，逐渐改变旧思想"③。"他主张抵抗外国资本主义的入侵，反对投降派的卖国误国，并为此探求人们陌生的西方历史地理等知识，迈出了近代先进的中国人向西方寻找真理的第一步。"④

林则徐被革职后，在广州滞留期间的情况如何，一般很少论及。本书作了详细的阐述，弥补了不足。作者刻画了他那坚韧的品格，赞扬他在被革职后仍然继续与投降派作斗争，揭露、抨击他们卖国误国的罪行，是"坚持抗英爱国活动的一个重要内容"⑤。

林则徐的爱国思想，不仅表现在坚持反抗英国侵略者，而且还表现在19世纪40年代就已经预见到沙俄将成为我国的凶恶敌人，向国人发出防俄的警告："终为中国患者，其俄罗斯乎！"作者指出，这是"林则徐研究外国情况和我国边防史地，以及在新疆三年的实地体察中得来的。它经过历史的检验，证明是符合客观实际的"⑥，表现出爱国政治家的远见卓识。

任何杰出的历史人物，不可避免地都具有阶级和时代的局限，林则徐也不例外。作者在充分肯定他的同时，又如实地指出地主阶级的本质在他思想行为上的各种表现。林则徐的这种阶级局限性，不单是表现在镇压农民起义这些方面，而且表现在他的进步方面。作为地主阶级的政治家，林则徐的进步思想和行动，无疑具有鲜明的阶级特征，进步和局限往往是一

---

① 杨国桢：《林则徐传》，第181页。
② 杨国桢：《林则徐传》，第273页。
③ 杨国桢：《林则徐传》，第234页。
④ 杨国桢：《林则徐传》，第464页。
⑤ 杨国桢：《林则徐传》，第319页。
⑥ 杨国桢：《林则徐传》，第458页。

件事的两面，而不是分离的。作者正是这样来分析林则徐的局限性，在论述到林则徐改革内政、实行"损上益下"的政策时指出：它"虽然可以给劳动人民一时的实惠，从长远来看，却是没有什么好处的"①，其最终目的在于维持封建制度的长治久安。在禁烟问题上，他的主张和行动既有"为国家民族争命"的一面，又有替封建王朝保持武备不衰财政不竭的一面。他的思想意识中渗透着浓厚的封建主义的忠君观念。这种腐朽的思想意识，使他在遭到投降派打击，抗敌御侮正义事业行将断送的关键时刻，"在行动上没有反抗，也不敢反抗"，只能"抱着忠君的观念坐受惩罚"②。在全书的结尾，作者指出：尽管林则徐嫉恶如仇地与官场中的种种腐败现象作了斗争，努力不懈地探求拯弱救弊的社会改革方案，并把探索新知的视野扩大到域外，但是，"到他六十六岁咽下最后一息时，他的理想成了泡影，他的希望化为烟云，……他找不到出路，这是地主阶级的本质决定的"③。

综上所述，在评价林则徐的问题上，作者采取了历史唯物主义的态度，既没有因他是地主阶级中的成员而存心贬抑，也没有因他是民族英雄而任意拔高，而是从历史实际出发，进行具体分析，作出合乎实际的、公允的评价。

值得注意的是，作者没有只停留在叙写林则徐的政治家和民族英雄的事迹，而是进一步揭示了他的成长道路和发展变化的原因。

处在没落时期的地主阶级中，能够出现象林则徐这样杰出的政治家和民族英雄，是由当时客观社会条件和主观因素决定的。作者对林则徐生活时代阶级斗争和民族斗争的形势，作了比较深入的阐述。关于阶级斗争的形势，书中指出"农民反抗封建剥削压迫的阶级斗争和统治阶级内部斗争错综复杂地交织着，把清王朝推向没落的程途"④。"在历史上，每当封建王朝摇摇欲坠的时刻，地主阶级中都有一些有识之士发出'振刷纲纪'之类

---

① 杨国桢：《林则徐传》，第82页。
② 杨国桢：《林则徐传》，第288页。
③ 杨国桢：《林则徐传》，第464页。
④ 杨国桢：《林则徐传》，第3—4页。

的呼吁"①，林则徐便是地主阶级中的"有识之士"，他的思想主张反映了当时的社会矛盾。他正是在这种客观形势下寻找"医治疮痍，振兴国家"的医国药方，从一个正直廉洁的官员成为改革派中的实干家。对于民族斗争的形势，书中分析了嘉道两朝中外关系开始发生的重大变化，指出由于西方列强已经把侵略矛头指向中国，空前严重地威胁着中华民族的生存，从而使民族矛盾尖锐起来。面对这种局势，一些为国家前途担忧的有识之士，开始探讨御敌之道，成为中国近代爱国主义思潮兴起的契机。正是这种客观形势，把包括林则徐在内的许多人，推上抵御外侮、捍卫民族独立的道路，构成他转化为民族英雄的重要原因。在个人主观思想方面，作者强调了"经世致用"思想对林则徐进步政治立场形成的重要影响。他在早年时，就"从救时济世的志向出发，贪婪地从中国古代封建文化中吸取思想资料"。在这个基础上，他"矢志不移地倾倒于经世之学"②，逐步养成关心民间疾苦、廉洁奉公、嫉恶如仇、善于观察研究实际问题的品格和作风，成为区别于那些只知营私谋利的庸官俗吏的进步政治家。当然，林则徐的出现不是偶然的孤立的现象。作者在书中还涉及到一批类似于他的人物，如陶澍、龚自珍、魏源、黄爵滋等，揭示了清代嘉道年间在政治思想领域的变化，即地主阶级改革派的崛起。林则徐正是这个派别中的佼佼者。从阶级本质上看，这个派别的主张，"不是代表农民阶级谴责地主阶级，而是非当权的地主阶级和有远见的封建士大夫冀望改变现状的呼声"③。这些论述，在一定程度上揭露出隐藏在历史现象背后的内在因素，引导读者从更为深刻的意义上来理解作品中的人物形象。

　　史料丰富，内容翔实，是这部传记所以成功的另一个重要原因。从1960年起，作者便开始涉猎有关的史籍，访查林氏遗稿，积累资料。经过多年苦心孤诣的收集采访，从林氏后裔、各地图书馆、博物馆、文管会和收藏者处得到大量文献。其中有不少是从未公布于世的手稿、钞本，如林

①杨国桢：《林则徐传》，第30页。
②杨国桢：《林则徐传》，第12页。
③杨国桢：《林则徐传》，第30页。

则徐书柬一千多封，林宾日的《析产阄书》和《真率会社规二十事》、林汝舟的《云左山房书目》、林聪彝的《文忠公年谱草稿》，以及邓廷桢等人致林则徐的书信等等。此外，在撰写过程中，参考、征引的有关文集、方志及其他资料书籍达一百三十余种。资料的详尽丰富冠于同类著作，包括台湾在1967年出版的林崇墉撰述的《林则徐传》。这就给这部传记奠定了坚实的史料基础。

作者不仅在收集资料上付出大量劳动，而且在对资料的整理、分析和使用上也下了相当大的功夫，表现出实事求是的科学态度。这部传记写乾嘉道三朝六十六年的历史，反映了当时的政治、经济、思想、外交、军事各方面情况，涉及大批人物和大量事件，场面开阔，内容庞博。在表现如此复杂的内容时，作者严格遵循撰写历史人物传记必须真实的原则，作到事事有征，使传主的一言一行都有确凿的史料可据。正是由于本着这种实事求是的态度，作者在撰写中纠正了一些传统的错误说法。这里举两件事为例：

其一是关于林则徐家庭成份的问题。首先，作者驳斥封建时代的史家称林则徐祖上"'家传五尚书'，是簪缨世胄，封建官僚贵族后裔"[①]的说法是牵强附会，指出"这种荒唐的史笔，给后人研究这段历史蒙上一层唯心主义的迷雾。影响所及，近现代的一些学者，也误认他是封建官僚地主家庭出身，至今还有人不加考察，沿用这种说法"[②]。其次，作者认为"说林则徐出生于破落的中小地主家庭，也是不恰当的"[③]。在对林氏家族资料作过一番分析研究之后，作者断定林则徐的祖父是失去土地的教书先生，父亲和伯父也都以教读为业，没有直接经营土地，其家庭经济已经完全和土地切断了联系，因此，"说它是一个下层封建知识分子家庭，比较符合事实"[④]。

其二是关于宣南诗社的问题。过去史学界曾经长期把这个士大夫的文

① 杨国桢：《林则徐传》，第5页。
② 杨国桢：《林则徐传》，第6页。
③ 杨国桢：《林则徐传》，第6页。
④ 杨国桢：《林则徐传》，第7页。

学团体，说成是由林则徐、龚自珍、魏源等人在1830年发起组织的进步政治团体。作者经过研究史料，发现这种说法与实际不符。还在1964年，作者在题为《宣南诗社与林则徐》的论文中，指出以往关于宣南诗社的性质、成立时间和发起人的说法都是错误的。宣南诗社并不是政治团体，"既没有'反对汉学，提倡经世之学'，也不是'目的在反对帝国主义'"，而是"嘉道年间，来自南方的小京官和封建知识分子在北京'雅歌投壶'的消闲组织"①。在宣南诗社中，林则徐也只是一般成员，而非首领。以后又有人继续辨正，才澄清事实，辨明真相。这一见解，在书中得到采用。上述两例，尽管都是属于具体史实的订正，但可以从中看出作者独立思考的精神和治学态度的严肃认真。

本书在写作上富有文学性，语言生动活泼，有文采，较好地避免了史学论著在文字上易犯的枯燥呆板的毛病。尤其是在塑造人物形象方面，作者除了着重表现林则徐的政治活动之外，还用一定的笔墨来描写他的个人修养、性格、爱好以及家庭生活，写出了他的喜怒哀乐，展示了他的内心世界，有血有肉，使形象比较丰富，增强了作品的感染力。为了更好地表现人物的性格和感情，作者很注意选用林则徐及其他人的诗歌。如第十二章写林则徐"曲折的赴戍途程"，大量引用了他路上咏赋的悲苍慷慨的诗章。"苟利国家生死以，岂因祸福趋避之"的名句，就从一个侧面反映出林则徐身处逆境不计个人得失、为国事担忧的高尚的精神境界。这些诗篇可以给人以一定的思想和艺术的享受。

写历史人物传记，理所当然地要做到符合历史的真实，但也要具有文学性，这是构成一部优秀的传记不可缺少的基本因素。在我国史学遗产中，应该说是具有这个优良的传统。《左传》很善于写人物，往往着墨不多，就勾画出一个性格鲜明的形象，其中像晋文公、赵盾等都很有个性特征。司马迁《史记》的人物传记也是很富有文学性的。这部史书写了一大批各阶级各阶层各式各样的人物，上自帝王将相，下至倡优卜者，都各具

---

① 杨国桢：《宣南诗社与林则徐》，《厦门大学学报（社会科学版）》1964年第2期。

性格，有血有肉，像《项羽本纪》、《信陵君列传》、《淮阴侯列传》等等，千百年来为广大读者所传诵。历史遗产中的这个优良传统，给我们以启示的是，历史人物传记的文学性，不仅要做到叙写应有文采，而且更要做到通过人物的语言和行动来塑造出性格鲜明的形象。既要写出人物的阶级性，也要写出人物的个性，否则就会流于"千人一面"。《林则徐传》在这方面作了有益的探索和尝试，是值得欢迎的。

　　人物传记的品种很多，有正传，别传、外传、评传等等。其中大多数传记的写法，是按时间发展的先后顺序，从传主的出生写到去世，包罗其一生各方面的活动。对于时代背景和与传主有关的重大事件，随时结合进去。本书即采取这种写法。这样写的好处，在易于从纵的方面来表现，对传主一生的历史能够得到清晰的说明，线索清楚。但是，任何体裁都难免有它的局限性。这种写法，对于历史的横断面，它的错综复杂的内在关系，却难于鲜明地展示出来，从而往往使人有孤单之感。人们常说"知人论世"，如果能做到人中有世，世中有人，人世结合，或许可以避免由于体裁的限制而带来的不足。传记的写法，也需要多样化，不必拘于一格。譬如说，可以把同时代的情况相近的一些人集结在一起，作为一个群体来研究，探讨他们在政治态度、思想流派、社会影响各方面的共同趋向，揭示出时代的潮流。总之，不论撰写人物传记也好，其他史书也好，希望能不囿于某种程式，在创新的道路上作大胆的探索和尝试，以使我们的史学园地更加百花盛开。

（原载《史学史研究》1982年第4期）

读《中国文化研究集刊》（第一辑）*

　　读完《中国文化研究集刊》（第一辑），不由想说几句话，这不仅因为它有丰富的内容，而且还因为它填补了历史学领域的一个薄弱环节。

　　文化史是历史的重要组成部分，它最能反映时代的特点和社会的风貌。然而这么一个重要的领域，建国以后，非但没有受到学术界的充分重视，而且可以说是相当沉寂的。三十多年来，以文化史命名的著作寥寥无几，专门刊物则付阙如。当然，这并不是说学术界对中国文化史的研究毫无成果，恰恰相反，在中国文化史所属各专科的研究中，不少领域都取得了相当可喜的成就（如哲学史、思想史、文学史等等）。但是，文化史毕竟不是各专科的机械组合和简单相加，而是对表现在各专科领域的文化现象的综合、概括和分析，有着自身的结构、层次和特点，专科史的研究不能代替文化史的研究。中国文化史研究的落后状况，严重地影响了整个历史学研究的深入开展，因此，近几年来要求加强中国文化史研究的呼声越来越高，《中国文化研究集刊》，就是在这种情况下创办的。作为全国第一个研究中国文化史的专门刊物，应该说它是有筚路蓝缕之功的。

　　《中国文化研究集刊》是由中国社会科学院近代史研究所中国近代文化史研究室和复旦大学历史系中国思想文化史研究室共同主办的。它的宗旨是"以马克思列宁主义、毛泽东思想为指导，促进中国文化史的研究"。由于中国文化史的研究，只是在近几年内才受到学术界的重视，起步既

*与吴杰合撰。

晚，所以存在的问题也比较多。一些基本的概念，如文化的定义和文化史研究的对象、文化的形态等，尚没有一个能为多数人所接受的大体一致的意见。特别是关于文化的定义和文化史研究的对象，这直接关系到文化史研究什么的问题。学术界还存在着不同的意见，归纳起来，大致有二说：一种意见要求从广义上来理解文化和文化史的内涵，认为人类创造的物质文明和精神文明的成就，都应该作为文化史研究的对象。诚然，生产方式的改变、生产技术的提高、政治制度的演化等等，都是与文化有密切关系的，但是相关的事物并不就等同，如果按这种意见来理解文化，那么文化史研究的范围就会过广过大，使之与通史难于区别，这样，既难以反映文化史的特点，也会影响文化史研究的顺利开展。另一种意见主张把文化和文化史这二者的概念限制在一定的范围之内，也就是既有别于通史，又不同于专史，它的研究范围，介于通史和专史之间。《中国文化研究集刊》的编辑者，是主张后一种意见的，该刊"以发表作为观念形态的中国文化史的论著和资料为主，同时介绍国内外学者有关中国文化史的不同见解和成果"。这种主张是否合适、准确，学术界可以也应该进行讨论。不过我们认为，在目前的情况下，把文化史研究的重点限制在观念形态，或者说是意识形态领域，则是比较妥当，比较可行的。

《中国文化研究集刊》（第一辑）的内容安排，也是颇费匠心、很有特色的。首先是它的视野开阔，涉及面广。该辑分为通论、专论、资料与回忆、文摘与辑览四部分。通论部分主要刊载从总体上论述中国文化有关问题，诸如中国文化的基本精神、对中国文化前途的展望等以及探讨文化史研究的对象、途径等问题的文章，侧重于理论的阐述和方法的探讨。专论部分则刊登专题性的研究文章，第一辑发表的十二篇论文，各就某一方面的问题作了具体的论述，其中大部分是有相当深度的。资料与回忆部分所录都是有关中国近现代文化的材料以及一些文化活动亲历者的回忆文章，大都系首次发表，甚为珍贵。文摘和辑览部分所载均为译文，从中可以了解到外国学者有关文化史研究的一些理论和他们研究中国文化史的若干见解。从上面粗略的列举，可以看出，该辑力求反映中外学术界研究中国文化史的成果，并能比较好地把通论与专论、理论与材料结合起来。

《中国文化研究集刊》（第一辑）的另一个特点，是能根据学术界研究中国文化史的现状，发表一些有针对性的文章，也就是说，能够有的放矢。中国文化史的研究刚刚开始，许多问题还没有头绪，有鉴于此，通论部分首载"中国文化史研究学者座谈会纪要"。把一些学者的发言概括起来，析为"文化与文明"、"文化史的对象与范围"、"文化形态诸问题"、"中国传统文化的估价"等九个细目予以刊出，比较集中地反映了专家们对这些基本问题的看法。同时还刊载了一些专家的短文，这些文章，分别就中国文化史研究问题，提出了设想、要求和希望。尽管在纪要和短文中，对很多问题不可能展开具体论证，但专家们所提出的基本观点和一些建议，在中国文化史研究刚刚重新受到学术界注意的时候，无疑具有很好的参考价值和启发意义。

最后，作为一种希望，再谈一点想法：

一、前面已经讲到，中国文化史研究中存在的问题比较多，特别是对一些基本概念的理解，意见分歧还相当大。如果需要讨论和研究的问题，其本身的概念就不甚明确，那么在讨论和研究中，势必会出现不谐调的现象。对此，当然不能要求在近期内就取得一致意见，但是，学术界应该对此展开讨论，《中国文化研究集刊》，如能有针对性地组织一些文章，对一些重要的基本概念诸如文化和文化史的定义等进行讨论，以促使能取得一个比较接近客观实际，能为多数人所接受的意见，这无疑将大有益于中国文化史研究的深入开展。

二、中国的历史文化是极为丰富的，可以研究的问题不胜枚举，而作为一个刊物，它的容量又十分有限，为了使刊物内容既不过于分散，又不过于狭窄，就需要考虑如何处理好面和点的关系了。如《集刊》每辑能列一个或两个专题作为重点进行讨论，同时再发表一些其他文章，点面兼顾，或许更有利于发挥它的作用。

我们衷心祝愿《中国文化研究集刊》越办越好。

（原载《史学史研究》1985年第1期）

《太平天国的历史和思想》评介*

《太平天国的历史和思想》（已由中华书局出版）是王庆成同志三十年来研究太平天国历史的成果。书中涉及对太平天国一些重要问题的探讨、史事的考释和新资料的评介，以及研究中的理论问题和方法问题等，内容丰富充实，是一部有学术价值的论著。

太平天国的一些重要问题，如洪秀全的早期思想、金田起义的日期、定都南京等问题，较长时期来都有一种已为人们所接受的说法，似乎成为定论。然而作者没有囿于传统的成说，而是经过认真研读资料，缜密地加以分析，在审慎的独立研究的基础上，提出了自己的新看法。例如，关于洪秀全早期思想的评价，传统的观点认为，洪秀全在1837年就萌发了反清革命思想，1843年应试落第后，创立拜上帝会，就是他走上革命道路的起点。他的《原道救世歌》、《原道醒世训》等著作，宣传了政治平等、经济平等、民族平等、男女平等的民主思想，奠定了太平天国革命的理论基础。作者在本书的《论洪秀全的早期思想及其发展》一文中，提出了与此不同的新见解，认为洪秀全在青年时代追求功名，1843年后功名失败，信从《劝世良言》，希望通过拜上帝以改造世道人心、拯救社会；1847年后在现实阶级斗争推动下走向革命道路。他的著作中并没有政治平等、经济平等思想，它们不是太平天国的理论基础；相反，他在决心反清后，修正

---

* 与李侃合撰。

了早期著作中宣传的不杀、忍让、安贫乐命等思想，转而采取了某些适合于农民战争利益和需要的观念，其纲领是平均主义的，也是专制主义的。作者对于太平天国史这样一个重要问题的探讨，无疑是很有意义的，它不仅关系对洪秀全的评价，而且还涉及太平天国的性质等问题，对推动太平天国史研究有积极作用。

在开辟新的领域方面，本书最突出的是关于太平天国宗教问题的研究。建国以来，在批判了太平天国运动是一场宗教革命的错误观点后，都回避或否认宗教在这次运动中的作用。事实上宗教不仅存在于太平天国运动初期，而且始终都在起作用，只有用马克思主义观点去研究它，才会加深对太平天国的认识。作者在这方面认真探讨，做出了成绩。收入本书有关这方面的论文有十一篇，涉及的内容包括：拜上帝会的创建、宗教要旨及教义的中国化；洪秀全的上帝观念和对上帝称谓的来源；太平天国的天堂、地狱观和上帝执行赏罚方式的特点；太平天国"魔鬼"名词和观念的来源及其政治意义、伦理意义；"圣神风"、"圣神电"的历史和意义；洪秀全改"太平天国"为"天父天兄天王太平天国"的时间、实际情况、意图和作用；太平天国上帝的大家庭和小家庭的理论及两种"上帝家庭"的互相交织和矛盾，等等。作者既着力于要弄清楚太平天国宗教本身的问题，诸如它的独特性，称谓、名词的来源和含义等，又不局限于宗教本身，而是把它和太平天国运动的整个历史过程结合起来考察，探究它对太平天国的兴亡所起的作用，从而使读者对太平天国有更全面的认识。

（原载《人民日报》1985年9月20日）

推荐一本爱国主义教育的好书——《龙的传人》

由王宏志主编、苏寿桐审定，人民教育出版社出版的《龙的传人》，是一本对干部、战士和青少年普及历史知识、进行爱国主义教育的好书。

这本书叙述了中国历史上的一百个故事，举凡著名的历史人物，影响重大的历史事件，几乎都包括了。从纵的方面看，它上起五十万年前的北京猿人，下迄中华人民共和国建立前夕的百万雄师渡长江，通过这些人物和事件，串联成一条中国历史发展的线索。从横的方面说，它涉及政治、经济、军事、文化、民族、对外关系等各个方面，交织成一幅丰富多姿的历史图景。这一百个故事，不仅各自独立成篇，情节完整，还自然融为一体，大致上又相当于一部通史简编。可以看出，编者在选择和确定这一百个故事的题目时，是颇费斟酌，做了一番精心设计的。

本书的作者在注意传播历史知识的同时，还很重视通过历史知识来对读者进行爱国主义教育和革命传统教育。值得提出的是，在书中作者不是生硬地外加一些干巴巴的说教，而是寓教育于生动的故事情节之中。人们从书中看到的，是叱咤风云的革命领袖，大义凛然的民族英雄，为国为民而不惜献身的烈士，励精图治的政治家，勤奋刻苦的科学家，才华横溢的文学家和艺术家……正是这些人物的具体的思想和行动启迪着读者，感染着读者，在人们的心中产生着潜移默化的作用。

在写法上，本书也颇具特色，有新鲜感。为普及历史知识，虽然可以采取故事形式，但这毕竟不同于文艺创作，可以虚构，它需要尊重史实，有一定的科学性和准确性。作者是力图这样做的，每篇写来都有根有据，严肃认真。但是，作者也不满足于此，而是尽可能将史实同民间传说、谣谚、诗词、小说、民俗、文物、名胜古迹等结合起来，使故事更富有文采。例如，写诗人屈原的一篇，不仅叙述了屈原的生平事迹，扼要介绍了他的代表作《离骚》、《天问》，还描写了与屈原有关的古迹"读书洞"、"濯缨泉"，以及端午节吃粽子、龙舟竞渡等风俗的由来。"唐朝诗人和黄鹤楼"一篇，从介绍这座著名古楼和有关它的一些动人的传说开头，引出了唐朝诗人对黄鹤楼的题咏，并侧重写了崔颢、李白、白居易、杜甫、杜牧等著名诗人。以楼为中心，围绕楼来写人，比起毫不相干地一个一个人物排列直叙，要来得巧妙而吸引人。对书中的描写，是事实，还是传说，作者也明白地作了交代。这样，读者既能够准确地了解历史人物和事件，又可以增长许多其他方面的知识。

灵活多样，也是本书的一个优点。这本书的大部分篇目是写人物的。根据人物的不同情况和撰写要求，有单人成篇，有二人合篇，也有多人合篇。有的人物是写其一生，有些人物只写其一生中重要的或有意义的片断，有的人物则写其轶闻轶事。这样处理，当然也存在着不能使读者了解每个历史人物全面情况的不足。此外，书中附有大量插图，以及地图和彩色图版，这些插图从绘画到制版，都比较讲究，堪称图文并茂。

由于出自多人之手，书中各篇难免会出现水平不一、风格不一的情况。有的史实还可推敲，文字也有可以进一步润饰加工的余地。这些不足在以后再版修订时都是可以弥补的。

（原载《光明日报》1986年1月9日）

《走向世界》与中国近代文化

　　钟叔河同志著的《走向世界》，已由中华书局出版问世。这是《中华近代文化史丛书》的一种，也是这套丛书最先同读者见面的一种。

　　《走向世界》介绍了近代到过外国的二十三个人物，他们当中有的就读美国，有的出使欧洲，也有的东渡日本，并留下了日记、游记等作品。这些人物的身份、地位不尽相同，思想认识和政治态度也很有差异，其中如郭嵩焘、薛福成、黄遵宪等人都不同程度地主张吸收西方文化，而刘锡鸿却极其顽固守旧。作者以人为经，以书为纬，纵横交织成一幅近代中国知识分子描绘世界的图卷，反映了中西文化矛盾冲突的情景。

　　西方文化在近代中国的传播和移植，是跟书中介绍的这些"走向世界"的人物分不开的。当然，在八十年历史中，"走向世界"的人物并不只是书中涉及的，为数还相当多，有些人如严复、孙中山产生的影响和作用更大。另外，也还有不少人虽然没有到过西洋或东洋，但他们却注视着世界，并从西方文化中去吸取养分，例如林则徐、魏源、冯桂芬、郑观应、谭嗣同等就是。不论是"走向世界"或未"走向世界"，他们都是为了改变祖国落后贫弱的面貌，一代又一代锲而不舍地去追求探索。正如孙中山说的："必须使我们的国家对欧洲文明采取开放态度"；"发扬吾固有之文化，且吸收世界之文化而光大之，以期与诸民族并驱于世界"。这种种都值得我们去认真研究。

　　近代中国吸收的西方文化，除去中国人到国外直接体验后介绍回来的外，还有到中国来的外国人——主要是传教士——传播进来的。西方传教士确有在中国干坏事的，但也不尽如此。传教士带来了宗教迷信，散布了殖民地意识，但也传播了对中国近代社会有积极影响的西方文化，简单地加以否定，并不能解决问题，需要的是实事求是地具体分析。

西方文化传进来之后，冲击了中国的传统文化，中西既发生矛盾冲突，又出现融合会通。中西文化关系，成为近代文化史的一个主要问题。人们议论纷纷，提出了各种主张，设计了不同的方案，诸如"师夷长技""中体西用""中西会通""全盘西化""本位文化"等等。中西文化问题，长期争论不休。时至今日，"全盘西化""复兴儒学"仍然是人们热衷议论的话题，看来问题并没有解决。回顾近代以来中国文化发展的历程，似乎可以看出，全化既不可能，复兴也难以实现。孙中山讲过，对西方文化不能"全盘照搬"，对"我们固有的东西，如果好的，当然是要保存，不好的才可以放弃"，"发扬吾固有之文化，且吸收世界之文化而光大之"。这是否更合乎实际？

文化是社会和时代的现象。中国近代文化是在半殖民地半封建社会里发生发展的，它不能不带有这个社会和时代的特征。研究中国近代文化，就不能忽视探求它和这个复杂的社会的关系，它们反映的时代精神和风格，它的基本形态和结构，以及它在这个社会背景下发展演变的过程、性质和特点，它的社会作用和历史地位。

我们祖国幅员辽阔，民族众多，地区之间，民族之间，既有共同性，又有差异性。从总体上讲，各个地区、各个民族都为促进中华民族文化的发展做出过应有的贡献；但是，这种贡献在很大程度上是通过自己的特点体现出来的。滨海地区的文化不同于山区的文化，上海的文化有别于北京的文化，即如湖南，在近代曾经出现一个文化群体，并且延承发展，影响很大。至于不同民族的文化差异和特点，也是非常明显的。研究这些现象，应该是近代文化史的一个任务。

文化这个总系统是由许多部门文化构成的，诸如哲学、文学、艺术、教育、风俗习惯、伦理道德、科学……一部中国近代文化史，固然不应简单地把各个部门文化拼凑在一起了事，但也离不开各个部门文化的基础。需要探讨部门文化与整个文化系统的关系，各个部门文化之间的相互作用和各自所占的地位。

拉杂写了这些，不过是从《走向世界》一书引起的随想。或者可以说，这是我们组织编辑这套《中华近代文化史丛书》的一些不成熟、不全面的想法。如同"编印缘起"所说的，"既包括理论性的探讨和综合性的论述，也包括专门领域或具体问题的研究"。事实上也是如此，除已出版的《走向世界》外，目前正排印或撰写的如近代开拓者的足迹、近代经学、近代民俗、近代文化概论、传统文化与近代、西学与近代文化、近代中日文化交流等等，或是综合性的，或是某一专门领域的，或是某一文化人的，涉及方面比较广泛，不拘一格。文化史的研究还带有探索性，需要时间，还是先不要做各种限制，更有利于发展。

（原载《光明日报》1986年5月29日，后收入梁由之等合编：
《众说钟叔河》，华夏出版社、天地出版社2015年）

《近代中国与近代文化》前言

近代中国落后了。人们都这样认为。跟西方资本主义国家比较起来，中国的近代确实是落后了。但是，严格地说，中国的落后并不始于近代，而是在这之前。清政府在鸦片战争中的惨败，石头城下被迫签订屈辱的条约，这本身就是最好的说明。不必说得太远，即以十八世纪为例，在欧洲，继英国资产阶级革命之后，法国掀起了一场广泛而深刻的资产阶级启蒙运动，终于在1789年爆发了大革命。而中国在"康乾盛世"，却是严酷的封建专制统治，对内兴文字狱，禁毁书籍，八股制艺，空腐为宋，饾饤为汉，锢蔽思想，万马齐喑；对外则闭关自守，昏昏然陶醉于自我中心观念的"天朝上国"，连西洋的科学器材也斥之为"奇技淫巧"，不屑一顾。经济、政治、军事、文化全面停滞落后，却又虚骄、傲慢、冥顽，多么畸形的矛盾！鸦片战争的失败，并不偶然。

英国侵略者的大炮轰开了中国的大门，也惊醒了士大夫中的有识之士。人们意识到，这是"数千年未有之变局"。这种变局的发生，是和中国的落后分不开的。用当时人的话说，叫做"不如夷"。素以"天朝上国"、"礼义之邦"自傲的士大夫，敢于面对现实，承认比"鄙之为禽兽"的"外夷"有所不如，是难能可贵的。迂腐的传统观念的打破，无疑是历史的进步。正是以此为起点，一些有识之士思考、探索、追求如何去适应变局，怎样才能改变中国落后挨打的困境。既然承认中国不是一切都好，外国不是一切都坏，中国也有不及外国的地方，那么向西方学习就是题中应有之义了。"师夷长技"、"中体西用"、"中西会通"、"全盘西化",种种主张相继流传。在实践上,由学习西方的器物技艺、自然科学,进而学习西方的政治思想和制度,以及意识形态的各个领域。近代中国的确出现了"数千年未有之变局"。事实上,近代的落后是前近代落后的延续,帝国主义的侵略加深了它的落后。然而近代则在求索改变这种落后的道路,尽管它的进程是那么艰难和缓慢,但终归是在向前迈进。

综观八十年文化发展的历程,可以说它的核心是民主和科学。以民权、自由、平等为核心的资产阶级新文化,打破了以纲常伦理为核心的封建主义旧文化长期统治的地位。文化的结构发生了根本性的变化。人们的生活方式、思维方式、价值观念、道德规范、行为准则发生了变化。文化的各个具体部门也发生了变化。在部门文化中,一些传统部门衰落了,最突出的是具有权威性的经学;有的传统部门有了新的发展变化,或用资产阶级观点、方法作出新的解释;不少新的部门兴起,包括新的文化机构和设施。达尔文进化论的传播,突破了儒家传统哲学的藩篱,在中国哲学史上是一次革命性的变化。各级新式学堂的兴办和新学制的颁布,代替了科举制和书院。小说、戏剧地位的提高和创作的繁荣,改变了传统的以诗文为主的文学结构。西方的自然科学理论和技术,只是到了近代才在中国真正植根。新的习俗风尚也在社会生活中逐渐被接受。这些,不过是举例而言。总之,整个文化体系都发生了重大的变化。这种变化,是前进的,活跃的,生气勃勃的。这八十年的变化,在中国文化发展史上无疑是处于承前启后的地位。对前而言,它继承和发展了传统文化,又改变了长期以来封建主义文化腐朽、凝固、呆滞、沉闷的局面,建立了进步的、开放的、丰富多样的、活泼的新文化。对后而言,它为五四新文化运动以后新文化的发展,准备了条件,打下了基础。尽管这时期的新文化并不成熟,没有完整的体系,甚至是幼稚的、粗糙的,但是没有它,也就不会有后来的新文化,也难以建设今天的社会主义文化。

从近代文化发展变化的历程可以看出,近代文化是在西方文化传入后,传统文化受到挑战、冲击而发生的。在两种异质文化接触后,逐渐渗透、会通、融合，成为新的文化。西方文化的一些部门移植进来之后，其原貌均有所变异，人们总是带着固有的文化素质来加以理解和处理，使之民族化。完全保存传统文化既不可能，而"全盘西化"事实上也化不了，历史就是这样发展过来的。

当然，中西文化交融的过程，也是不断互相冲突的过程。如果从文化史的角度来考察，八十年中曾经有这多次尖锐的冲突。太平天国从西方基督教义中吸收了"上帝面前人人平等"的思想，与传统的伦理纲常发生矛盾，曾国藩在《讨粤匪檄》所指责的"举中国数千年礼义人伦诗书典则，一旦扫地荡尽"，正是鲜明地表现了这种冲突。洋务运动中，同文馆、铁路等问题的争论，主要反映了统治阶级内部洋务派和守旧派不同的西方文化观的冲突。接续不断的"教案"，直至义和团运动，除去反侵略反压迫外，也还表现了民间（也有统治层）蕴涵的传统文化与西方文化的冲突。而戊戌维新运动到五四新文化运动，则是吸收了西方文化的新文化和传统的旧文化的全面冲突。

近代中国文化就是在中西文化冲突和融合的过程中发展起来的。

"一定的文化是一定社会的政治和经济在观念形态上的反映。"近代文化的变化发展，除了它自身的因素外，更重要的是由于经济和政治的变化。近代社会发生了资本主义的新经济，同时发生和发展着资产阶级和小资产阶级的新政治力量。近代新文化正是作为这种新的经济力量和新的政治力量的反映并为它们服务的。没有资本主义经济，没有资产阶级和小资产阶级及其政治力量，资产阶级新文化是无从发生的（参见毛泽东《新民主主义论》）。但是，中国近代是在列强侵略下步入的，近代社会是被扭曲的社会，半殖民地地位不断加深，以至濒临亡国瓜分的危机。新的经济、政治、文化在这个社会里，受到帝国主义和封建主义的双重压迫，发展困难。因此，排除帝国主义和封建主义的势力，争取国家的独立富强，成为首要的课题。近代文化不可避免地从一开始就和政治的关系特别密切，自"师夷长技以制夷"的主张到"民主和科学"口号的提出，都贯串着反帝反封建的需要和内容。正是政治的需要推动了近代文化的发展。强烈的爱国主义精神，成为近代文化的脊梁。不过由于近代变化急剧，而政治要求文化的配合和发挥社会作用又急功近利，却也影响了文化的成就。历史的经验，对于我们今天建设社会主义文化具有借鉴意义。

这部《中国近代文化史百题》①，就是基于上述的认识来编选的。中国近代文化史的研究，起步较晚。近几年来虽有所进展，但系统而深入的研究还有待今后的进一步努力。因此，我们在编选这部论文集时，只能从现有的条件出发，尽可能反映出目前学术界所能达到的成就。把这些成果汇集起来，希望能有助于推动近代文化史研究工作的进展，也为教师的教学参考或对此感兴趣的读者提供方便。

"百家争鸣"的方针，是我们编集时力图贯彻的。读者不难看出，书中收录的文章的观点并不尽一致。为了能够较全面具体地反映近代文化的面貌，所收的论文既有综合性的，也有分门别类的。这些论文，主要发表于党的十一届三中全会以后，也有少数是"文革"前发表的。因限于篇幅，有些论文收入时文字上有所删节，不再一一注明。论文的作者有老一辈专家，有中年学者，也有相当数量的青年研究者。各篇篇幅长短不一，均仍其旧。原来文末和文内的注释，为了体例统一，均改置于页下。

参加本书编选的还有北京师范大学历史系中国近代文化史研究室郑师渠、史革新、房德邻、孙燕京、韩秀芳等同志。由于编选中国近代文化史论文集在建国以来还是第一次，涉及的方面又很广泛，加之我们见识不广，水平有限，难免有不当之处，敬请读者批评指正。

（1986年9月撰，是书湖南人民出版社1988年出版）

---

① 《近代中国与近代文化》原名《中国近代文化史百题》——编者注。

《清代名人书札》前言

北京师范大学图书馆藏清代名人书札1100余封，其中不少颇有价值。为使这批藏札更好地供社会上利用，图书馆的工作同志将陆续整理，编辑刊行。

本集选编的书札，最早的一封是郑板桥的，末一封的作者为郭则沄，已入民国。书信中谈论之事比较广泛，有关于镇压太平天国、捻军、少数民族起义的军事行动的，有涉及中法战争、中日甲午战争、八国联军诸役的，有指谪吏治腐败和官场倾轧的，有议论财政赋税问题的，有透露灾荒和民生疾苦的，也有对学术进行探讨的，等等。由于书札的作者较多，时间间隔又长，涉及方面广泛，难免有零散之感，但对于研究清史和近代史，还是有较高的史料价值。就史料的角度而言，书札具有他种文献所不及的特点。因为是私人间的通信，所谈论的社会政治等问题，一般较为真实，也说了一些不便公开说的"私房话"。这种情况，在官方文书中是不易见到的。这批书札，正显示出这一特点。这也是本书编选的一个出发点。

书札的作者，从郑板桥、刘墉、伊秉绶到吴大澂、陆润庠等，都是清代的书法名家。他们的书札，大部分是真迹。有的虽是酬应之作，没有多少史料价值，但其书法艺术却是宝贵的文化遗产。为保存这些书法真迹，本书除适当选收外，均予以影印，以飨读者。

书札的整理、点校，由周骐良、陈宪章、胡云富、徐晓虹同志负责，作者简介系周骙良同志执笔。启功教授等曾给予协助。

　　有些书札字迹潦草，有几个字迄未能辨认，只好以□代之；也可能有误释或标点不正确之处，希望读者批评指正。

　　　　　　（1986年撰，是书北京师范大学1987年出版）

《中国近代文化探索》后记

近代中国文化发展变化急剧，内容丰富复杂，其社会作用和历史地位也很重要，值得认真研究。但是，长期来对这个领域的研究很薄弱，没有得到应有的重视。近几年来，情况有所改变，研究的人逐渐多了起来，发表了一批论文，取得一定成绩。这本小书所收论文，大多是在这种研究气氛的激发下撰写的。因为是探索，难免会有粗疏之处。

文化的研究，有其难处。单是定义，就众说纷纭，莫衷一是。但也不等于无法研究，事实上争议者尽管争议，研究者仍不断研究，各抒所见，各是其是。本书中没有对文化下什么定义，而是按自己的想法从研究问题入手，做一些具体的探讨，意见未必都成熟和妥当。

收入本书中的文章，都在报刊上发表过。其中关于《校邠庐抗议》一篇是和李侃同志合写的，《道光间文化述论》一篇是和孙燕京同志合写的，《建国三十五年来鸦片战争史研究综述》一篇作为附录，系与谢维、孙燕京同志合写。至于文章的内容，除个别篇因发表时间较早做了一点必要的删改外，其余都保留原样。这些文章的撰写和结集出版，得到一些同志的鼓励，也得到中国近代文化史研究室同志的帮助和本校出版社的支持，白寿彝老师为作序，启功教授为题写书名，在此一并表示衷心感谢。

（1987年9月20日于北京师范大学撰，是书北京
师范大学出版社1988年出版）

附：

《中国近代文化探索》增订版再记

这本小书出版至今，已历经10年。出版社拟再版，借此从近几年发表的文章中选择了十余篇以为增补。这些文章是：《传统文化在近代中国演变的历史启示》、《儒学在近代中国的变化》、《姚莹与台湾》、《黄金台的〈木鸡书屋诗选〉》、《甲午战争期间的社会舆论》、《翁同龢与甲午战争》、《孙中山与传统文化》、《孙中山的民族主义思想》、《五四新文化运动的评价问题》、《〈晚清国粹派——文化思想研究〉序》、《〈晚清民族主义思潮〉序》、《〈文化"怪杰"——辜鸿铭〉序》、《中国近代史研究中的几个问题》。原有的文章没有变动，只校订个别讹误之处和错字。本书初版和再版，都得到出版社和胡云富、鲁瑜同志的支持、帮助，在此表示感谢。

（1997年3月20日撰）

《中国近代文化探索》新版附记

这本小书于1997年由北京师范大学出版社出版增订本，已历经13年。出版社拟出第3版，借此从近几年发表的文章中选择了5篇以为增补。这些文章是：《我与中国文化史》、《文化、社会与时代》、《〈民国初期尊孔思潮研究〉序》、《〈关于中国本位文化问题的讨论〉跋》、《〈晚清思想史〉序》。出版社的编辑李雪洁同志为本书的又一次出版付出了辛勤的劳动，谨此表示感谢。

（2010年4月撰）

政治思想史研究的新成果

——评《中国近代政治思想史》*

近些年来，中国近代政治思想史的研究日益受到学术界的重视，由桑咸之、林翘翘编著的《中国近代政治思想史》（以下简称"桑著"）在这方面取得了令人可喜的成果。

近代中国社会的主要矛盾是中国各族人民大众同帝国主义、封建主义的矛盾。民族危机和救亡图存是最严重的社会问题，也是近代的仁人志士关心、探索的头等大事。一切进步的政治思想都围绕着如何救国救民这个最基本的问题来展开，各种思想派别之间的斗争也都与这一基本问题有关。作者正是从这样的认识出发，紧紧抓住近代中国民族斗争和阶级斗争的时代主题，着力论述了各个阶级在不同的历史时期提出的国家理论、政治观点、治国方案，以及它们之间的矛盾和斗争，实事求是地总结了先进的中国人为挽救民族危机而百折不回地寻找救国真理的经验教训，从而得出"只有马克思主义才能救中国，只有社会主义才能救中国"的正确结论。从鸦片战争前后地主阶级改革派发出"救弊"、"更法"的呼声到康有为描绘的"大同"社会理想；从洪秀全的农业社会主义纲领到孙中山的资产阶级共和国方案，作者对这些在近代中国影响深巨的进步思想旁征博引，用丰富而翔实的材料描绘出一幅波澜壮阔的思想历史画卷，既肯定了近代的思想先驱们在寻求救国真理时取得的成就和表现出的爱国精神，又

---

* 与史革新合撰。

分析了他们在探索、实践中的挫折和教训，使纷纭复杂、变幻万千的近代政治思想变得重点突出、特征鲜明、线索清晰。作者在书中对中国近代政治思想史的内容和特征作过扼要的概括，即是"中国优秀的先进人物探求救国真理的历史，是提出各种治国方案的历史，也是资产阶级共和国方案提出、实践、最终破产的历史"。可见，作者对研究对象的理解和把握是正确的，为全书奠定了可靠的基础。

以前的一些近代思想史论著研究重点主要侧重于几个影响较大的思想家和思潮，而对地位稍次的人物及思潮或者一笔带过，或者避而不谈，如流行于19世纪60至90年代的资产阶级早期改良思想、义和团农民的政治思想就曾经受到忽略。桑著则把早期改良思想和义和团农民的政治思想独立出来，各列专门章节，与洋务派的政治思想，资产阶级改良派、革命派的政治思想齐驾并驱，作为近代中国政治思想演进的重要环节，给读者以完整的知识概念。以往的论者通常把早期改良思想作为戊戌维新思想的背景和陪衬简单介绍，桑著用了一章四节，近三万字的篇幅对此作了准确阐述，考察了早期改良思想产生的社会基础、发展过程，从反对外来侵略、发展近代经济、改革专制政体等方面系统地分析了这种思想的具体内容，肯定了它在近代思想史中的承上启下的历史地位。

作者把实事求是的科学态度贯彻于全书，辛亥革命前后无政府主义一度在中国流传，而学术界较多地强调它的消极作用，有的甚至持否定态度。桑著对中国无政府主义作了历史的考察，并与欧洲无政府主义进行了比较研究，论述了它们的共同点和不同点。作者指出：由于历史条件的不同，中国无政府主义具有自己的特色，并把这些特点归纳为六点，肯定的有三点，即反对清朝专制统治、批判封建主义的文化思想、对马克思主义的初步介绍；批判的有两点，即浓厚的复古思想、反对资产阶级革命派的主张。对无政府主义者批判资本主义制度、同情工农群众，但又没有实际有效的办法，采用了既肯定又批评的态度。

思想史的写法历来学者见仁见智，有的以人物学派为主，有的以思潮变迁见长。桑书作者根据中国近代思想的历史特征，采取了以表现思潮变迁为主的写法。然而，研究思潮离不开研究其代表人物。作者同样没有忽视对近代各个时期的思想家政治主张的阐述。地主阶级改革派龚自珍、魏源，太平天国领袖洪秀全，资产阶级改良派康有为、严复、谭嗣同，资产阶级革命派章太炎、孙中山等，在相应的各章都占着重要的地位。如该书第七章"资产阶级革命派的政治思想"共有四节，第一节"资产阶级革命民主主义思潮的兴起"，第二节"资产阶级革命派和改良派的论战"是从总体上论述资产阶级革命思潮的兴起、发展、革命性、局限性，描述了革命思潮的基本内容和基本特征。第三节、第四节分别介绍了章太炎、孙中山的政治思想，比较深入地剖析了革命思潮的两位著名代表人物的思想主张。这样就把思想和人物有机地结合在一起，写思想而不忽略人物，论人物而不脱离思想，避免了那种或者只谈人物，或者只论思想的倚轻倚重的偏颇。

中国近代政治思想史是一门比较年轻的学科，也是史学界研究相对薄弱的一个领域，建国以来这方面的著作不多。桑著的问世对于这个领域进一步的研究，无疑具有积极的意义。当然，学术研究应该是多种多样的。写思想史也不能拘于一种规范、一种模式，而应该在历史唯物主义的指导下从更多的角度、用更多的形式进行研究和探索。以近代中国为例，除了有反映社会历史发展趋势的进步思想之外，还有它的对立面封建顽固思想和帝国主义奴化思想。前者固然是近代思想的主流，但后者在相当长的时期里居于社会的统治地位，极大地影响着近代中国的历史进步，直到今天，它们的很多毒素仍然没有完全消除。包括孔孟之道在内的封建地主阶级的意识形态在近代中国到底发生了哪些变化？如何阻碍社会的进步发展？如何与帝国主义奴化思想结合适应半殖民地化的需要？这些都是需要进行认真研究，作出科学的说明的。

（原载《光明日报》1988年7月21日）

《最后一个儒家——梁漱溟与现代中国的困境》译序

梁漱溟先生前不久去世了。这位在国内外很有影响的学者、政治活动家的一生经历了将近一个世纪，从清朝末年到民国时代，再到中华人民共和国的建立，几乎和这期间发生的大事都有关涉。在那动荡、变化的年代，他的思想和追求也在变化。他少年时代，小学、中学都是进的新式学堂，受西学影响，接受功利主义。辛亥革命时，他赞成民主共和加入同盟会，从事革命活动。袁世凯篡权，革命失败，政治腐败，他感到失望而烦恼、痛苦，潜心于佛学以求出世。五四新文化运动对中国传统文化的猛烈冲击，世界大战的悲剧使西方一些学者感叹西方文明的没落，他于是由出世而入世，由研究佛学转而归宗于儒学，以"为往圣继绝学，为万世开太平"为一生使命。1921年，梁漱溟出版了《东西文化及其哲学》一书，系统地阐述了他的中西文化观，并提出解决中国社会危机的方案，这一方案归结于复兴孔子的儒学文化。他认为孔子的儒学文化在精神上高于西方文化，具有普遍的绝对价值，中国人要想不"蹈袭西方的浅薄"，就应当引导他们走到"至好至美的孔子路上来"；西方人"要想得精神的恢复"，也"应当导他们于孔子这一条路来"。梁漱溟既是"救世良方"的提出者，又是这一良方的躬身实行者。30年代，他在山东邹平搞"乡村建设"试验，就是这个方案的具体实践。

《东西文化及其哲学》是梁漱溟的成名作。他因此而受到称赞，也因此而受到驳诘。驳之者有马克思主义者，也有自由主义者。不过，他在本书中所阐明的根本思想始终没有改变，这从1949年的《中国文化要义》和近年的《人心与人生》可以看出。如同人们评论的，他是一位文化保守主义者。但是，人们对他的批评也未免失之于简单化，习惯于分类定性，缺乏实事求是的、分析性的探究。

1979年，美国艾恺教授出版了他撰写的梁漱溟的传记著作《最后的儒家——梁漱溟与现代中国的困境》。艾恺是哈佛大学博士，史华兹教授的学生，曾在哈佛大学任教，现为芝加哥大学教授。他用了七年多的时间撰写这部书，使之成为第一部关于梁漱溟的系统的传记，博得西方学术界的普遍好评，并获美国"东方学奖"。的确，这是一部很有见解和特色的传记，读来饶有兴味。

艾恺教授有广阔的研究视野，他没有拘泥于一般地论证梁漱溟的文化保守主义，而是从全球性的反现代化思潮来理解和分析梁漱溟。差不多和研究梁漱溟同时，艾恺出版了《文化守成主义论——世界反现代化思潮的剖析》一书。两个课题互相配合，这部书的基本思想成为他分析梁漱溟的一个主要观点。他指出梁漱溟的文化保守主义并不是孤立的现象，而是全球性的反现代化思潮的反应，是落后地区所存在的集体认同危机的反应，诸如德国的浪漫主义，俄国的大斯拉夫主义，中东的穆斯林教团的文化复兴运动，印度甘地的民族主义，日本的泛亚细亚主义，以及中国的国粹主义等。他们对工业化的结果持怀疑甚至是敌视的态度，因而对人类存在的非理性和非功利的层面给予了很高的评估，宣称本土精神文化的优越性，同时为了进步必须有选择地吸收西方的物质文化，这样既可以为落后的民族提供西方征服自然的工具，又能使他们保持自己较高的精神。正是从世界性思潮的大背景出发，作者认为梁漱溟不仅在中国现代历史上具有重要地位，而且是一位有着世界意义的思想家。

但是，艾恺教授没有忽视他所研究的对象是一位中国的文化思想家。他很注意把握中国社会的经济、政治、文化特点，并和探究梁漱溟的思想紧密结合起来。他还着力考察梁漱溟家庭处境，细密地分析了梁漱溟跟父亲梁济之间在社会变革中从思想歧异到回归的历程——从追求改良、民主共和回归到献身于完成其父卫护儒学文化传统的遗志。颇有意思的是，作者将鲁迅和梁漱溟作了对比，认为"两人的例子显然可以说明没落家庭的命运与精神的感情之间的关系。鲁迅是民国以来最伟大的文学家，尖刻地批评传统社会，而梁漱溟则像圣徒一般地护卫传统社会"。在本书中，我们可以看出，作者往往将中国一些著名人物和梁漱溟相比较，来增加分析的深度。这些人物如毛泽东、李大钊、陈独秀、胡适等。作者指出陈独秀是反传统文化的，梁漱溟则卫护传统文化，观点完全对立，但他们都批评文化调和论，认为中西文化体系不同，不可能调和融合，思维模式都是相同的，这很有见地。对于毛泽东和梁漱溟思想异同的比较，所费笔墨颇多，贯穿于全书的始终，有的虽不尽准确，或失之牵强，但颇能给人以启发，如所强调的，两人"都是地地道道的中国人"。

梁漱溟是一位文化保守主义者，然而和中国其他的文化保守主义者比较，他是一种什么类型的，或者说有什么特点？这是作者所注意探讨的一个问题。如果将书中所说的意思做点归纳，大致有以下几点：第一，梁漱溟和其他国粹派学者不同，他不重视儒家典籍的经义训诂，抛弃从传统文献去做饾饤枝节的研究，甚至指那些"国故"只是"堆积一些陈旧古董"和"花板板烂货"而已；第二，他不属于任何学派，不论宋学、汉学，程朱、陆王，今古文学，只要有用的都拿来；虽然，他的思想深受王阳明学说的影响；第三，他讲走孔子的路，讲复兴儒学文化，但并不是纯粹为了捍卫，而是为了"救世"，为了解决中国面临的社会文化危机，为道德颓废、感情疏离所搅乱的当代世界寻求精神上的寄托。因此，梁漱溟不单是思想家，还是实行家。他不仅提出主张，还积极去实践，去探寻解决中国问题的道路。他一生关心的主要问题，是中国历代传承下来的文化价值是否能适合于现代化。其解决方案就是"乡村建设"；而这个方案是在他的文化复兴思想指导下设计和实行的。作者比较了当时存在的多种"乡建"模式，认为梁氏的山东邹平模式与其他模式不同，他是想通过这种模式把中国重新建设成一个致力于传统道德教育，并由千万个共同的经济单位组成的新型社会，实际上是实现整体文化的复兴。

梁漱溟的邹平"乡建"试验没有成功，复兴儒学文化的愿望也没能实现。艾恺教授在本书中深刻指出，梁氏有三个没法解决的矛盾：一、梁氏提出了世界文化三个路向的主张，即西方走的第一路向，中国走的第二路向，印度走的第三路向。三种文化本身并没有什么好坏可言，只在于合不合时宜，是相对的。然而，他又认为，由于古圣先贤的伟大洞见，中国文化的演进中有了早熟的跃进，成就了人类的伦理完美，在历史上是独一无二的。这就造成了文化相对主义和中国文化绝对主义的矛盾。二、梁氏认为中国文化是最好的，但又造成中国物质上的落后，现在要复兴中国文化的本质，又如何能够解决物质上落后的问题？三、梁氏在文化思想上是反西方民主的，认为在中国行不通，但在政治实践上，他又是以建立中国的民主制度为归依。可以说，这三个矛盾一直到梁氏去世也没有能够解决。

《最后的儒家》一书中还有不少精辟的见解，这里不可能都提到。还需要提一下的，是本书在写法上也有独创之处。一些思想家的传记，在写法上常见的是人物的经历活动和思想大都是分开来写，各成一片。而本书则是将梁的思想和活动穿插结合，在活动中见思想，以思想证活动，不呆板，不割裂，很有可读性。

艾恺教授这部著作所以获得成就，除去他具有敏锐的思维和广博的知识外，还和他严肃、负责、客观的研究态度分不开。他在七年多时间里，除去阅读了大量文献资料外，还找了许多跟梁氏有过交往，或了解研究过梁氏的人访问。对于这些访问资料，他都经过严格、认真地分析、判断、选择，不随便应用。为了更好理解梁氏的"乡村建设"，他特地到台湾农村中去生活体验了一段时间。后来，他又专门到大陆来调查访问。他的这种良好的学风，是令人钦佩的。

最后，有必要提一下本书的译者，郑大华等几位年青同志读了《最后的儒家》的英文本后，感到这是一本应当把它翻译过来介绍给中国读者的有价值的书。他们利用可能的时间抓紧翻译，态度严肃认真，力求忠实于原文而又让人可读，对于引用的文献，凡能找到原书刊的，都据原书刊作了核对。译书并不容易，由于学识和语文修养的限制，也难免会有失误。但是，他们毕竟是做了一件应该做的事情。

（1988年8月16日撰，是书湖南人民出版社同年出版）

《中西500年比较》读后 *

  自从中西社会发生接触，中西的比较便开始了。鸦片战争时，林则徐、魏源提出"师夷长技"的主张，就是比较中西后得出的认识。尽管这种认识还很肤浅，但却是严肃认真的探索，开了一代的风气。此后，如冯桂芬、王韬、郑观应等改良思想家，曾国藩、李鸿章、左宗棠、张之洞等清政府洋务要员，都角度不同、程度不同地对中西社会作了比较。左宗棠曾认为："中国之睿知运于虚，外国之聪明寄于实。中国以义理为本，艺事为末；外国以艺事为重，义理为轻。"用现在的词汇来说，是从宏观上比较了中西的不同。中日甲午战争以后，维新人士对西方有较多的认识，对中西的比较也较深入。严复那段"中国最重三纲，而西人首明平等"的脍炙人口的话，就很有代表性。民国年间，中西比较研究有了新的进展，不同观点一次次展开了论争，专门的著作也纷纷问世。六七十年代，台湾学者就中西文化比较做了许多工作。进入80年代，随着改革开放的进展，中断多年的比较研究获得新生，并迅速发展起来。比较政治、比较经济、比较哲学、比较法学、比较文学、比较史学、比较教育等部门比较研究层见叠出，方兴未艾。一批有见地的论文陆续发表，使比较研究领域出现了一个崭新的局面。郝侠君、毛磊、石光荣主编的《中西500年比较》（中国工人出版社1989年出版），正是在这种学术氛围中脱颖而出的一部新著。这

* 与马克锋合撰。

部著作以中国为主体，西方为参照系，东西几万里，时间跨度上下500年，即从1549年至2049年，对中西方文明进行了全面系统的比较研究，博采众家之长，广泛吸收融贯了各个学科比较研究的成果，阐发了自己的见解。

读完了《中西500年比较》，觉得作者的态度严肃认真，实事求是，值得称道。鸦片战争后西方文明传入中国以来，如何对待中西文明成为人们关注争议不休的一个大问题。在长期争议中，经常反复出现的偏向，一个是持保守主义的态度，中国一切都好，西方的一切都不好，或者只承认西方的物质文明好；另一个是主张"全盘西化"，西方的一切都好，中国一切都不好。这种偏向，一个多世纪来绵延不断。近些年来，"全盘西化"的主张则颇为喧嚣，甚至说中国人种也要更换。在号称"中庸之道"的国度里，其实往往好走极端。有人认为保守传统文化者是出于感情，主张"全盘西化"的则是理智的思考。截然分为两端并不符合实际，其实二者都带情绪化，只不过表现不同而已。这种情绪化，结果是造成混乱，包括思想的混乱，给民族和社会带来了不幸。《中西500年比较》的作者注意运用历史唯物主义，吸收了历史教训，摆脱近些年时行思潮的影响，对中西文化都不是做简单的绝对的肯定或否定，而是对各个时期的情况进行客观的比较，具体论证和分析其相同点和差异点。一方面高度评价了西方近现代文明所取得的巨大成就及其对人类的贡献，同时对资本主义制度下的社会病，如吸毒、性病、贫富悬殊等做了充分的揭露；另一方面充分论证了中国走社会主义道路的必然性和优越性，并尽力发掘其蕴藏的潜力，同时也指出中国产业以及教育、文化的落后，政治体制存在的弊端和经济发展的阻碍等。在此基础上，作者认为，中西政治制度、经济发展和文化背景虽有差异，但都互有长处，如议行合一与三权分立、计划经济与商品经济、基础教育与科技教育等，都需要客观地剖析和全面地评价。历史总是辩证地向前发展，正如本书"引论"中指出的，"先进的未必一切都先进，落后的未必一切都落后。先进中包含着落后的基因，落后中孕育着崛起的希望"。这就是人类文明发展的辩证法。因此可以这样说，中华文明完全能够从落伍中崛起、振兴和腾飞，最终跨进世界文明的先进行列。从这个意义上说，任何一味的悲观和盲目乐观都是不可取的，关键是要正视现实，实实在在地去做。

本书以16世纪中叶到21世纪中叶的500年的发展为线索，这个世纪区间、时间跨度选得好，具有重大历史意义。16世纪中叶，不仅是西方世界由古代向近代的转换时期，也是中国古代文明由盛到衰的转折点。过了300年，19世纪中叶，世界资本主义发展，中国由衰落而挨打，由挨打而奋起抗争。又过了100年，20世纪中叶，中国终于由奋起抗争而独立，并走上了社会主义道路。21世纪中叶，是我国建国一百周年，也是我国经济发展，达到西方中等发达国家水平的重要关口。作者选择了这500年，立足现实，面向世界，回顾过去，着眼未来，可谓颇具匠心。

500年的历史，时间跨度很长，地区涉及中外，作者避免了一般的描述，围绕着三个根本性的问题依次展开综合比较和分析论证。这三个问题是：一、遥遥领先的古代中国，何以在近代世界中成为历史的落伍者？二、半殖民地半封建的近代中国，又怎样奇迹般地走向了社会主义？三、今天的中国要达到世界先进水平，又应如何追赶？中国未来的前景如何？对于这些问题，书中都作了比较客观、全面的回答。

关于遥遥领先的古代中国何以在近代世界中成为历史的落伍者的问题，《中西500年比较》上卷《崛起与衰落》对此展开了全面的论证。它把中国放在世界历史的长河中，通过纵横交错的比较和透视解剖，发现了16世纪至19世纪中西社会及其文化的同构和差异。在作者们看来，16世纪中西社会发展水平基本平衡，都"开始了由旧制度向新制度的某些转变。西方由农本而重商，中国的农本经济也有了某些商品化的倾向；西方商本经济对农本经济的突破，中国农本经济受到商品经济的侵蚀；西方资本主义产生，中国资本主义萌芽。中西方发展水平大体均衡，处于同一起跑线上"。然而，从16世纪中叶起，西方开始走出中世纪，由黑暗而光明，从落后而崛起；与此相反，中国社会由盛转衰，江河日下，差距开始出现。一直领先的中国，"在近代以前时期的所有文明中，没有一个国家的文明比中国更发达，更先进"的中国，竟然成为近代文明的落伍者。从兴盛到危机，从衰落到崛起，中西社会盛衰更迭、新旧交替的契机与动因何在？这是本书作者着力探讨和发掘之所在。通过中西社会文化的多方面比较，就不难发现其中奥秘。中西历史文化的巨大差异，造成了东西发展的两条路向。中国是一历史悠久的文明古国，文化遗产丰富繁多，但同时也成为中国向前发展的包袱；中国拥有"四大发明"，是中华民族的奇迹和骄傲，但没能在中国发挥它的效能；中国皇权至上，重本抑末，重农抑商，扼杀了我们领先走上世界的可能。而西方世界，文化屡经断层，没有什么祖宗成法和文化负担，政治统治始终四分五裂，王权与教权的牵制，没有形成东方极权式的政治格局，面对大海和国土不足，又使其民族养成一种冒险、勇敢的开拓精神。因此，从16世纪中叶开始，西方重商主义思潮出现，商人地位提高，并形成第三等级，导致王权衰落。回归古希腊罗马文化，文艺复兴，汇成人文主义巨澜；宗教改革，打破了阻碍科学的桎梏，迎来了近代科学的黎明。而中国，由于皇权力量的强大，重农抑商观念的顽强，小农经济的汪洋大海，虽然出现了资本主义的幼芽，异端思想的微波，却没有发生社会的根本性转换，依然是在传统的社会里徘徊游荡，新的基因始终没有能够冲破旧的藩篱，跨进近代社会的门坎。当西方世界响起资产阶级革命的隆隆炮声时，中国社会仍然是传统的农民革命。历史步入17、18世纪，西方主要国家相继完成了资产阶级革命，经过长时期的启蒙运动，民主、自由、平等、法制成为其民族精神的象征。科学技术的普遍繁荣导致了工业革命的全面展开，创造了一百年超过一切世代的人类奇迹。而中国，仍处于清王朝的统治下，依然我行我素、狂妄自大，结果是政治危机、经济衰败、思想沉寂、科学萧条。中西差距更加拉大，中国成了世界近代历史的落伍者。

关于半殖民地半封建的近代中国又怎样奇迹般地走向了社会主义，是中卷"冲击与探索"所集中论证的问题。这一时期，欧美主要国家通过自上而下的方式完成了资产阶级改革，资本主义世界市场基本形成，并开始由自由资本主义向帝国主义过渡，积极向外扩张，开拓殖民地。与此同时，封建的清王朝还做着天朝上国、至尊自大、无所不有的美梦，依然故我，自我封闭的锁关政策和妄自尊大的天朝心态，阻滞和延缓了中国走向世界的历程。中英之战，结果是以中华帝国的惨败而告终。西胜中败，西力东侵，西学东渐，西方文明对中国社会的冲击，导致了近代中国的两个开端：一方面使中国半殖民地半封建社会的日益加深，"一步落后，便陷入被动挨打的局面；挨打和被抢劫的结果，又是步步落后"。国土任人宰割，财产任人掠夺，民族任人欺凌。中国进入了一个多灾多难的黑暗时期。另一方面，西方势力的东来，外来文化的传入，对中国强大的专制统治和顽强的小农自然经济无疑是一毁灭性的打击，促成了中国社会由旧向新转换的契机，促使了中华民族新的觉醒，使中国在痛苦中走向世界。志士仁人和革命先驱，以其强烈的忧患意识和使命感，开始了上下求索、艰苦卓绝的奋斗寻觅，外斗列强，内排封建，探索中国社会的新出路。正如该书所指出的，"是饱受苦难的中国人民在觉醒中寻找新的出路，终于迎来民族复兴的一个重要时期"。"具有革命传统的中国人民并不甘心屈服，而是前仆后继，英勇奋斗。他们在挨打中抗争，在抗争中觉醒，在觉醒中探索，在探索中奋进。"这确是近代国人自强不息、团结振兴的生动写照。从物质到制度到文化，从君主立宪到民主共和，从进化论到民约论，从"第三文明"到马克思主义，中国人最终选择了社会主义制度。经过太平天国革命、戊戌变法、辛亥革命、五四运动、北伐战争、抗日战争、解放战争，终于建立了一个独立自主的社会主义新中国。百年探索，百年振兴，中国由一半殖民地半封建的旧中国转变成为一个独立的新中国，第一次以独立的姿态屹立于世界东方。那真是慷慨悲歌、可歌可泣的一百年。

今天的中国要达到世界先进水平，又应如何追赶？中国的前景如何？这是一个人们普遍关注的问题。中国改革的总设计师邓小平已向人类宣告，中国有信心在本世纪末实现国民生产总值翻两番，到21世纪达到西方中等发达国家的水平。作者们通过中西当代社会的比较和对未来的预测，从以下几个方面做了充分而有力的论证。第一，现代化是当代中国发展的必然趋势。在世界现代化大潮中，中国不可避免地被卷入进去。中国近百年史，从一定意义上说是一部寻觅和探求现代化的历史。洋务运动、康梁变法、辛亥革命，都是朝着现代化的目标迈进。但是长期的战乱，使得中国的现代化步履维艰，徘徊不前。只有到了中国共产党领导的民族民主革命胜利完成，国家独立，才扫除了现代化道路上的社会政治障碍，真正开始了中国现代化的新篇章。这是大势所趋，人心所向，现代化是人类社会进步的必然阶段，中国也不例外。第二，中国十年改革的成果举世瞩目，令世人刮目相看。1978—1988年，是中国在巨大差距的背景下，改革开放，重新步入世界现代化进程的十年。农业上实行家庭联产承包责任制，兴办乡镇企业，基本解决了11亿人口的温饱问题。工业和城市体制改革，实行厂长、经理负责制，建立特区经济，实施沿海经济发展战略。中国已从经济停滞徘徊期转入经济高速增长期。1981—1985年中，中国工业总产值平均每年增长12%，农业总产值平均每年增长8.9%，国民生产总值平均每年增长10%。而同期西方发达国家国民生产总值仅增长2%左右。这说明中国经济蕴藏着巨大的潜力。政治上，逐步建立和完善社会主义民主与法制，充分发挥人民代表大会的监督作用，实行在共产党领导下的多党合作制度，人民的权利得到一定保障。教育、科技、文化艺术都有长足的进步。短短10年，我国社会便发生了走向现代化的根本性转换，并取得辉煌的成果。所以说百年奋飞，达到发达国家水平的宏伟设想是可以实现的。第三，太平洋世纪的到来，给中国创造了一个良好的外部环境。当历史跨入21世纪时，空间缩小，联系扩大，科学综合化并全方位开发自然，生物科学、海洋开发、空间技术成为人类的新兴学科。随着亚洲"四小"的崛起和日本腾飞，促使世界现代化发生根本性位移，即由大西洋文明转向太平洋文明。那时，东西方文化进一步交融、会合。中国处于太平洋重要地带，自然成为太平洋文明的一个部分，并且是十分重要的部分。

上述几个问题的提出和分析论证，勾画了中国历史发展的一幅蓝图，能给人以启发，也能给人以信心。500年中西的过去、现在和未来，内容非常丰富复杂，而且千差万别，包含着许多未知的因素，要进行这样系统全面的比较，实在是很不容易，难度很大。即使是一个问题，要说清楚也并不大容易。例如对国内外都关心的，为什么在古代世界领先的中国科技没有能向近代发展的问题，也还没有得出有说服力的结论。国家与国家间，有相同因素，也有不同因素。社会制度的不同，文化历史的不同，经济条件、自然资源的差异等等，有的是长期不变的，有的则是千变万化，难以把握，既有可比的因素，也有不可比的因素。究竟如何比较，比什么，标准是什么，要说明和解决什么问题？看来本书是接触到这些问题，但并没有都能解决好。有些论断，也还可以推敲、斟酌。

《中西500年比较》是一部大跨度、多层面宏观比较中西社会文化的专著。它笔调明朗，视野开阔，对我国现代化有利不利条件的阐述，给了我们许多启示。面对目前中外经济发展水平的差异，我们既不能因循保守，也不能悲观失望，而要树立起民族自信心，自强自立，扎扎实实艰苦创业，争取早日迈进世界先进水平的行列。该书引人向上，催人奋发，值得一读。

（原载《近代史研究》1990年第3期）

现代新儒学研究的重要进展

——读郑家栋《现代新儒学概论》*

　　伴随着现代化进程中民族性特征的凸显、东亚工业文明的出现和世界范围内多元现代化格局的展开，注重探讨传统文化与现代化的关系、中西文化的关系的现代新儒学思潮越来越引起海内外学术界的关注。近年来，现代新儒学研究已俨然成为国内中国哲学和中国文化研究领域的一个热点和一门显学。1990年4月广西人民出版社出版的郑家栋同志新著《现代新儒学概论》一书，可以说标志着此项研究进入了一个新的阶段和新的层次。

　　《现代新儒学概论》一书是国家哲学社会科学"七五"规划重点科研项目"现代新儒学思潮研究"的一个阶段性成果，它也是中国大陆出版的第一部系统研究五四以后新儒学思潮及其发展的专著。《概论》分上下两篇：上篇题为"现代新儒学的思想特质"，着重从文化、哲学和历史研究方法三个不同的角度和层面，探讨了现代新儒学作为国人在西方文化的冲击面前所采取的一种重要的回应方式，所表现出的文化立场、思维方式、理论特征、历史观念以及关于如何诠释历史文化的学术方法的认识；下篇题为"现代新儒学的逻辑发展"，具体论述了现代新儒学思潮发展过程中的几个历史阶段及其主要代表人物梁漱溟、张君劢、熊十力、冯友兰、贺麟、钱穆、牟宗三、唐君毅、徐复观等人的新儒家思想。

---

* 与郑大华合撰。

《概论》一书至少具有以下几方面的显著特点：

第一，结构新颖。为了突出思潮研究的特点，《概论》在写法上与一般的哲学史和思想史著作有很大不同。一方面该书注意从整体上揭示现代新儒学作为一种思想文化派别和学术思潮所具有的思想特征、理论内涵和精神实质，另一方面又注意比较它在不同的历史时期和不同的代表人物那里所表现出来的个性差异。对新儒家主要代表人物的思想研究，也不追求面面俱到，相反，书中有意避开了那些为人们所一再重复的话题和材料，而把笔墨着重放在揭示他们作为一名现代儒者所具有的思想特质及他们的思想体系所内涵的深层的理论矛盾方面。

第二，论理精当。《概论》一书内容清新，理论创获颇丰，给人一种别开生面的感觉。特别是书中对于历史与哲学、共性与个性之关系的处理，可以说是恰到好处。例如：书中一方面把新儒学思潮放在二十世纪世界文化发展中人文主义与科学主义、保守主义与自由主义对立冲突的整体脉络中加以考察，另一方面又充分注意到新儒学作为一种植根于中国历史文化传统的人文主义和保守主义思潮所具有的思想特质。书中对现代新儒学思潮的历史分期、冯友兰哲学的定位、儒学第三期发展的前景等重大理论问题，也都提出了自己独到的见解。

第三，资料翔实。据粗略地统计，全书共引用海内外中外文书刊近四百种，新儒学不同发展时期代表人物的主要论著，书中都有征引。每立一论，必以详尽地占有资料为基础，做到了论从史出，史论结合。

第四，持论客观、平实。《概论》以马克思主义的立场、观点、方法为指导，对新儒学及其代表人物进行客观的、历史的分析和评价，既不有意拔高，也不苛求前人。书中充分肯定了新儒家在反对全盘西化论者的民族虚无主义、强调民族文化的主体性和民族文化自身发展的连续性以及在整理、研究、弘扬、表彰民族文化方面所做出的努力及其贡献，同时指出："道德主义的立场使他们常常陷入两难的境地，一方面他们已深切地感受到传统文化的缺陷及其所面临的挑战的严重性，另一方面又试图仍然依照传统儒家'内圣外王'的思维方式做出回应。这使得他们尽管在理论上建树颇丰，但有关现实问题的解答和说明仍然显得苍白无力。"如全盘西化论一样，现代新儒学同样也不代表中国现代文化发展的正确方向。

当然，作为一部开拓性的学术著作，该书也难免会有这样或那样的不足之处，例如对新儒家个别人物的论述过于简略。尽管如此，《概论》一书仍不失为一部具有较高学术价值的优秀论著，是中国现代哲学与文化研究领域取得的又一丰硕成果。我们希望不久的将来能看到有更多这样的论著问世。

（原载《光明日报》1990年11月26日）

《中国在世界历史之中（公元前200年—公元1976年）》译序

　　任菁、郑大华等合译的美国年轻学者S.A.M.阿谢德的历史著作《中国在世界历史之中》，读来饶有兴味。

　　我们常说，中华民族具有5000多年延续不断的文明史，以其智慧创造了丰富、灿烂的中国文化。但是，中国在世界历史的发展演变及当今世界体系的形成中起过何种作用，有过什么贡献，处于什么地位，不但外国学者研究甚少，就是我国学者也涉及不多或不系统。在西方学者中，长期存在着一种"西方中心论"，不仅在近现代史上把西欧资本主义国家视为时代的中心，而且在上古和中古史上也把西欧当做衡量其他国家或地区的一把标尺。他们往往只强调西方人的创造和贡献，有意或无意地忽视、低估甚至贬抑中国在世界历史发展中所起过的巨大作用，否认中国在世界史上的重要地位。这种对客观历史实际的严重背离，无疑会模糊西方读者对中国历史的正确认识，也会妨碍人类对自身历史的发展过程做出科学的判断。

　　《中国在世界历史之中》的作者阿谢德，作为一位西方的学者，没有囿于"西方中心论"的偏见，认为"当今的世界体系主要被看做是由西方人的设计和创造，但中国在此间所作的贡献却比我们通常所知道的要大得多"；也不满意于"还没有一本概要性地记述中国与其外部世界的关系，及中国对世界体系发展所作贡献的历史著作"的状况（本书《导言》）。正是在这种思想和愿望下，作者有志于撰写这部作品，试图"在世界历史之中描绘出一幅中国的画图"，使西方读者了解中国是整个世界历史中的一部分，她对世界历史的发展演变及当今世界体系的形成所作的贡献，这是值得称道的。

  本书通过具体的历史事实，叙述了中国从古代至1976年的历史发展概况，分析、探讨了中国每一历史时期在当时世界历史中所处的地位，中国通过什么途径与世界进行交往，这些交往对当时世界体系产生了什么影响，起了什么作用，以及中国在世界历史中的地位又是如何随历史的发展而变迁的等有关问题。尽管其中某些观点、提法和阶段的划分等都还存在着可探讨之处，但对中国在世界历史中的地位和所作贡献的总估价，应该说是比较真实和客观的。虽宏观概论古今中外几千年历史有不够深入之嫌，但视野开阔，分析简明，是其长处。本书的翻译出版，可以使我国读者对中华民族的灿烂文明，对中国文化对世界文化发展所作的巨大贡献和对当今世界所产生的影响有一个系统的、发展的、理性的认识和判断，以便使他们正确对待我们民族的历史文化，提高民族自尊心和自信心，为建设伟大的社会主义祖国而努力。

  （1990年10月25日撰，是书河北教育出版社1993年出版）

读《奕䜣慈禧政争记》*

宝成关的新著《奕䜣慈禧政争记》，是近几年研究晚清政治史的一部颇具特色的专著，引起了史学界同行关注。

一

《政争记》一书最引人注目的一点，在于直接把晚清统治集团内部的矛盾斗争关系作为专门探索的对象。在近代中国内忧外患、阶级矛盾和民族矛盾极其尖锐的时代背景下，清朝高层统治集团到底如何进行统治？在统治过程中如何调整内部的矛盾关系，其矛盾关系又怎样影响到晚清政局和近代社会？这些都是研究近代史，尤其是晚清政治史首当其冲的重要课题。长期以来，由于种种原因，近代史研究着重于革命史、阶级斗争史，而忽略统治阶级内部矛盾斗争的内容。中共十一届三中全会以后，这类问题开始引起学术界的重视。近十年来，出现了一批有见解的论文和一些涉及这方面内容的人物传记，研究局面有所改观。但总的说来此类研究仍显得薄弱。而且就具体研究对象和视野而言，也多限于一时一事的横向探讨，如同文馆之争、丁未政潮等等，对于统治集团内部高层人物之间、各

---

*与黄兴涛合撰。

派别之间矛盾的形成发展及影响，还缺乏系统的纵贯性的考察，这方面的专著也付之阙如。在这种情况下，宝成关著《政争记》一书，直接以奕诉和慈禧的矛盾争斗关系为题，进行纵向探讨，在某种程度上具有填补空白的意义。作者在自序中曾明确表示"力求从一个侧面、即从统治阶级内部矛盾斗争的方面，在中国近代政治史的研究上有所突破，对拓宽历史研究领域，丰富人们对历史的认识有所贡献"。这种自觉意识，对一个研究者来说是十分宝贵的。

《政争记》一书具体抓住奕诉和慈禧的矛盾关系，也很有眼光。诚如作者所指出的那样，奕诉和慈禧是晚清统治集团中的两个主要代表，他们在长达近40年的时间里，"暗斗明争从未间断，成为清廷统治集团内部矛盾斗争的焦点，直接关系到清王朝的统治得失与兴衰荣辱"。探究他们的矛盾关系对晚清政局可以起到窥一斑而见全豹的作用。

奕诉与慈禧的矛盾关系过去也有人研究，但多比较零碎。《政争记》一书首次比较完整、准确地探讨了他们之间合分矛盾关系的全过程。作者把奕诉与慈禧的矛盾关系划分为两个阶段，即辛酉政变时联合夺权和政变后初期共同掌权阶段，以及此后的政争阶段；政争阶段又实际上分作了两个时期：即慈禧利用蔡寿祺的奏折打击奕诉到光绪甲申朝局之变为"公开对峙"时期，之后为奕诉甲午复出后的"政争余波"时期。这样的划分，反映了他们矛盾关系发展的真实情形。作者在叙述其联合的时候，揭示了他们最初矛盾的主要起因：权力分配不均衡，慈禧想大权独揽，奕诉则幻想"垂帘其名，实权归己"，并分析了他们在初期的"隐蔽的争斗"；在叙述其政争的时候，又没有忽视其共同维护满清统治的一致方面，如起用汉臣又加以谨慎控制，对外妥协又不乏抗争等。这样就把他们彼此间合中有分、分中有合的复杂关系，多层次地展现了出来。

在论述奕诉和慈禧矛盾关系之前，作者用较大篇幅考察了奕诉与乃兄奕詝的"储位之争"，奕诉集团的兴起等。从表面上看，这种考察与慈禧的矛盾争斗似乎没有直接关连，其实不然。通过这一考察，作者讲清了他们之间矛盾斗争的由来背景，有助于人们更充分地认识到奕诉在晚清政局中所起到的特别重大的作用，以及日后他与慈禧矛盾争斗的性质和特点，因此是一种不可缺少的铺垫。

《政争记》一书对奕䜣和慈禧矛盾关系的论述，在材料许可的范围内尽量做到了全面完整。仅以其"公开对峙"时期而言，作者条分缕析，首次比较详细地论述了他们彼此争斗的9个回合。其中有些是人们过去所不经意的内容，如奕䜣印刻《乐道堂文钞》，以往人们多知他印刻此书意在回敬顽固派以传统攻击洋务活动，从传统中去寻找洋务运动的依据，很少知道他还在君臣关系上大做文章，蕴含有让慈禧奉还他作为"辅政大臣"应有权力的争斗之心。作者的分析令人豁然开朗。

在论述慈禧与奕䜣合分矛盾关系的时候，作者还做到了准确恰当。最典型的是关于"隐蔽的争斗"的分析。过去不少人把诛杀何桂清和胜保单纯看作慈禧立威的举措，很少有人认识到在慈禧潜心同奕䜣争权过程中奕䜣所处的微妙境地。有的同志甚至认为诛杀胜保是慈禧和奕䜣的合谋，这就离事情的真相较远了。事实上恰如作者所言，奕䜣此时处在比较被动的地位，他对慈禧诛杀胜保等实是有心回护却无能为力。而胜保所以招致杀身之祸，也主要是由于他掌握兵权，又与奕䜣的关系过于亲密。不过同慈禧明显的争斗心迹相比，奕䜣此时的争斗意识尚不太明确，因此作者称之为"隐蔽的争斗"是很合适的。这种"隐蔽的争斗"与双方矛盾公开暴露后都蓄意要一拼高下的暗斗尚有不同，它真实准确地反映了其彼此之间矛盾关系的最初状态。

二

《政争记》虽以奕䜣和慈禧的政争为题，却并没有局限在他们的争斗本身，而是着眼于整个晚清政治史，从而加深了人们对整个晚清政局的理解。

作者的努力主要表现在以下三方面：

其一，作者注意到奕䜣和慈禧的矛盾争斗过程，正是慈禧专权的形成和发展过程，在他们每一回合的争斗后面，都尽可能地分析两方的得失及原因，尤其是慈禧政治手腕的熟练程度和在专权进程中的位置。如在"隐蔽的争斗"一节，作者就分析说明，慈禧诛杀胜保不仅削弱了奕䜣，而且得到了历练，学会了一套阴谋权术手段，逐渐具备了她在未来的政争中获胜的基础；在论述蔡寿祺事件中慈禧"玩亲王于掌股"时，作者又切实地分析指出：慈禧通过这一事件，不仅折辱了奕䜣，而且向所有王公大臣进行了一次权力示威，从此在朝廷中再也无人能与她处于一种"准平等"地位。同治之死与慈安暴亡是奕䜣慈禧矛盾关系中和慈禧实现专权进程中的两件大事。作者通过分析，恰当地指出：同治之死，使原有的多方面因素构成的"均衡制约"被打破，权力重心向慈禧方面迅速转移，至慈安暴亡，慈禧一宫独尊，专权局面基本形成。此后，慈禧最终利用各种矛盾实现了"光绪甲申朝局之变"。而此时她"已具有丰富的政治经验和宫廷斗争艺术，与同治年间比，早已不能同日而语"。

其二，《政争记》一书尽可能包容晚清发生的重大事件和重要的统治集团内部人物、派别及其活动，比较多地揭示了统治集团内部的矛盾斗争、权力分配和人事变动的真相，有助于人们加深对晚清统治者整体的认识。通观《政争记》全书，它对统治阶级内部各种主要矛盾都有不同程度的反映和剖析。如奕䜣集团、慈禧与肃顺集团的矛盾，洋务派与顽固派的矛盾，满族与汉族的矛盾，清流派与重臣、慈禧间的矛盾、湘淮系的矛盾，等等。这些矛盾各有其产生发展的内在原因和特点，不一定和奕䜣与慈禧的矛盾关系依存始终，但它们纵横交错，或影响到这一关系，或受到这一关系的影响。如清流派从出现到消亡都与统治集团内部各派间的矛盾，尤其是奕䜣与慈禧的矛盾争斗紧密相关，各派均利用它，而它又对各派形成威胁。作者通过剖析他们之间的矛盾，使人们得以透彻地看到晚清清流派形成的过程和特点、时代作用及其历史命运。书中对辛酉政变前后统治阶级内部各种矛盾的解剖，则更好地说明了这一点。从我们目前所见的论著来看，《政争记》关于清流党和辛酉政变所涉及的统治集团内部矛盾的分析，在广度、深度和清晰度上，都超出了以前研究的水平。

其三，作者运用唯物史观的方法，把奕䜣慈禧之间的合分矛盾关系与近代社会的演变密切结合起来，从社会的、政治的、经济的大背景中去寻找他们矛盾争斗的原因，同时又实事求是地剖析了这种矛盾争斗对近代社会和政治等方面的影响。例如在论述"光绪甲申朝局之变"时，作者没有简单地归结为慈禧的专权，而是先论述了70年代以来穷于应付的边疆危机，国内"水旱频仍，民生凋敝"所造成的"阶级矛盾日趋尖锐"的现象，以及在这种情况下应运而生的清流派及其活动，进而剖析了奕䜣所推行的内外政策处处碰壁的情形：对内办"洋务"与顽固大臣不和，削弱和限制湘淮势力又为汉族洋务大僚所不满，同时与奕譞等人还有矛盾；对外实施"隐示羁縻"的外交方针，也远远不能满足侵略者的要求。在穷于应付的边疆危机面前，奕䜣越来越陷入困境之中。因此当中法战争爆发，山西、北宁战败的消息震惊朝廷时，慈禧便抓住时机，利用清流人物盛昱本想参劾张佩纶而连带枢廷的一封不经意的奏折，将奕䜣赶下了台。这样把奕䜣与慈禧的矛盾争斗放在近代社会、政治和经济的背景下去考察，既有对其偶然性的探讨，又有对必然性的剖析，可以令人信服地说明，奕䜣与慈禧之间复杂的矛盾争斗关系，不仅是晚清统治集团内部矛盾的集中体现和焦点所在，而且也是近代民族矛盾和阶级矛盾在统治集团内部的曲折反映。另一方面，作者没有将他们的矛盾争斗看作完全被动的东西，而是反过来又揭示出它们对近代社会和晚清政局的影响。作者指出：辛酉政变及其后奕䜣与慈禧的联合，不仅使他们获得最高统治权，而且使晚清政局发生了根本性变化。他们所采取的重用汉臣、"守势外交"政策，使清王朝渡过了内政外交的双重危机，并揭开了洋务运动的序幕；此后，慈禧为了专权，纵容顽固派与奕䜣作对，又不断打击他，使洋务运动的发展在一定程度上受到影响。从奕䜣方面说，他与慈禧明争暗斗，对其专权和纵欲也有所抵制，起到了稳定清王朝政局的作用；光绪甲申朝局之变后，由于失去奕䜣的牵制，清王朝的内政外交更加腐败，国是日非。通过上述与近代社会、政治变迁相联系的考察，又使读者清楚地看到，统治集团内部的一些争斗，即使主要是权力之争，也会对历史有重要的影响。

三

《政争记》的一个特点是不囿于成说，在深入研究的基础上勇于提出自己的新见解，同时积极汲取近几年史学界研究的新成果，并根据自己的研究进一步修订补充。

如作者分析了"辛酉政变"和"借师助剿"问题，认为辛酉政变主要是奕䜣和慈禧两人策划发动的，英国所起的作用极为有限；"借师助剿"是奕䜣"趋利避害"外交原则的典型，它以不根本危及清王朝的统治为前提，一旦达到目的便不再施行。因此，作者认为在辛酉政变期间及政变后的初期，清政府与列强虽有勾结，但没有建立起"联合统治"。史学界曾经流行的"联合统治"的看法把帝国主义对当时中国政局的影响夸大了，同时也把清政府简单化了。作者的这种分析是符合当时中外关系实际的。

又如：作者经过严密的论证，认为近代外交政策的奠基人是奕䜣，而不是曾国藩和李鸿章，这种外交具有从传统封闭式转向近代开放式的积极一面；认为肃顺并非如通常所言一向对外主战；不同意"慈禧在同治死后秘不发丧，用突然袭击的办法强立载湉为帝"的陈说。又如清流党问题。研究者多谓其反对洋务。作者在剖析他们的主张和特点后指出，清流党并不简单地反对洋务本身，有些人还提倡洋务，他们所抨击的只是所谓洋务之弊，即主要是抨击李鸿章等只讲功利不论气节、有违名教的做法。又如慈安与慈禧的关系问题。作者以材料说明，慈安在政治和权术能力方面确较慈禧为差，但也并非如有些学者所描绘的那样是一个毫无权力欲望、甘愿做慈禧陪衬的人。作者认为，她作为正宫太后，在等级森严的封建社会里，本身就有足以压制慈禧的政治资本和力量，况且她本人也确有较强的权力欲。为此，作者详细地论析了她与慈禧从"礼节细故"之争到死前彼此"水火积不相容"的过程。又如，本书对戊戌时期慈禧言行的考察，否认了慈禧自始至终反对变法的流行观点。作者认为，在变法之初，慈禧至少是采取了默认和宽容的态度，只是在威胁到她个人权势时才坚决反对变法。

四

晚清高层统治集团的内部矛盾和斗争，由于缺乏正式记载等原因，往往带有一种神秘性，而且由于距今不远，各种秘闻传说甚多，再加上形形色色的掌故笔记、稗史野乘、戏剧电影、演义小说的着意渲染，历史真实与民间传说，宫闱隐秘与权力争斗杂糅混合，使这段历史更显得迷雾层层。以上种种，就给晚清高层统治集团内部争斗史的研究，提出一个搜集、使用和辨析史料的更高要求。在这方面，《政争记》一书做了很为出色的工作。

首先，该书作者广收博览，大量搜集了各种史料，既包括官方文书档案、各种私家著述、笔记野乘以及稗史逸闻等文献记载，也包括一些从来没有见诸文字的口碑资料。如关于道光以木盒金盒考察奕䜣和奕詝品行的问题，关于咸丰赴热河前是否曾给奕䜣朱笔上谕以及内容问题，作者走访了奕䜣的曾孙毓峘和毓嶦先生，结合当时的情势与有关文字记载进行分析，澄清了李鸿藻的后人李宗侗先生的一个在海外颇为流行的"误说"。作者大力搜集史料，却并不轻信、更不滥用。书中利用的史料基本以官方文书档案为主，然后间采其他。在使用一般史料，尤其是笔记逸闻之类的资料时，作者进行了认真的鉴别，去伪存真，体现了严谨治学的精神。

另一方面，对一些目前主要因记载不同而产生歧见的问题，作者也能依实陈述，仔细考辨，立论谨严。如关于道光立奕詝为储的主要原因，作者分析了各种记载和看法，认为道光"以其为孝全所出，且于诸子中年龄较长"立奕詝的说法较为可信；又如"奕䜣赴滦"问题，作者经过辨析，否定了慈禧派人到京召奕䜣的观点，而采纳了章士钊"咸丰大行，奕䜣照例得赴滦哭临，亦例不得不准"的意见，认为奕䜣到热河是"不待西后召之"的；此外对诸如慈禧的家世和入宫情形以及同治帝的死因等，作者也都有严谨的分析和说明。最能反映这一特点的，是关于慈安暴亡原因的分析。作者广泛搜集了有关慈安去世的各种记载，以及慈禧毒死慈安的种种传说，然后详细辨析了其中难以服人和确属可疑之处，最后得出："慈安暴卒之谜因限于资料，我们目前还难以揭开，不过有一点可以肯定，那就是慈安之死，为慈禧专权清除了障碍"的结论，可谓实事求是，毫无妄断之嫌，正因为作者广征博引而又立论严谨，所以本书时有新意，却又不给人以突兀和故作新奇之感。

《政争记》一方面以史料扎实、立论严谨见长，另一方面又在学术著作的可读性方面，作出了令人振奋的尝试。在近几年出版的史学研究专著中，本书的可读性是比较突出的。除了文字干净流畅、生动、表现力强，在反映主题的范围内适当地介绍了一些晚清宫廷知识和官制内容等之外，《政争记》还有两点值得一提。一是作者在材料的组织上精心结构，比较娴熟地使用了一些文学写作技巧，其中给人印象最深的是注重章节的过渡：该书在每章每节乃至每个问题之前，都有一段承上启下的文字提醒读者留心主题的进程，轻松自然而又饶有兴趣地进入新的章节和问题之中。二是全书议论风生，善于辨析。其平易而精当的议论，既体现了该书的学术价值，也增加了可读性。

五

《政争记》的内容还有一些可以商榷的地方。比如对奕䜣集团的认识，书中虽较清楚地论述了这个洋务权力集团的兴起和影响，但对其消亡，则缺乏集中的论析。这种集中分析对说明奕䜣在晚清政治史上的地位变化，以及他与慈禧的矛盾争斗关系都很重要，似不可少。又如，该书认为与奕䜣集团相对有一个所谓"慈禧集团"。慈禧是一个主要关心权力的最高统治者，她在晚清基本上超脱于洋务和顽固等派别之上，以最高决策者的身份驾驭各个派别。戊戌时期出现的所谓"后党"，是针对"帝党"而言，并不以奕䜣为对头。因此，所谓"慈禧集团"的提法是不准确的。另外，《政争记》对慈禧的政见似嫌研究不够。相对于奕䜣和慈禧本人对权术的精通而言，她似乎缺乏明确的政见，与奕䜣的政争也主要是权力争斗，真正的政见之争甚少。但是，这并不意味着慈禧没有值得重视的独立的政见。事实上，由于经历和地位的不同，慈禧对列强、洋务事业和满汉问题等的认识和态度，都有着自己的特点。在晚清，顽固保守势力始终以慈禧为靠山，这与他们政见基本相通是有关系的。《政争记》一书对奕䜣的政见论述较多，而常常把慈禧放在对奕䜣政见表示"认可"的地位，而没有集中探讨慈禧的政见。这与慈禧的研究现状和材料限制不无关系，但却不能不说是个缺憾。

（原载《历史研究》1991年第4期）

《近代经学与政治》读后

经学是中国传统学术的主要门类，是研究中国文化不可缺少的重要内容。汤志钧同志的《近代经学与政治》一书，以马克思主义为指导，专门探讨近代经学问题，比较清晰地勾画出从鸦片战争到五四运动八十年间经学兴衰的历史发展脉络，从而成为研究近代经学史的第一部专著。

该书对近代经学的研究有以下几个特点：

首先是视野开阔。该书将近代经学置于整个经学的历史发展过程中去考察，在对整个经学历史的宏观把握下透视近代经学，揭示近代经学的历史特点。例如，该书在讨论近代经学之前，对有关经和经学的起源，今文经和古文经的区分，经学史中的派别，以及近代以前清代经学发展概况等问题进行论述。

其次，作者从经学与近代政治的关系的角度着眼，通过对各个时期较为活跃的、与社会政治变动关联密切的经学派别及其代表人物学术思想的考察，来展示近代经学的历史概貌，从而避免了陷入纠缠历史陈案的偏颇。

第三，该书对近代今文经学用力为多，尤具特色。由于今文经学讲求"微言大义"的灵活性和蕴含朴素的"变易"思想，而为时代所青睐，因而与政治的关系也密切。在书中，作者不仅纵向考察了近代今文经学在各个时期的代表人物及其异同，而且对同一时期的经学家还作了横向比较。

作者在序言中说："作为封建统治思想的经学是要批判的，但作为当时的文化思想却不能简单抛弃，而要认真清理。"这句话反映了作者对经学的正确态度。

（原载《人民日报》1991年10月28日）

《近代中西文化论争的反思》序

鸦片战争后，中国结束了封闭的状态，日渐走向世界。随之，中西文化也开始出现了交汇与融合。由于二者在价值取向上存在着差异，而西方文化又是伴随西方的殖民侵略而来，就决定了这种交汇与融合的过程，不能不是在矛盾冲突的态势下展开，从而呈现出纷繁复杂的情状。与此相应，人们围绕着中西文化问题展开的论争，也就不可避免。从鸦片战争一直到新中国成立，这种论争不曾停止，贯串于整个近代史的始终，是一种十分引人注目的历史现象。近代中西文化论争的主题，是如何对待西方文化和中国固有的文化。其实质是反映了现实的政治与经济的斗争，体现着在不同的阶段上，志士仁人对中国民族前途与命运的关注与选择。

在新中国成立后长达30年的时间里，中西文化论争归于沉寂。但是，进入80年代后，出现了持续的"文化热"，中西文化问题再次成为人们普遍关注和争论的课题。这不是偶然的。它反映我国改革开放事业的深入发展，也反映了在改革开放过程中表现出来的尖锐的斗争，即中国还要不要马克思列宁主义、毛泽东思想，还要不要坚持共产党的领导，还要不要坚持社会主义道路。这场尚在延续中的新的文化论争，其规模及影响超过近代，但就其所揭示的有关发展民族新文化的主题和主要问题而言，又未超出近代所讨论的范围。"前事不忘，后事之师。"所以，总结近代中西文化论争史，借鉴前人的经验教训，以俾助益现实的文化建设，就是一个十分有意义的课题。

　　研究历史，贵在实事求是。近代历次文化论争，包含着是非之争，乃至进步与倒退、革命与反动的尖锐对立。不指出这一点，就无法说明历史发展的必然趋向。但也要看到，因文化现象自身的复杂性和历史条件的局限，在许多情况下，在一些问题上，对立双方是非互见，纯驳兼陈，也是正常的现象。所以，所谓实事求是，显然也应包括这样的原则：既不以言废人，也不以人废言。在争论的当时，为了证明自己论点的正确和对方的错误，有时难免不够实事求是，甚至带着情绪化。如今我们回头去评论，总结过去，借鉴历史的经验教训，应当也可能力求做到客观、全面、实事求是，给予符合历史实际的评价。

　　对近代100多年文化论争史作局部的专题的研究，不乏其人；但对其作系统的研究，以揭示近代文化发展的客观规律，却不多见。郑师渠、史革新同志合著的《近代中西文化论争的反思》，是这方面的一部新著。本书力图以马克思列宁主义为指导，在传统的政治史研究的视野之外，另辟蹊径，从文化史的角度，重新探讨近代中西文化论争。著者既注意吸收已有的研究成果，又不囿成说，知人论世，颇具新意。例如，五四新文化运动时期与《新青年》立异的伧父（杜亚泉），一向被斥为顽固派。但著者认为其时康有为、林琴南等人与新文化倡导者的对立，反映了新旧的分野；伧父与后者的立异，则属学理之争。他提出"类"文化的见解，强调中西文化是各具特色和独立价值的两大文化体系，因而主张新文化建设必须以民族文化为主体，积极整合西洋文化。这有利于开拓时人的思维空间，包含着不容忽视的合理性。其文化论虽存失误，但从根本上说，是与新文化运动互补，而非反动。不管人们是否同意此种观点，但著者不因袭旧说，发人所未发，却是显而易见的。同时，本书坚持了实事求是的原则，例如，既批评胡适"全盘西化"论的荒谬，但也肯定他对东方文化派和"中国本位文化"论者的反驳，自有独到之处，就反映了这一点。此外，在结构安排上，也有可称道之处。本书辟有"时代的选择——'民族的科学的大众的文化'"一节，专门论述毛泽东的《新民主主义论》。著者以毛泽东为代表的中国共产党人提出的新民主主义文化纲领，视为不仅是对近代文化论争的经验总结，而且真正体现了文化的时代选择。这就使全书对近代文化论争史的论述，得到了有力的整合，从而体现了历史与逻辑的统一。本书虽意在系统研究近代中西文化论争，但又不拘泥于时间上的连续性，取舍较适当。当然，著者没有忘记反思文化论争史的目的在于助益现实。是书末章"回顾与前瞻"，花了较大的篇幅，总结历史经验，并提出"继往开来，建设社会主义主体文化"的构想，就是力图从历史与现实的联系中，给人以启发。总之，本书勾画了近代纷繁复杂的中西文化论争史的发展脉络，论证了近代文化发展的自身规律，它的出版，既丰富了文化史的研究，也将增益现实的文化建设。

近代中西文化论争是一个很大的题目，本书已经涉及的问题，有的还可作进一步探讨；限于篇幅，尚未涉及的许多问题，同样值得研究，希望著者百尺竿头再进一步。

（是书高等教育出版社1991年出版）

《梁漱溟与胡适——文化保守主义与西化思潮的比较》序

文化保守主义思潮和西化思潮，是近现代中国影响深远的重要文化思潮。在近代中西文化矛盾和融会的过程中，二者既互相对立，又彼此依存，围绕中西文化的特点和优劣，新旧文化之间的关系，次及中国文化的出路等问题，展开了激烈的论争。其中一些观点和主张，直到今天仍具有一定的影响。80年代"文化热"中争论的一些问题，实际上是这两种文化思潮争论过的一些问题的延伸和继续。因此，对这种文化思潮进行系统的和比较的研究，不仅具有学术价值，而且也有现实意义。

然而，长期以来，学术界对这两种文化思潮进行的系统的和比较的研究薄弱，有加强研究的必要。郑大华同志在北京师范大学历史系攻读博士学位期间，跟我交换了关于这个问题的一些想法，并表示有志于做总探讨。经过一段时间搜集、阅读资料和思考问题，又经过反复商讨，最后确定了《梁漱溟与胡适——文化保守主义与西化思潮的比较》作为博士论文的题目。在近现代中国，梁漱溟被称为现代新儒家的"开启者"，而胡适则被视为西化的着力鼓吹者，以梁、胡二人作为这两种文化思潮的代表来加以研究，无疑是恰当的。多方面剖析梁漱溟和胡适的文化思想，并做必要的比较，对于深入了解文化保守主义思潮和西化思潮的特点是有典型意义的。在研究方法上，抓住典型来具体剖析，可以避免泛泛议论。回顾80年代的"文化热"，对中西文化问题争论激烈，其中不无很好的见解，但毋庸讳言也存在空疏的偏向。因此，讨论就难以深入，也难以有助于真正解决问题，甚至有些说法似是而非。可见需要多做一些扎实的、具体的研究，准确、深刻的宏观概括才能有基础。这也是大华同志没有直接去做文化保守主义思潮和西化思潮的比较研究，而是试图通过探讨两个人物的文化思想来认识、阐释这两种文化思潮的某些特征的一点缘由所在。

本书既以研究人物为主，但又不限于人物，而是始终将梁漱溟和胡适放在文化保守主义思潮和西化思潮这两种思潮中来研究，通过人物见思潮，又以思潮证人物，从而对近现代中国文化保守主义思潮和西化思潮的产生、内容、特征、衍变阶段、历史地位及其相互关系作出比较全面的论述。

为了能够较完善地体现写作的意图，大华同志对全书的结构也做了较细致的考虑。在"导言"中，先就文化保守主义思潮和西化思潮加以综述。然后以此为背景，在主体部分，比较研究了这两种思潮的主要代表人物梁漱溟和胡适的文化取向、政治取向、学术旨趣、中西文化观、科学与民主观、对传统文化的态度和对中国文化出路的选择等问题。最后在"结语"中，围绕"文化的民族性与时代性"、"传统的变革与承续"、"现代化与西化和中体西用"这三个问题，反思、评判了文化保守主义思潮和西化思潮的理论得失。这样，把具体和一般结合起来，使人物和思潮的研究交融于一体，既不失之于就事论事，也不致流于泛泛而论。

研究这个课题，不可避免地存在着对梁漱溟和胡适、对文化保守主义思潮和西化思潮的评论问题。不论梁漱溟或胡适，也不论文化保守主义思潮或西化思潮，都颇有争议，对其有过很高的评价，也有过完全的否定。怎样评价他们的思想，以及这两种文化思潮，具有复杂性。大华同志以历史唯物主义为指导，力求实事求是地分析、评判梁漱溟和胡适、文化保守主义思潮和西化思潮的理论得失。他认为，从近现代中国社会和文化发展的方向来看，无论是文化保守主义思潮，还是西化思潮，都不可能正确认识和处理"中学"与"西学"、"传统"与"现代"及其相互关系，也都不可能对中国文化的出路做出正确的选择，但在一些具体问题上，它们又不乏合理的，有价值的论点，有其存在的必然性。这样一个基本判断，我是赞同的。这里还需要提到，书中是把文化思潮放在一定的历史阶段中做动态的考察的。对阳明学在近现代复兴的原因和内容的分析，就是其中的一个例子。书中指出，在晚清时期，倡导阳明学复兴的主要是资产阶级维新派和革命派，他们感兴趣的是阳明学中隐含的主张"平等"的意蕴；而到了五四新文化运动时期及其后，倡导阳明学复兴的则主要是文化保守主义者，他们是想通过阳明学的复兴来解决"人的意义危机"的问题。当然文化保守主义思潮和西化思潮都有其复杂性，学术界的看法也不尽相同，本书的论述只是一己之见，未必都妥帖、准确，一些问题还需要继续探讨，进一步斟酌推敲。书的出版，并不意味着该课题研究的终结，它只不过如长途旅行中的一站，在这个新的起点上再继续前进。

大华同志学习勤奋，他在撰写这篇论文时，认真阅读了梁漱溟和胡适的著作，查阅了大量有关文化保守主义思潮和西化思潮的资料，仅书中征引的书刊就有百余种。因此，能够做到持之有据，言之成理。

这篇论文得以完成并修改出版，是跟不少前辈专家的指教分不开的，也是跟吸收国内外学者有关的研究成果分不开的。如果没有老师们的指教，没有这些已有的研究成果以资吸取和启发，论文的质量当会受到影响。在本书出版之际，我想大华同志当会对他们深表感谢，并铭记在心。

（1991年12月撰，载《近代史研究》1993年

第3期，是书中华书局1994年出版）

《晚清国粹派——文化思想研究》序

20世纪初，在中国大地上发生了孙中山领导的资产阶级民主革命。这次革命，以推翻腐败的清政府、建立资产阶级共和国为目标。其指导思想为民主主义，具体为孙中山归结的三民主义。但是，在革命发展过程中，革命党人内部意见不一、思想杂陈。一个明显的表现，是国粹思想和无政府主义思想的流播。这两种思潮，在当时的历史条件下，都不同程度地产生过积极作用和消极影响。国粹思想趋向保守，无政府主义则是过激。然而，历史现象又是复杂的。国粹派的主要人物章太炎曾受无政府主义的影响，他的一些作品有着浓厚的无政府主义色彩。另一个主要人物刘师培更为突出，他既大力宣传国粹，又狂热鼓吹无政府主义。从资产阶级民主革命的任务来衡量，刘师培既保守，又很激烈。换句话说，是既偏右，又极左。这种现象，在近代中国并不罕见。就刘师培来说，他的无政府主义最终归于复古主义。他和章太炎一样，都跟孙中山、同盟会闹分裂，而且走得更远，乃至变节投靠清方。辛亥革命后，刘师培参加发起"筹安会"，拥护袁世凯复辟帝制。新文化运动兴起，他办《国故月刊》，以"国故"对抗新文化。从宣传国粹到鼓吹"国故"，虽不能等同视之，但其间自有一脉相承之处，而不是截然两橛。刘师培的这种现象，是个人的悲剧，也是时代的悲剧。在近代中国，不仅封建势力顽强地存在着，封建思想意识也浓厚地笼罩着社会。即如自称"激烈派第一人"的刘师培，仍然具有浓厚的封建思想，他的无政府主义不免带有封建性的特色。这就是"死"的拖住"活"的。

这里无意也不可能对国粹思潮及其代表人物作全面的论述，只不过是由之引发的片段感言而已。国粹思潮是清末有影响的社会思潮之一，学术界对它虽有所研究，但不够系统、全面，评价也不一，有待进一步深入探讨。对这股思潮简单地予以否定，并不符合历史实际。至于怎样的评价才恰当，不仅是史实问题，还有认识问题、方法论问题，甚至有感情问题。所谓感情问题，就是说研究者对他的研究对象往往容易偏爱，带着感情色彩而影响了客观性。研究历史要求实事求是，从历史实际出发。当然说起来容易，做到并不容易，需要努力求索。

郑师渠同志在考虑博士学位论文的选题时，有感于晚清国粹思潮的历史意义和研究的不足，确定以此作为研究的课题。他从收集原文献入手，查阅了《国粹学报》、《政艺通报》等二十余种当时出版的报刊，参考和利用了近百种其他文献，用力颇勤。在完成论文撰写并通过学位答辩后，又作了必要的修改、润饰，成为这部著作出版，应该说基础是扎实的。书中的内容涉及国粹派和国粹思潮的兴起，国粹派的文化观，国粹派的经学思想、史学思想、伦理思想，国粹思潮的历史地位和局限性等，是目前研究国粹派及其思想的一部较系统、全面的著作。对于这诸多方面的问题，作者都是在丰富史料的基础上逐一加以详细阐述，提出了自己的见解，有所创获。有些论断或提法，研究者和读者未必都赞同，亦属正常。百家争鸣，各抒己见，有助于研究的问题趋于符合历史实际，有利于学术的发展。

（1992年10月9日撰，是书北京师范大学出版社1993年出版）

中国文化发展的历程与出路

——评《文化批判与文化重构》*

最近，陕西人民出版社出版了青年学者李宗桂同志的《文化批判与文化重构——中国文化出路的探讨》一书，这是作者继《中国文化概论》之后出版的又一以中国文化为研究对象的学术专著，如果说《中国文化概论》侧重于从总体上对传统文化的描述和解析，那么，《文化批判与文化重构》主要是从建设社会主义新型文化体系的战略理论高度，从当代中国的文化建设实际出发，探讨近现代中国文化的发展历程和当代出路。概而言之，该书有以下几个特色：

第一，体系严谨，结构新颖。全书从揭示文化批判、价值重构与文明复兴的内涵和相互关系入手，从价值重构的现代精神方向着眼，通过对近现代中国文化发展道路的探讨，论证了由传统的天人古今之辩到中西古今之争的时代论题的转换（第一章）；勾勒了近代以来文化批判与文化重构的历史演进（第二章）；剖析了新中国成立后的文化建设问题（第三章）；在审视文化批判和文化重构的历史传统，辩析新中国成立到80年代文化讨论之前的文化建设的经验教训的基础上，全面地介绍并评析了80年代国内文化讨论中关于中国文化出路的诸多主张（第四章）；以及台港和海外华人对于中国文化出路的不同探索（第五章）；在反思历史经验教训，放眼世界文化风云的基础上，理性地审视了当代中国文化的现实构成（第六

---

*与郑大华合撰。

章）；明确提出了自己关于建设当代中国新型文化体系的基本构想（第七章）。由此，历史与现实，中国与西方，批判与继承，守成与创新，在全书中得到了较好的统一。

第二，具有鲜明的时代感和历史责任感。全书立足当代中国的文化建设现状，紧扣近代以来中国文化告别中世纪、走向现代化这一时代主题，把中国文化的批判与重构放在世界文化发展的广阔背景中考察，凸显了近代以来中国文化发展虽然路途多艰但仍不断前进的历史轨迹。通过对近现代中国文化发展的曲折道路的仔细辩析，揭示了文化方面的中西古今之争的症结所在，特别是突出了1949年以后建设社会主义新文化这个时代主题。同时，又把这个时代主题与明清以来的文化批判思潮与文化重构主张相联系，与近代以来尤其是80年代文化讨论中的种种关于中国文化出路的主张相联系，表现出深沉的历史责任感和时代使命感。

第三，富于新意，自成一家之言。该书在认真总结和吸收前人研究成果的基础上，提出了许多新的观点。如书中认为，中国文化的变迁，在近代走的是一条由器而道的渐进变革路途，在现代，则是走的一条道器并举，重道轻器的激进的革命道路；就力量阵容的构成而言，近现代中国文化的发展表现为革命、改良、守旧鼎足为三的态势；从学术流变和营垒归属来看，存在着西化，马列主义和新儒家三大学术思潮；在思维方式和行动方式上，近现代中国文化的变革表现为"以反求正"，"用激进方式求渐进改良"。再如书中提出，要建设现代新型文化，必须对文化成熟的基本要求和标志有高度明确的认识，否则，文化重构就会停留于经验直观的水平，难免出现重大失误，并认为文化成熟的基本要求和标志是：社会制度的创建；价值系统的奠定；文化模式的确立和文化大传统的形成。尽管诸如此类的创见并不见得都完全准确，但本书能做到自圆其说，自成一家之言。该书对中国特色的社会主义新型文化体系的内在构成和模式特征作了具体的说明，指出中国未来文化应是时代精神与传统文化的辩证统一，民族文化与异域文化的辩证统一。

当然，本书也存在着个别漏洞和不足。如书中将洋务派、维新派和资产阶级革命派的文化主张都纳入"鸦片战争时期"的文化批判思潮于文化重构论中加以叙述，以及把五四运动以后、中华人民共和国成立之前统称为"五四时期"，就值得认真地斟酌，因为作为特定的历史时期，鸦片战争和五四运动有其具体的时间限制。再如书中说严复组织过孔教会，说辛亥革命后的梁启超"仍然死抱着'开明专制'论的破烂武器不放"，并以此"为袁世凯的专制独裁政治提供理论依据"，似乎史实不够确凿。

（原载《光明日报》1992年12月7日）

《近代中国与文化抉择》前言

　　1988年，北京师范大学出版社出版了拙著《中国近代文化探索》。这本小书的出版，要感谢白寿彝老师的支持和鼓励，他特地挤出时间为它撰序。寿彝老师在这篇序的末尾提出："中国近代文化史的研究大不易，而且这项工作尚在起步阶段。希望书铎同志在这本书出版后，继续写出第二本、第三本以至很多本来。"五年过去了，总算没有辜负老师的期望和勉励。《近代中国与文化抉择》的结集出版，就是对老师期望的回应，对老师勉励的感谢。

　　这本小书所收的文章，发表于1988年以后，大多是论述中国近代文化问题的，涉及中国近代文化在中国文化史上的地位、中西文化的会通融合、对待传统文化和西方文化的态度、对中国文化保守主义思潮的评价、儒学在晚清的变化，以及辛亥革命在文化上的贡献等问题。

　　由于中国古代有着辉煌灿烂的文化成就，而近代中国又是沦为贫困、落后的半殖民地半封建社会，近代中国文化的成就和历史地位不免被忽视，甚至被贬抑。中国古代文化的确有辉煌成就，就一些领域或具体事例而言，近代文化实有不如古代文化之处。但是，从整体看，从发展趋向看，可以肯定近代文化比古代文化进步了，发展了。纵观八十年文化发展的历程，以民权、自由、平等为核心的资产阶级新文化，打破了以纲常伦理为核心的封建主义旧文化长期统治的地位。文化的结构发生了根本性的变化。人们的生活方式、思维方式、价值观念、道德规范、行为准则发生了变化。文化各个具体部门也发生了变化。总之，整个文化体系都发生了重大变化。这种变化是前进的，活跃的，生气勃勃的。这八十年的变化，在中国文化史上无疑是处于承前启后的地位。对前而言，它继承和发展了传统文化优秀的东西，又摒弃其腐朽、僵死的部分，改变了长期以来封建主义文化呆滞、沉闷的局面，建立了进步的、丰富多样的、新颖活泼的新文化。对后而言，它为五四新文化运动以后新文化的发展，为马克思列宁主义在中国的传播，准备了条件，打下了基础。尽管这时期的新文化并不成熟，没有完整的体系，甚至是幼稚的、粗糙的，但是没有它也就不会有后来的新文化，也难以建设今天的社会主义新文化。

中国近代文化问题很突出的一点，就是中西文化关系问题，即中国固有文化和西方文化既矛盾冲突又会通融合的问题。中西文化交汇矛盾的过程，同时也是逐渐会通融合的过程。这种会通融合是由浅入深，由表面到实质，由自然科学到社会科学，包括形式和内容。中国近代新文化就是从现实需要出发，会通融合了中西文化的。

在中西文化交流的过程中，不可避免地出现了如何对待传统文化和西方文化的问题。这里有几种不同的态度：一、完全排斥西方文化，顽固固守传统文化。这种主张在近代前期颇盛行，后期日渐减弱，以至销声；二、以传统文化为体，为本位，吸收、容纳某些西方文化。这种主张认为西方文化是物质的，中国文化是精神的，中国的精神文化优于西方。它在近代中国以至后来颇有影响，虽然有所变化。有些研究者称这种思潮为文化保守主义；三、醉心于西方文化，鄙视传统文化。后来发展为"全盘西化"，鼓吹民族文化虚无主义。这种思潮在现在仍然存在；四、不论对于传统文化或西方文化，都不应该一概接受或一概排斥，而要加以具体分析，"拾其精英，弃其糟粕"，会通中西。认真研究、总结近代史上对待中西文化的经验、教训，可以为我们现在的文化建设提供有益的鉴戒。对于传统文化和西方文化，都应当从社会实际出发来批判地继承、吸收，取其精华，弃其糟粕，古为今用，洋为中用，整合创新。这个社会实际，在现在就是实现社会主义现代化的现实。

在对待中西文化的态度上，涉及到一个值得注意的问题，即文化的民族性和时代性。从中国近代文化史的具体情况来看，"全盘西化论"者强调文化的时代性，却否认文化具有传承性、民族性；而所谓文化保守主义者则强调文化的传承性、民族性，忽视或否认文化的时代性。对于一些文化保守主义者，由于他们站在新文化运动的对立面批评、指责新文化运动，被认为是复古主义者，卫护封建文化。这样评定似嫌简单。的确，这些文化保守主义者站在新文化运动的对立面，主流是错误的。但是，他们指出了新文化运动的倡导者对传统文化的片面否定，忽视甚至否认文化的传承性、民族性，应该说是合理的，需要给予实事求是的评价。

在中西文化交汇的过程中，作为中国固有文化的主干，在封建社会中长期居于统治地位的儒学，在近代发生了重大变化。变化的表现是：一、有清一代的显学考据学衰落，而理学和今文经学却有过相对的兴盛。但在晚清，没有形成哪一派独盛的局面；二、儒学各派门户甚深，尤其是汉宋学之争更为突出。进入近代后，情况发生变化，儒学各派如汉宋学、今古文、程朱陆王等都兼采并收，会通融合；三、不仅如此，儒学还融会诸子学、佛学，以至吸收西学，"援西入儒"；四、儒学的统治地位被打破，去掉神圣的光圈，恢复原貌，成为与诸子学等并列的一个学派。这些变化，也可以说是晚清儒学的特点。

在近代中国反对封建思想文化、提倡资产阶级新思想文化的历程中，戊戌维新运动和五四新文化运动所发生的作用和取得的成绩，得到人们充分的评价。但是，对于辛亥革命则不同。作为政治革命，它受到当时及后世的高度重视和称赞。至于它在文化上所起的作用，总的倾向是评价不高，认为远不如维新运动和新文化运动。应该如何认识辛亥革命时期资产阶级革命派在思想文化方面的贡献及其历史地位，有必要加以具体探讨。事实上，辛亥革命党人在反对封建阶级旧思想文化，宣传资产阶级新思想文化，不论在深度和广度上都远远超过戊戌维新志士。辛亥革命时期，资产阶级新文化发挥了同封建阶级旧文化斗争的革命作用。它继承和发展了戊戌维新思潮，并为五四前的新文化运动创造了条件，开辟了道路。如果我们不割断历史，实事求是地加以考察，就不难发现五四前新文化运动所提出的主要问题，几乎在辛亥革命时期都已经提出来了。新文化运动的领导人和参加者，都经历过辛亥革命，受过革命的洗礼，甚至参加了革命运动。他们是辛亥革命时期的文化革新者，也是五四新文化运动的推行者。五四前的新文化运动应该说是辛亥革命时期"文化革命"的继承和发展，它坚决地对封建文化展开了最猛烈的攻击，其明确性和彻底性，在中国文化史上是前所未有的。

以上所述，只是这本小书中对有关中国近代文化史几个具体问题的看法。这些论点未必都妥当准确，有的问题还有待更深入地研究。中国近代文化变化大，内容丰富复杂，文献既浩繁又欠缺，研究起来很不容易。况且由于研究起步晚，许多问题没有研究，或者不够深入。因此，中国近代文化史还很需要人们去耕耘，去开拓。宏观的问题值得研究，但微观的研究也很重要。没有具体深入的研究，没有扎实认真的研究，宏观的研究就缺少基础，难以做出符合实际的综合。历史研究是严肃的、艰苦的劳动，它不会对社会产生"立竿见影"的效益，也不可能发财致富。它需要的是奉献，但也需要理解。

收入本书中的文章，关于《中国近代史研究四十年》一篇是和郑师渠同志合写的，《孙中山与李大钊》一篇是和黄兴涛同志合写的，《〈中西500年比较〉读后》一篇系与马克锋同志合写。至于文章的内容，除少数几篇或因避免重复而有所删节、合并，或作了必要的补充外，其余都保留原样。这些文章的撰写和结集出版，得到了白寿彝老师和一些同志的鼓励，黄兴涛同志曾帮助搜集、整理了个别文章的资料，本校出版社和胡云富同志给予了支持，在此一并表示感谢。

（1992年12月21日于北京师范大学撰，是书

北京师范大学出版社1993年出版）

《晚清理学研究》序

　　程朱理学在儒学发展史上占有很重要的地位，以致被称为"新儒学"。它在明清两代被列为儒学正宗，支配中国社会思想长达数百年之久，影响深远。因此，学术界对程朱理学很重视，研究者不少，著述甚多。就研究状况而言，主要侧重在宋明时期，间及清代前期，而于晚清理学，除个别人物如曾国藩外，其他几乎没有多少涉及，连基本面貌也不甚了了，更谈不到系统的学术专著。晚清时期，程朱理学虽然已是衰颓，在理论上无甚创造，但它作为一代显学，还是对这个时期的社会政治和思想发生了深刻的影响，具有自己的时代特点。对晚清理学进行研究，无疑很有必要。

　　史革新君是我的学生，在攻读博士学位期间，他选择了晚清理学作为博士论文的研究课题。他经过辛勤努力，认真探讨，几经寒暑，终于撰成《晚清理学研究》一书。学术论著难以达到完美无缺的境界，不免会存在这样那样的不足或差错，《晚清理学研究》也是如此。但无论如何，这部著作的问世，终究是为理学和晚清学术史的研究增添了新的成果。

　　《晚清理学研究》首先对晚清理学的发展脉络做了清晰的阐述，勾勒出它从"复兴"到衰落的三个发展阶段的轨迹，并介绍了各阶段的代表人物及其著述。其次，对晚清程朱理学与陆王心学、汉学经世实学及西学的相互关系做了深入考察，从剖析它们之间既相互对应又相互渗透的复杂关系中，阐明了晚清儒学的基本走向。最后，书中还对晚清理学起伏兴衰的原因及历史特点进行了探讨，提出了作者自己的见解。综观全书，比较全面、系统地展现了晚清理学的基本面貌，对读者当会有所助益。

欣闻台北文津出版社编辑出版大陆地区文史哲博士论文丛书，并将史革新君此书列入出版计划，这是有利于海峡两岸学术文化交流的好事。先此，文津出版社已出版我的学生房德邻、郑师渠两君的博士论文，顺致谢意。

（1992年撰，是书台北文津出版社1994年出版）

黄金台的《木鸡书屋诗选》

1840年，即清道光二十年，爆发了英国侵略中国的鸦片战争。清政府在鸦片战争中失败，被迫与英国签订第一个不平等条约——《南京条约》。割地赔款，丧权辱国，中国逐步沦为半殖民地半封建社会，人们惊呼这是"三千年未有的大变局"。

鸦片战争的冲击和由此引起的"变局"，不能不在思想文化上反映出来。以诗而言，当时以这次战争及社会状况为题材的诗歌数量很多，林则徐、龚自珍、魏源、张维屏、张际亮等著名人物都以诗"言志"，表达他们的思想感情。如谴责英国殖民主义者以鸦片害人祸国的《阿芙蓉》（魏源）；感愤于清政府腐败无能的《感事》（朱琦）；愤怒揭露英军的侵略暴行，深切同情人民苦难的《东阳县》（张际亮）；热情歌颂三元里人民抗击英国侵略者的《三元里》（张维屏）；缅怀爱国将领、斥责投降派的《壬寅夏纪事竹枝词》（罗斖）；不顾个人的得失荣辱，而以国家、民族利益为重的《赴戍登程口占示家人》（林则徐）；等等，都是爱憎是非鲜明，充满着爱国主义思想感情。这些诗篇，阿英曾加以搜集汇辑，收入他所编的《鸦片战争文学集》一书中，为研究者提供了方便，做了很有益的工作。

当然《鸦片战争文学集》所收的诗篇也不是囊括无遗，遗漏某些有价值的作品在所难免。例如黄金台《木鸡书屋诗选》中有关鸦片战争的诗篇，该书就未收入。这里做些介绍，以为补遗。

黄金台，字鹤楼，浙江平湖人。生活于嘉道年间，被称为"善为骈俪之文"。他的诗文集刻为四种：《木鸡书屋文钞》，四卷，道光丁亥（1827）心高楼板；《木鸡书屋文二集》，六卷，道光壬辰（1832）穀玉轩板；《木鸡书屋文三集》，八卷，道光癸卯（1843）读未见书斋板；《木鸡书屋诗选》，六卷，道光乙巳（1845）九孙居板。

黄金台的文集所收的文章，都是骈体文。嘉道时期，桐城派古文流行，但仍有喜为骈体文的。桐城人刘开（字孟涂），十四岁即师从桐城派大师姚鼐，深得其学，为姚门四大弟子之一。但刘开还写了不少骈体文，编为两卷，收入身后友人编刻的《刘孟涂集》。黄金台的这些文章，追求骈四俪六，思想内容品位不高。不过，其中有些篇也还有参考价值。如《文钞》卷三《即墨李公传》，记嘉庆十三年（1808）淮扬大水灾，山阳令王伸汉贪污赈款，总督派李毓昌前往调查，王伸汉私贿李的家人将其毒杀。"李毓昌案"曾轰动一时，亦属大案要案，此传有一定参考价值。另一文为《文钞》卷三的《读红楼梦图记》。黄金台在文章中表述了他对《红楼梦》的基本认识，认为："即色即空，果是楞严十种；亦真亦幻，何殊梵志一壶。此曹雪芹《红楼梦》一书所由作也。"不论这种看法是对是错，毕竟反映了《红楼梦》流传过程中的一种观点。

在《木鸡书屋诗选》中，有关鸦片战争的作品不少。下面举些诗篇，以为说明。这些诗都在《诗选》卷五，不再逐篇标注。

黄金台痛恨英国殖民主义者用鸦片毒害中国，他写了一首《鸦片叹》的五言长诗：

老饕嗜河豚，至死无所怨。迩者三十年，陷人有鸦片。来从大西洋，贾客争取贩。贵若青珊瑚，耗金岁千万。荡子无心肝，红炉日熬炼。曲房铺一榻，幽火萦一线。盒雕梅花纹，香结兰花瓣。一呼一吸劳，三起三眠惯。霞与非神仙，云卧岂隐遁。近有读书人，逐臭亦艳羡，窄衾小枕间，吞吐竟忘倦。士子且如此，何况隶卒贱。并有金闺姝，烟盘置深院。小怜玉体横，莺喉互喷咽。名媛尚如此，倡优又何论。自有此物来，因循贻大患。无人不涎垂，无地不染遍。蓄积由是空，精神由是困。消渴类相如，枯浮等何晏。时时耸瘦肩，渐渐失华面。已成鹄鸠形，那得雕鹗健。余液当琼浆，残灰当美饭。未死与鬼邻，虽生犹梦幻。白日忍空过，青山定早窆。岂无黄鸿胪，抗疏能极谏。岂无林尚书，奉诏能严办。立制如秋霜，出令如夏雷。方庆鸩毒消，自此少滋蔓。谁料边防疏，外夷得乘间。蛋船集海滨，狼燧盈郊甸。巨浪翻长鲸，华堂堕巢燕。遂使庸妄徒，因而逞欺谩。反谓缘禁烟，干戈致激变。天意竟如何，我心实抱恨。时事有变迁，世风有流转。此害终当除，鄙人恐不见。

这首诗虽然是喟叹鸦片流毒中国，贻害无穷，但实际涉及了鸦片战争的主要问题。诗中称颂鸿胪寺卿黄爵滋主张严禁鸦片，"抗疏能极谏"；湖广总督林则徐被派为钦差大臣，到广州查禁鸦片，"立制如秋霜，出令如夏雷"。但是，由于清政府吏治腐败、军备废弛，"谁料边防疏，外夷得乘间"。在战争中的失地丧师，又使得一些"庸妄"的官僚"因而逞欺谩。反谓缘禁烟，干戈致激变"。真是颠倒是非、混淆黑白。作者对此愤恨不已。全诗体现了作者爱憎分明的态度、爱国主义的激情。

道光二十年（1840）四月，英国侵略军攻陷乍浦。黄金台作乐府十二首，以纪"乍浦之难"。这十二首诗是：《唐湾战》、《汤山争》、《乍城陷》、《满营逃》、《弃婴孩》、《搜妇女》、《斧停棺》、《焚海塘》、《土匪乱》、《溃军横》、《山下鬼》、《井中尸》。这些诗记叙了乍浦的守卫战，清军的溃逃，英国侵略军攻陷乍浦后的烧杀掳掠，乍浦人民遭受家破人亡的灾难。作者尤多揭露清军的腐败，这里举《满营逃》一首：

> 茕茕白兔东西顾，旗营男妇半逃去。风凄雨冷沾泥涂，十步九踬相挽扶。明知不能活，且复延须臾。朝与荒郊夕宿寺，海燕失巢无地避。二百年来安乐久，今日流离彳亍走。吁嗟乎！国家养兵设驻防，见敌溃散如犬羊。

乍浦地处江浙两省之交，为海防重镇，清政府在此设八旗兵驻防，由副都统统率。诗里所说的"旗营男妇半逃去"，就是指驻防在乍浦的八旗兵。他们"见敌溃散如犬羊"的狼狈状，使作者不禁感慨万分。在《溃军横》诗中，黄金台揭露清军畏惧英国侵略军，却是抢掠骚扰百姓的好手："败兵畏敌如虎狼，一到民家势莫当。"他希望溃军能将在百姓中横行的作为转变为对英国侵略军的奋勇抗击："溃军所过兴风波，成群结队无如何。何不持矛奋戟斫蛟鼋，奏凯归来犒赏多。"

《感事》、《翁洲哀》、《蛟门恨》也都是写鸦片战争中事的。《感事》为七律四首，作者喟叹鸦片毒害中国，揭露英国殖民主义者的侵略行径，指斥庸臣懦将的误国，赞颂被贬谪的抵抗派大臣的忠心爱国。《翁洲哀》是歌颂定海三总兵葛云飞、郑国鸿、王锡朋抗击英军侵略而以身殉国之事。道光二十一年（1841）八月，英军再度侵犯定海，葛云飞等率领守军英勇抵抗，最后壮烈牺牲。作者在诗中描绘了清军在这次战斗中的英勇作战，有句云："我军奋勇誓杀敌，壮士大呼冒锋镝，血染海波波尽赤。四日四夜决战劳，蛟鲸骇阻鼋鼋逃。彼众迭进我援绝，三将同时各殉节，义兵争死气尤烈。"《蛟门恨》为哀悼两江总督裕谦殉难事。英军侵占定海后，接着进攻镇海。浙江提督余步云闻风逃走，两江总督裕谦坚持抵抗。镇海失守时，裕谦自杀。诗中写道："难中拔刀竟自裁，巨猾未殄身先摧，将星落海声如雷。元戎死，士解体，东南残黎复何恃！"

《木鸡书屋诗选》除有关鸦片战争的诗篇外，还有一些作品是反映当时的吏治和社会生活的。如卷三的《捉船谣》，抨击了官府"汹汹捉船猛如虎"，官吏们贪污受贿，商贾遭受欺压敲诈之苦："有钱饵胥吏，中流依然一苇坑；无钱饱胥吏，帆樯篙橹纷取将。民钱费万千，商贾苦，胥吏欢，长官闻之不汗颜？"卷四的《闻道》，是五言律诗，抄录如下："闻道苏松郡，流民满路嚣。淮南千尺涨，江北万家漂。鸡犬魂齐泣，鱼龙势尚强。秋来增米价，荒景正萧萧。"描绘了淮南、江北一带遭遇水灾，流民逃灾苏南的凄惨景象。

《木鸡书屋诗选》的这些诗篇，表现了黄金台的爱国主义思想感情。

这和当时学风、文风的转变趋向是一致的。学风从无实无用转为讲求经世致用，文风也趋于关心社会现实、反映社会现实。鸦片战争时期，如绘画方面，当时民间卖的版画中，就有像《大贩鬼子图》这样的作品。《射鹰楼诗话》的作者林昌彝，绘有《射鹰驱狼图》，表达对英国侵略者及助英为虐者的仇恨。文人学士为此图"题咏极多"，也是时代风气和思想情绪的反映。鸦片战争时期诗歌所开的这种风气，影响了后来，影响着整个近代。著名诗人黄遵宪，是"诗界革命"的首倡者之一，他的诗集《人境庐诗草》，充满强烈的爱国主义思想。如革命家、诗人秋瑾的诗句"拼将十万头颅血，敢把乾坤力挽回"，表达了救国救民的豪情壮志。近代诗歌中一直贯穿着强烈的爱国、救国的精神。爱国主义是近代诗歌的脊梁，也是近代文化的脊梁。

（原载《中国典籍与文化》1993年第4期）

《文化怪杰辜鸿铭》序

　　在社会生活中，每天都要与人交往接触，但对人的真正认识并不容易，即使是对同自己共事多年的人，也不一定能有全面、准确的了解。对历史上的人物，尤其如此：认识不易，评价更难。由于资料的不完备，或者是文献本身的记述不真实、讹误，或者是研究者的主观所限，等等，对历史人物的描述、评析，往往出现与本来的面貌不尽符合的情况，或夸张或贬抑，难免存在片面性。如被称为文化"怪人"的辜鸿铭，便是一个显著的例子。

　　在人们的言谈或印象中，辜鸿铭是一位对中国传统文化极端保守的"古怪的人物"，蔑视他的人称之为"怪物"，尊重他的人称之为"怪杰"。他的确是"怪"：青少年时代是在国外度过的，在欧洲受过高等教育，"邃于西学西政"，精通英、德、法、意大利、拉丁、希腊、马来等多种语言，归国后入张之洞幕府，即倾心于儒学文化，而且日益趋向保守，以至清朝覆亡后仍拖着一条辫子，对人们公认的"国渣"，如小脚、纳妾、辫子、八股文等都不同程度加以赞赏或辩护。真是令人不可思议！我上学的时候，老师在课堂上也是这么讲的，给我留下了很深的印象，似乎在近代中国要举最顽固保守的文化人，非辜鸿铭莫属。其实，这是片面的，不是辜鸿铭这个历史人物的全貌。辜鸿铭的一生多少带有传奇色彩、神秘色彩。他的著述用中文写作传世的只有《张文襄幕府纪闻》和《读易草堂文集》两种，大多是以外文撰写、发表，人们对他的了解不免受到一定限制。长期以来，对辜鸿铭的记述居多是关于他的"遗闻轶事"，停留在表象上，没有对他进行全面的、认真的研究，因而所传所述并不完全符合这位历史人物的实际情况。

辜鸿铭无疑是近代中国一位文化保守主义者，他对小脚、辫子等"国渣"的赞赏或维护也是事实。问题是一个完全受的西方教育、通西学、精洋文的人，为什么会变得如此极端保守，"荒谬绝伦"？黄兴涛同志还在大学本科学习期间就对此发生兴趣，跟我谈了一些想法。我表示这是一个很有意思的课题，值得加以研究，但要做好这个课题，必须下工夫搜集辜氏的外文著述及有关的文献，实事求是地探讨、分析，避免主观片面。从那时起，兴涛同志开始搜集、阅读有关辜鸿铭的资料，历经攻读硕士、博士研究生，前后做了七八年的认真研究，终于完成了以《辜鸿铭的文化活动与思想研究》为题的博士论文。毕业答辩后，他又根据前辈学者们的意见做了较大的修改补充，以《文化怪杰辜鸿铭》为书名，由中华书局作为《中华近代文化史丛书》的一种出版。

《文化怪杰辜鸿铭》是国内第一本系统研究这位历史人物的学术专著。书中对辜鸿铭一生的主要思想和活动作了探讨，比较全面、实事求是地给予了阐述和评析。作者指出辜鸿铭是一位文化保守主义者，但其文化活动和言论并不都是"荒谬绝伦"，一无可取。例如，辜鸿铭有着强烈的民族意识，他痛恨西方人的傲慢无理和优越感，以及西方人对中国历史文化抱着的偏见，对中国人的民族歧视。他尖锐的批驳道："在'正视'现实的英国人眼里，中国人不过是衣着肮脏、拖着根猪尾巴的黄皮肤的人而已，除此之外，再也谈不到什么别的。……如果他们真正理解了中国人，他们就应该看到，在黄色皮肤后面有一个美好的世界。""欧美的许多无识之辈动辄言中国的学说是缺少'进步'的概念，然而，我的看法恰恰相反。我深信，表现在中国古典学说中的中国文化的精髓，正是'秩序和进步'。"[①] 批驳那些傲慢的西方人歪曲、丑化中国人的形象，贬损中国的历史文化，是

---

① [日] 萨摩雄次编：《辜鸿铭论集》，东京皇国青年教育协会1941年，第129、76页。

无可厚非的，不应当将他对祖国利益和民族尊严的维护也作为顽固保守而予以否定。当然也要看到，辜鸿铭往往在他正确或大致正确的论点内里蕴藏着偏差或错误。当他再进一步阐述、发挥其论点时，就要归到儒学的"君子之道"、"纲常大义"上去了。他对袁世凯和北洋军阀统治下的社会政治黑暗、腐败不满，揭露、抨击"督军利用其手中的国家机器，内则剥削百姓，外则举借洋债，把国家搞得元气丧尽，而他们自己造洋楼，拥妻妾，坐轿车，殖财货。而那些政客又利用他们，从而得到更倍于他们的利益"。政客都是"以权、利为追逐的目标"，"他们的行为同娼妓沿街拉客，迎新送旧，以求夜合之资，没有什么本质的区别"①。但是，他却错误地将这种现象的出现归之于建立共和政体的必然结果，因而反对辛亥革命和共和政体。

作为文化保守主义者，辜鸿铭在人们的心目中被认为是"讨厌西方文明"、"排外思想家"。他为这种误解而感到懊恼。晚年，他在日本讲演时一再申明说："有人问我为什么这样讨厌西方文明，我在这里公开申明一下，我讨厌的东西不是现代西方文明，而是今日的西方人士滥用他们的现代文明的利器这点。""因为我常常批评西洋文明，所以有人说我是个攘夷论者。其实，我既不是攘夷论者，也不是那种排外思想家。我是希望东西方酌长处结合在一起，从而清除东西界限，并以此作为今后最大的奋斗目标的人。"②的确，辜鸿铭并不是一概盲目排斥西方文化，他认为"欧美人在现代科学上的进步确实值得称赞"，也赞赏古希腊文明、欧洲文艺复兴时期至18世纪理性时代的自由主义、浪漫主义思潮等。他维护中国传统文化，但也有所批评。他服膺孔孟儒学，而批评宋明理学，认为"中国自宋朝以来，那些可以称作孔教禁欲主义者的宋代理学家们把孔教弄窄了，使其变得狭隘和僵化。而在这一思维途径下，孔教精神，中国文明的精神，被庸俗化了"③。他提出："中国现在面临的问题是怎样从儒学的束缚中走出

---

① [日]萨摩雄次编：《辜鸿铭论集》，第168、165页。
② [日]萨摩雄次编：《辜鸿铭论集》，第14-15、104-105页。
③ 辜鸿铭：《春秋大义》，商务印书馆1922年，第92页。

来。我认为可以依靠同西方文明的交流来解决这个问题。这倒是东西文明互相接触所带来的一大好处。"①就辜氏立论本身而言，主张走出宋明理学的束缚，进行东西文明交流，以融合东西文明的长处，应该说是正确的。

辜鸿铭还对东西文明作了比较研究。他认为："东洋文明就象已经建成了的屋子那样，基础巩固，是成熟了的文明；而西洋文明则是一个正在建筑中而未成形的屋子，它是一种基础尚不牢固的文明。"②也就是说，东方文明是成熟的，而且中国在周朝时就成熟了，而西方文明则是不成熟的。他还由此对东西文明的差别做了具体的论述，认为近代欧洲文明是把制作更好的机器作为自己的目的，而东方文明则把教育出更好的人作为自己的目的；西方文明的教育在于知识的积蓄，而东方文明的教育则在于知性的发展，伦理道德的发展。辜氏的这些论断并不准确，但其仍不失为近代中国较早对中西文明进行系统比较研究并提出自己见解者之一。其中如中国文明早熟论，中国文化是伦理型、西方文化是知识型的说法，在今天有关文化问题的论著中仍不少见。

上面谈到的辜鸿铭关于中西文明的一些观点，兴涛同志在书中都做了详细的阐述和评析。不过他所论述的问题，远不只这一些。例如，对辜鸿铭从深通西学转而内化于儒学文化，以至发展为极端保守的原因，即从他所受西方浪漫主义思想的影响、华侨情结、张之洞幕府文化保守环境的作用、对西方文明弊端的不满以及偏激的性格等多方面加以分析，较为合乎逻辑地揭示出这位文化"怪人"的思想成因，使人可以理解。对辜鸿铭的文化保守思想的特点，也做了具体分析，阐明他既不同于晚清的洋务派、国粹派，也不同于民初的东方文化派和后来的新儒家。又如对辜鸿铭在西方的影响也做了较详细的介绍，使读者了解了这位在中国被目为"怪人"，却是近代中国在西方世界尤其是德国唯一发生过相当影响的学人。俄国的托尔斯泰、法国的罗曼·罗兰都承认他"在欧洲是很著名的"。德国文化界成立了"辜鸿铭俱乐部"、"辜鸿铭研究会"，认为辜氏是两个东方文化

---

① ［日］萨摩雄次编：《辜鸿铭论集》，第100-101页。
② ［日］萨摩雄次编：《辜鸿铭论集》，第105页。

的代表人物之一（另一位是印度的泰戈尔）。

兴涛同志在书中还对有关辜鸿铭的一些记载不一的史实，尽量加以考订证实。辜鸿铭是近代中国人独立地以英文翻译儒学经典的创始者，在中西文化交流史上有其独特的地位，但他究竟翻译了哪些儒学经书，说法很不一样。作者经过考证之后，认为辜氏完整翻译的儒经有《论语》、《中庸》和《大学》三部，公开出版的只有前两部，其他都是误传。关于《春秋大义》一书的出版年代，在一些论著中都误认为它是发表于1918年的一篇文章，并想当然地把它说成是对新文化运动的反扑。经考证，兴涛同志指出《春秋大义》系初版于1915年4月，那时《新青年》尚未创刊，当然也谈不到反对新文化运动。对于辜鸿铭在八国联军侵华时是否进京襄助议和，也设立专节做了较详细的辨析，虽然还难以做出明确的结论，毕竟澄清了一些不合事实之处，有益于进一步探讨。

兴涛同志勤于搜集史料，除中文文献外，他还搜集到辜氏本人的外文著译10种，一部分散见于国内外英文报刊上的文章，以及有关记述辜氏的外文文献。本书在大量资料的基础上认真研究、撰写，内容丰富翔实，有不少事实是鲜为人知的。

在商品大潮的冲击下，学术研究也出现浮躁的心态，有些人急功近利，急于求成，拼拼凑凑，搞些"应市"的"短平快"的东西，不愿坐"冷板凳"扎实地研究。兴涛同志能专心致志于学术研究，颇为难得。希望他能更加勤奋、扎实地研究，发扬严谨的学风，为发展学术文化事业做出更多的贡献。

（1994年3月6日于北京师范大学五用斋撰，收入《近代史研究》
1994年第4期，是书中华书局1995年出版）

评《中国近代政治思想史》 *

　　由知识出版社出版的山东师大王有光著的《中国近代政治思想史》，是在中国近代思想史研究中的一个新成果。在这部38万字的著作中，作者用马克思主义观点，对近代中国80年间的政治思想状况和演变作了全面的论述，既有宏观的纵论，又有微观的剖析，生动地反映了中国近代政治思想曲折复杂的发展轨迹。本书从总体设计上与同类书不相同之处主要有两点：

　　一、在一般同类著作中，洋务运动和戊戌变法通常被划分为两个并列的时期。王著则不同，把洋务运动和戊戌变法合为一个时期来考察。如此划分的好处是有利于对资产阶级改良思想的形成、发展作为一个整体进行全面考察，不致于因划分两个时期而彼此割裂。在具体阐述时作者又把洋务思想、早期改良派思想、戊戌维新思想和义和团农民反帝爱国思想，各列专章，分别论析，都在全书中给予一定的篇幅和地位，并没有因时期划一而使内容受到冲淡。

　　二、对中国近代政治思想史作出了准确、精辟的理论概括。中国近代政治思想史涉及80年代变化剧烈、纷纭复杂的历史。政治思想领域更是新陈并杂，思潮迭起。因此，如何从宏观上对中国近代政治思想史的本质特征、核心要点进行理论概括，这是一件难度较大的事。这种概括尽管字数不多，但它毕竟是全书的画龙点睛之笔，作者为此是下了一番功夫的。在

---

* 与史革新合撰。

"结束语"中，作者把中国近代政治思想史的本质特征概括为"一个主旋律"、"两个核心问题"和"一个重要课题"。他指出，"反对帝国主义侵略，求得民族独立的爱国主义思想是中国近代政治思想史的主旋律"、"反对封建专制主义，争取民主主义是中国近代政治思想史的核心问题"、"学习西方，面向世界，寻求救国真理是中国近代政治思想史的重要课题"。对于这三个方面，王著都作了较为精彩的说明。书中写道："中国近代爱国主义思想，最初由个体意识发展到群体意识，最后发展为社会意识，形成一股波澜壮阔的爱国主义思潮，贯穿于中国近代政治思想史的始终，从而影响中国近代政治思想史的面貌和进程。""近代爱国主义思想突出特点，是由爱国主义走向民主主义；由爱国主义走向马克思主义。"

笔者认为，政治思想史，作为人们研究关于以国家为核心的客观政治现象的观点和理论的总和，不仅包括社会进步阶段、集团提出的政治思想观点，而且还应包括其对立面，即社会保守落后的阶级、阶层、集团提出的政治思想主张。应该全面反映曾经在历史上发生过重大影响的各个阶级的政治理论和观点，这样才能更好地总结历史经验教训，揭示社会历史的发展规律。从这个角度看，当前中国近代政治思想史的研究，还须进一步打开思路，开辟新的研究领域。该书在论述洋务思想中，把奕䜣、李鸿章、张之洞及前一章的曾国藩等人物的思想作了较深入的考察，加强了反映统治阶级政治思想方面的内容，充实了全书的内容。如果在其他章节也适当增加这方面的内容，那么全书的面貌就别具一格了。

任何一部学术著作都难以尽善尽美。冯友兰先生在《中国哲学史新编》第六册中曾对洪秀全、曾国藩提出自己评价，引起学术界同仁关注. 王著本着"百家争鸣"的宗旨，对冯著中的一些观点提出不同看法，精神可嘉。针对冯著提出"曾国藩抵制了帝国主义文化侵略"的命题，王著认为"这一评价是不符合历史事实的"，论据不够充分。有的引文注释不够规范。这些缺憾在全书中不过是大醇小疵，并不影响它的学术价值。

（原载《山东社会科学》1994年第4期）

《严复学术思想研究》序

　　严复是中国近代著名的资产阶级启蒙思想家。他求学海军，曾在英国留学，归国后长期从事海军教育工作。但是，严复的突出贡献和闻名于世，并不在这一方面，而在于大量翻译介绍西方资产阶级学术著作，宣传民主和科学的思想，鼓吹变法维新，批判封建思想。他翻译赫胥黎的《天演论》一书，被誉为"中国西学第一"，风靡一时，在社会上产生深远的影响。他发表的一批政论文章，蔡元培概括为"其大旨在尊民叛君，尊今叛古"，表现了作为一个先进的中国人非凡的见识和勇气。但是，到了晚年，严复却日益趋于保守，主张尊孔读经，赞成恢复帝制，反对共和，反对五四新文化运动。曾经站在时代最前列的人，却变成远落在时代之后了。在近代中国，不独是严复一人如此，康有为、章太炎等人也都存在着这种现象。怎样认识和说明这种现象，研究者提出了这样那样的解释，但都不尽令人满意，需要进一步深入探讨。

　　研究严复，也许可以说，在他生前就开始了。他去世后，关于他的年谱、传记陆续问世，论文发表的数量不断增多，近百年间综计约有三百余篇。至于研究性的著作，也有多种，或评述其思想的某些方面，或阐述其思想与中西文化的关系，或与他国思想家作比较。对于严复本人的著译，中华书局出版了王栻主编的《严复集》（五册），包含诗文、书信、日记、著作、按语等，收集较完备；商务印书馆重印了《严译名著丛刊》，计八种。这两套书的出版，为严复研究的深入开展提供了基础。

　　张志建同志二十余年来利用教学之余研究严复，辛勤耕耘，发表过多篇论文。现在，他撰成《严复学术思想研究》一书，对严复思想的各个方面，包括政治思想、经济思想、哲学思想、逻辑思想、教育思想、法律思想、文学思想、史学思想、科学思想和中外文化比较等，都作了扼要的论述，条理明晰，在不少问题上提出了自己的思想和见解。研究一个历史人物的专著，可以有各种各样的写法。即如严复这样一个思想丰富、复杂的思想家。或阐述其思想的发展变化，或探讨其思想渊源，或与其他思想家作比较研究，角度方法，各有选择，不拘一格。应该提倡多样化，不宜固定某一种范式，才能有利于学术研究的发展。当然，无论哪一种写法，都会有它的局限，有其长也就会有其短，不能求全责备，重要的是学术深度。《严复学术思想研究》一书，对严复学术思想分门别类加以论述，也是一种写法。可以说，这是目前较全面、系统剖析严复学术思想的一部专著，对读者从各方面了解严复的学术思想，是有所裨益的。学术研究没有止境，精益求精，如果从这个角度来要求，书中在一些问题的推敲上，还可以进一步深化和完善。这也许是苛求。作者利用业余时间，下功夫写出这样一部学术著作，这种精神难能可贵。

　　（1995年5月18日撰，是书商务印书馆国际有限公司同年出版）

《晚清民族主义思潮》序

　　民族主义是一个历史课题，也是一个现实问题。在现实的世界仍然存在着民族压迫，民族歧视，民族扩张；同时，也存在着争取民族的生存和发展，维护民族的尊严和权益。因此，不可避免的民族主义有着不同的含义，有民族排外主义，也有民族复仇主义，有霸道的民族主义，也有反压迫和反歧视的民族主义，等等。

　　当然，对于民族主义，过去和现在，都有人予以否定或反对。例如，在20年代，帝国主义曾经鼓吹所谓"世界主义"，国内有些赶时髦的人也跟着宣扬世界主义，反对民族主义。针对这种情况，孙中山专门揭露了帝国主义为什么要鼓吹世界主义，指出其真实用意在于把别人的国家征服了，"要想保全他们的特殊地位，做全世界的主人翁，便是提倡世界主义，要全世界都服从"①。他还说："强盛的国家和有力量的民族已经雄占全球，无论甚么国家和甚么民族的利益，都被他们垄断。他们想永远维持这种垄断的地位，再不准弱小民族复兴，所以天天鼓吹世界主义，谓民族主义的范围太狭隘。其实他们主张的世界主义，就是变相的帝国主义与变相的侵略主义。"②孙中山深刻地揭露了所谓世界主义的实质就是帝国主义为了压迫弱小民族、维持其垄断地位的需要。

　　孙中山当年批评过的世界主义的言论，在现实社会中也还不断能听

---

①《三民主义》，《孙中山全集》第9卷，中华书局1986年，第216页。
②《三民主义》，《孙中山全集》第9卷，第223—224页。

到。有人鼓吹当"世界公民"，也有人主张海峡两岸应当抛弃过时的民族主义，提倡"地球村"。实际上这是孙中山批评过的"世界主义"的旧调重弹。其实只要有民族、国家存在，就有民族主义。至于民族主义的内涵，随着时代的发展变化，也会有所变化。在地球上民族、国家林立，有发达的民族、国家，有发展中的民族、国家，而且存在着霸权主义，以强凌弱，以大欺小，离世界大同还很远，在这种情况下，鼓吹抛弃民族主义是不切实际的。对于海峡两岸的人民来说，都是炎黄子孙，更需要发扬孙中山的民族主义精神，促进民族、国家的统一、昌盛，而不是以所谓"地球村"之名，导致民族、国家的分裂。

由此看来，研究民族主义思潮，既是一个值得探讨的学术问题，也是一个现实问题。陶绪同志关于晚清民族主义思潮的研究，就不仅是一个历史的课题，也是具有现实意义的。

民族主义思潮和民主主义思潮，都是晚清很有影响的社会思潮，对近代中国社会的进步起着重要作用。史学界对晚清民族主义思潮有所研究，也有一些产生过相当影响的成果。但是，这些成果只是有关民族主义某一方面的问题和某些人物的民族主义思想，缺少系统、全面的研究。陶绪同志在已有成果的启迪下，试图对晚清民族主义思潮做比较系统、全面的探讨。对于这样一个复杂而又理论性较强的问题，不怕困难，勇于探索，是可称许的。

本书以晚清民族主义思潮的形成发展为基本脉络，着重阐述了传统民族观念在晚清的变化、西方近代民族主义思想在中国的传播及影响、晚清民族主义思想的形成、晚清资产阶级的两种民族观和晚清民族主义思潮与亚洲民族的觉醒五个方面的问题。对于这些问题，陶绪同志都力求以历史唯物主义为指导，实事求是地加以剖析，并提出自己的见解。例如，在晚清资产阶级的两种民族观这一章中，论述了资产阶级改良派和革命派对民族主义的不同解释，导致了他们在民族民主革命运动中的思想分歧，这一分歧表现在民族观上，就是改良派以满汉合一为特征和革命派以排满革命为特征的民族观，并通过论争的形式来阐述和宣传各自的民族主义思想，对晚清的民族民主革命产生了重大影响。这是有见地的。又如关于革命派主张亚洲各国在民族解放运动中互相联合、互相支持的思想及其实践，推动了亚洲民族解放运动的发展的阐述，也有新意。

陶绪同志原来从事中国古代史的教学和研究工作，曾师从漆侠教授攻读硕士研究生学位。其后转而学习中国近代史，并获得博士学位。历史不能割断，中国近代史是由中国古代史发展来的。有了较扎实的中国古代史的知识基础，无疑对中国近代史的研究很有助益。这在传统民族观念及其在晚清的变化一章中，关于华夏文化中心地理观念的变化、华夏文化优越观念的变化、羁縻怀柔观念的变化和"夷夏之辨"观念的变化四个方面的论述，就可以看出来。历史研究要有所专长，又需要有广博的知识。这就是人们常说的博与约、通与专的关系。如果只局限于自己所从事的专门领域，对扩展知识面不感兴趣，是难以有更高的成就的。

陶绪同志很勤奋，学风也严谨。正如他自己所说的，对这一课题"进行了仔细的爬梳和认真的探讨"，他不是急于求成，马虎了事，而是虚心接受专家们提出的意见，对博士学位论文做了大量的修改、补充，力求使它进一步完善。对于吸收、引用学术界的有关著述，也做了必要的交代。如特别说明关于西方民族主义思想在中国的传播及影响一章，是参考并引用了俞旦初先生的一些相关论著而完成的。在学风不良的情况下，这是值得指出的。

学问没有止境，个人的学识和理论水平难免有局限，因此，这部著作不可避免地会存在缺点或错误，有关晚清民族主义思潮的问题不可能都涉及，有些论点也未必妥帖。书的出版，不等于研究的结束。希望陶绪同志进一步深入探讨，精益求精，使之更臻于深刻、全面。

（1995年7月20日撰，是书人民出版社同年出版）

《中国近代文化概论》前言

在这本小书即将出版时，有必要就有关的问题作点说明。

首先遇到的问题是，"文化"是什么？长期来众说纷纭，理解各异，单是定义就有二三百种之多。不过定义虽多，人们习惯把它分为两类，即广义文化和狭义文化，或大文化和小文化。不论存在着多少种意见，对于从事文化史教学和研究者来说，只能是采取一种意见，否则就无法进行工作。虽然未必为别人所赞同，但既然是意见不一，那就只好按各自的理解去进行研究和撰述。基于这种考虑，我们是按狭义文化来撰写的。具体地说，是观念形态的文化，是与政治和经济相应的文化。狭义文化较之无所不包的广义文化，所涉的内容要少得多，范围要窄得多，然而也还是很丰富、繁杂的，研究起来也不容易。

研究和撰述文化史，遇到的另一个问题是，按整体综合的体例来撰写，还是按具体领域分门别类来撰写。文化不能离开诸如哲学、史学、文学、艺术、教育、宗教、习俗等具体领域，离开这些具体领域来谈论文化，文化将成为看不见、摸不着玄之又玄的东西。但是，文化也不仅仅是各个具体领域的简单组合，它要受社会政治和经济的制约，又影响于社会政治和经济。而各个具体领域也不是孤立的，各不相干的，它们之间存在着相互影响和渗透。在近代，还由于西方文化的传入，中西文化在矛盾的过程中又发生吸纳、融会。这种种情况，不是单纯的具体领域分门别类的阐述所能涵括得了的，需要有综合性的论述才能予以较为全面的揭示。照此说来，只有具体领域的阐述，没有综合的论述，或只有宏观的综论，没有具体领域的阐述，似乎都有不足或偏颇。因此，本书包括综论和分述两部分，试图较全面地论述中国近代文化发展演变的历史。

本书系国家教委博士点基金"七五"规划的一个研究项目，课题名称原为《中国近代文化史》（1840—1919）。考虑到系统写史目前条件还不很成熟，我们的能力也有限，因而采取了专题撰述的体例。全书共分十四章。前四章是综论性的，论述了中国近代文化的特征、发展变化、中西文化的论争，以及"西学中源"说和"中体西用"论问题。后十章是对具体文化领域的分别阐述，包括社会思潮、儒学、史学、新兴社会科学、文学艺术、教育、自然科学技术、宗教、社会习俗及文化事业和团体等方面。这样的体例，称为"概论"或许较为接近。本书可供文化史研究者阅读参考，也可作为大专院校中国近代文化史课教材。

书中各章的论述，有的是我们长期研究的心得体会，有的则是吸收学术界的研究成果。学术界在中国近代文化一些具体领域的研究成果，对我们撰写这本小书很有助益。没有这些研究成果，这本小书是难以编成的。中华书局近代史编辑室陈铮同志为此书的出版付出辛勤劳动。谨在此表示衷心感谢。

参加本书撰写的，主要是北京师范大学历史系中国近代文化史研究室的同志，各章分工执笔情况如下：

第一、二、六章，龚书铎；

第三、四、五、七、八、九、十章，史革新；

第十一、十四章，郑师渠；

第十二章，马克锋；

第十三章，孙燕京、史革新。

全书由龚书铎修改定稿，史革新协助了修改工作。

由于我们水平有限，书中缺点、错误之处自不可免，希望得到批评指正。

（1996年6月撰，是书中华书局1997年出版）

附记:

　　本书于2001年入选教育部研究生工作办公室推荐的"研究生教学用书"。根据教育部研究生工作办公室对教学用书的版式、字型等的规定，本书由中华书局重排再版。此次再版，只校订原书的错漏字，未作内容修改。责任编辑任灵兰同志为本书再版付出了辛勤劳动，在此表示感谢。

（2001年12月13日撰）

《中国近代史治要》评介 *

　　尊重历史，以历史为鉴，这是一个民族富于智慧的象征，中国近代史以其丰富的内涵和深远的影响，引起了人们强烈的兴趣和深刻的反思。孙占元同志著《中国近代史治要》一书，就是众多成果中的一部。该书有以下几个特点：

　　一、有点有面，以点带面，点面结合。《中国近代史治要》抓住历史大事件，从中理出重要问题，以专题的形式进行研究。全书分为33个专题，涵括了鸦片战争、太平天国运动、洋务运动、边疆危机、中法战争、中日战争、戊戌变法运动、义和团运动、辛亥革命、护国与护法运动等各个时期的重要问题。作者对这些重点问题的提出和研究，都围绕着中国近代历史的主要任务展开探讨，通过对一个个专题，即"点"的研究，来揭示"面"，即中国近代社会的发展脉络和主要任务这一主题。同时，又通过对"面"的研究去统驭"点"的研究。分别而言，作者考、述、论、评、析，对中国近代史的重要问题提出了自己的见解；整体来看，各个专题又共同构成并反映了作者对中国近代社会基本走向的思考，从而较好地体现了《治要》的主旨，即研究、探讨中国近代史的主要问题，反映社会发展的主要线索和主要内容。因此，《治要》对于学习、研究中国近代史是能够有所帮助的。

　　二、从学术史的角度入手，对中国近代史各个大事件近十年来的研究

---

* 与任灵兰合撰。

状况逐一述评，便于读者从中发现问题，做进一步的研究和探讨，是该书的又一特点。《治要》一书有近三分之一的篇幅（九个专题），对十几年来近代史研究领域内的诸多成就予以汲取、总结、反馈和评价，使人在最短的时间内掌握最新的研究现状、动态和趋势，了解研究中存在的问题和难点，以期扩大研究的视野和领域，从而有助于人们在研究中找到突破口，取得事半功倍的效果。

三、学风扎实，既能提出新见解，又不随波逐流，盲目求新。在不同的历史观和方法论的指导下，对同一历史事件的研究，往往会得出截然不同的结论。现在学术界有人赞美西方列强对中国的殖民侵略，指责中国人民的反帝反封建斗争；有人扬琦善贬林则徐，扬曾国藩贬洪秀全，扬袁世凯贬孙中山。《治要》一书没有受到这种不良学风的干扰。阅读该书，可以感到作者是力图在科学的历史观和方法论的指导下，透过纷杂的历史表象，去探寻历史的本质。从书中我们不难体察出作者对马克思主义史学理论的掌握和重视。

近代化问题是近年史学界的一个热点，作者对此也非常重视。作者认为，抵抗外国侵略以挽救民族危机和争取祖国的独立地位，反对清王朝的封建专制统治以改变衰落局面和谋求社会的进步，发展近代化事业以替代落后的封建经济和寻找富强之途，是摆在中国人民面前的三大任务。其中反帝反封建、争取民族独立和民主，构成了中国近代史的主旋律，是实现近代化的前提和保障；而近代化的发展也为反帝反封建斗争提供了物质基础。它们之间相互关联，互相促进，如此考察定位，其结论也自然更接近历史的真实。

《治要》是一部辛勤耕耘之作，作者为此付出了努力，表现出一个青年史学工作者认真的治史态度，其扎实的学风是值得提倡的。

当然，《治要》也并非已经尽善尽美。如既然书名为"中国近代史治要"，应该包括中国近代政治、经济、文化、社会等方面的主要问题。该书在这一方面有所欠缺。尽管如此，《治要》仍不失为一部能够让治史、学史者有所借鉴、有所启发的著作，值得一读。

（原载《山东社会科学》1996年第5期）

《台湾历史纲要》读后

由中国史学会、全国台湾研究会发起，戴逸任编委会主任、陈孔立主编的《台湾历史纲要》（以下简称《纲要》）已由九州出版社出版。近读此书，感觉它有以下几个特点。

一、研究台湾历史的论著为数不少，但从远古一直写至20世纪80年代末这样系统全面的台湾通史，这是第一部。

近些年来，随着海峡两岸交流的日益频繁，对台湾历史的研究也逐渐引起人们的关注。迄今为止，在台湾史研究方面，已有数十部专著问世和近千篇论文发表。但是，在这一领域仍不乏空白和薄弱之处。就专著而言，多为专史或断代史著作。几本通史性著作，有的撰写于50年代，有的问世于80年代初，受时代和篇幅的限制，在史料的运用和分析、海外新成果的吸收与借鉴以及全书内容的安排上，都还存在着一定的不足。

《纲要》是第一部突破了上述局限的通史性著作。它从远古时期的台湾说起，一直写到80年代末蒋经国统治的结束。全书共分七章，分别是：早期台湾，荷兰入侵的38年，明郑时期，清代前期，清代后期，日本统治的50年，当代台湾。这七章所概括的，正是台湾历史发展的几个重要阶段。从纵向看，全书脉络清晰，大陆与台湾的关系，列强的侵占与中国人民的抗击，台湾社会自身的发展演进这几条大的线索贯穿始终。从横向看，该书内容丰满，在各章先后介绍了台湾的移民、政治、经济、文化、外贸等方方面面的历史内容。作者就是这样通过纵横交织、点面结合的阐述，将台湾历史发展的来龙去脉及其大致轮廓精心勾画出来，呈现给读者。

《纲要》是集体合作的成果，作者多是对台湾史有研究的学者，这使该书具有专史的深度与功力。另外，作者还大量吸收、借鉴了海外学者的研究成果，增强了该书的学术水平。

二、把台湾史放到整个中国历史发展的大背景下加以把握，既强调了祖国历史发展的共性因素，也突出了台湾地方史的特色。

台湾是中国的一个省，台湾人民是中华民族的一员，台湾的发展与祖国大陆密切相关。所以，台湾史是中国史不可或缺的部分，一旦割断二者的联系，必将使前者遭到扭曲且变得难以理解。反之，如果我们在中国历史演进过程里去进行考察，从中华民族的生命历程中去加以探究，那么，台湾史上的许多问题就能迎刃而解，诸多文化现象也可得到合理的解析。

当然，同时我们也应该看到，中国是一个幅员辽阔的多民族大国。大江南北，海角天涯，不同的地区在地理环境、自然资源、气候特征等方面往往不尽相同，甚至有着很大的差异。各民族在不同的环境下生产、生活，最终创造出独具民族风格的历史。中华历史、文化之所以色彩斑斓、博大精深，原因即在于此。地方史一旦失去了地方特色，就会千人一面，使人难以真正领略到其历史的底蕴。

《纲要》的长处正在于较好地处理了历史发展中共性与个性的关系。该书作者一方面通过对地理环境、考古发现和典章史籍的研究，确认了海峡两岸古代文化实为一脉相承，并且还特别从移民—开发的视角，去逐一分析台湾社会的阶级结构、职业结构、经济制度、政治归属、民俗文化、宗族关系、贸易往来等各个方面的问题，明确勾画出台湾与大陆的内在联系，以及中华传统文化对台湾社会所产生的广泛和深刻的影响，进而令人信服地指出："台湾移民社会基本上是大陆传统社会的移植"（第1778页）；"在移民社会时代，台湾与岛外的关系主要是对大陆各地，特别是对福建、广东祖籍地的关系。不仅在宗族关系、文化关系上是这样，在政治上、经济上也是这样。至于对外国的关系，直到鸦片战争以前，几乎没有什么值得提及的"（第2045页）。

又如关于台湾近代化的问题，有人把日本殖民统治的确立视为台湾近代化的起点。《纲要》则是以严格的史实为依据，指出：台湾的近代化始于1874年，在沈葆桢、丁日昌、刘铭传等洋务派的主持下，经过近20年的经营，取得了可观的成绩。在日本侵占台湾之前，"台湾已经是中国的先进省份之一"（第310页）。《纲要》认为台湾的近代化是全国洋务运动的一部分，但同时也分析了它有别于大陆洋务运动的一些特点，指出：台湾的近代化"是保卫海防与建设台湾同时进行，整个活动带有明显的御外性质……其爱国性质及其积极意义更值得肯定"（第308页）。

三、生动地刻画出在反侵略斗争中海峡两岸人民同呼吸、共命运的血肉联系，揭示了中华民族捍卫领土完整和祖国尊严的意志与决心。

在近代，台湾与大陆有着共同的遭遇。祖国贫弱，台湾被割。割台之后，列强的瓜分狂潮即刻掀起于祖国大陆。台湾是四万万人的台湾，中国是四万万人的祖国。为了台湾的回归，为了祖国的强盛，两岸同胞曾经血流一道、泪洒一处。

正因为台湾是全国人民的台湾，所以当《马关条约》中割让台湾的消息传到京城后，泣血呼号、反对割台的就绝不仅限于台籍举子和官员。当时各省举子、官员纷纷上书、上奏，反对割台，一时"章满察院，衣冠塞途"。正是在这时，丹心侠骨的谭嗣同含愤挥毫："四万万人齐下泪，天涯何处是神州。"正是在这时，来自全国18省的1300名举子发动了著名的"公车上书"。京城内外，朝野上下，到处都是激愤的抗议之声。无怪乎就连李鸿章这时也明白，一旦割台，中日必将世代为仇！

正因为中国是全中国人民的祖国，所以台湾人民要同她休戚与共。日本占据台湾时期，台湾人民不仅以各种形式在岛内与侵略者进行着顽强的抗争，而且还有许多人奔赴大陆，投身于祖国的抗日战争。抗战的伟大胜利，是包括台湾人民在内的全中国人民浴血奋战的结果。

《纲要》以翔实的材料凸显两岸人民自古以来割不断的血肉联系，昭示了中国人民不屈的民族精神和台湾人民对祖国强烈的认同意识。历史是国家和民族生命历程的记忆。"灭人之国，必先去其史"，近代思想家龚自珍曾这样一语道出了二者之间的关系。当初日本侵略者曾在台湾推行皇民运动，强化殖民教育，虽然遭到大多数台湾人民的抵制，但也确使一些人养成了"亲日情结"。今天一些数典忘祖之辈，也还在通过歪曲历史来为分裂祖国的活动张目。在这种情况下，《纲要》的出版，除了它本身具有的学术价值外，又多了一份现实的意义。铭记往日的伤痛，珍重历史的光荣，这不仅是史家的责任，更是所有中华儿女的义务。

（原载《求是》1996年第14期）

《辜鸿铭文集》序

黄兴涛同志经过近十年的努力，并在同学、朋友的帮助下，终于完成了《辜鸿铭文集》的编译，交付出版。这部文集的出版，对于了解、研究辜鸿铭，从中得到一些启示，是有意义的。

辜鸿铭是清末民初的名人，"精通西学而极端保守"，以"古怪"著称于世。他的轶闻趣事、奇谈怪论，在他活着时就广为流传，死后则更加扑朔迷离，平添几分神秘色彩。凡是认识他的人，听说过他的人，不论知深知浅，或臧或否，无不以"古怪"目之。林语堂誉之为"怪杰"，胡适称他是"怪物"，周作人则说"北大顶古怪的人，恐怕众口一词地要推辜鸿铭了"。

辜鸿铭的确是"怪"。他1857年出生于马来西亚槟榔屿的一个华侨世家，祖籍福建同安。名汤生，以字行世，自号汉滨读易者。一个穿长袍的中国人，东西南北人。13岁到英国留学，20岁获爱丁堡大学文学硕士学位。继而又到德、法、意等国游学，取得莱比锡大学土木工程学文凭。青少年时代都是在国外度过，受过系统的西方教育，邃于西学西政，通晓英、德、法、意、希腊、拉丁等多种语言。然而，辜鸿铭归国后入张之洞幕府，即倾心于儒学文化，并且日趋保守，以至清朝覆亡后仍拖着一条辫子，对人们公认的"国渣"，如小脚、辫子、纳妾、八股文等都不同程度加以赞赏或辩护，令人不可思议！因为留给世人这样一种印象，似乎要举出近代中国最顽固落后的文化人，也就非辜鸿铭莫属。其实这是片面的，不是辜鸿铭这个历史人物的全貌。辜鸿铭的著作用中文写作的只有《张文襄幕府纪闻》和《读易草堂文集》两种，其他大多是以外文撰写、发表，这也难免限制了人们对他的了解。

辜鸿铭虽然思想保守，但从他的著述的内容看，并没有顽固到对中国的一切都加以维护的程度，也不是对西方的一切都予以拒绝，盲目排斥。他对被认为"讨厌西方文明"，是"排外思想家"，感到懊恼。晚年在日本讲演时，他曾一再申明说："有人问我为什么这样讨厌西方文明，我在这里公开申明一下，我讨厌的东西不是现代西方文明，而是今日的西方人士滥用他们的文明利器这点。"又说："因为我常常批评西洋文明，所以有人说我是个攘夷论者。其实，我既不是攘夷论者，也不是那种排外思想家，我是希望东西方的长处结合在一起，从而清除东西界限，并以此作为今后最大的奋斗目标的人。"的确，辜鸿铭并不简单笼统地排斥西方文明，他不仅赞赏古希腊文明、欧洲文艺复兴时期至18世纪理性时代的自由主义、浪漫主义思潮等，也不反对对现代西方物质文明成果加以一定限度的吸收。他赞赏中国传统文化，但主要是孔孟的儒学，对宋明理学则大加批评。他认为，"中国自宋朝以来，那些可以称作孔教禁欲主义者的宋代理学家们把孔教弄窄了，使其变得狭隘和僵化。而在这一思维途径下，孔教精神，中国文明的精神，被庸俗化了"。他一方面讥嘲那些前倨后恭的崇洋媚外者，另一方面又讽刺那些盲目自大、不了解外国文明的冬烘先生。如果我们不对辜氏的著述进行广泛的阅读和全面的了解，就难以认识他的思想全貌。

辜鸿铭英译儒家的《论语》、《中庸》等经典，向西方传扬中国文化，是值得称道的。他对西方列强对中国的侵略，对中国历史文化的偏见和民族歧视，进行了不懈的抨击，以维护民族利益和尊严。即使他那保守的文化思想，也不是没有蕴含着一些合理的因素或有价值的见解。

探讨中西文化的特点和关系，是辜鸿铭著作中关注的一个主题。他认为中国文明是精神的、心灵的，比西方近代的物质实利主义文明优越、成熟。这一认识未必正确。但他关于中西文化的具体比较，对西方资本主义文明弊端的尖锐批评，对传统文化和民族性格某些特点的揭示，却时有创见或闪烁思想火花。比如，他认为儒教不是宗教，但却具有宗教的功能的观点，关于中国文化早熟的观点，关于汉语优长的观点，对西方社会拜金主义、人与人之间利害关系的谴责等，都有自身的思想史价值。

关于中西民族性格的有关看法，辜鸿铭在《中国人的精神》一书中就做了很有意思的比较。他认为，中国人的性格和中国文明的三大特征是：深沉、博大和纯朴，美国人博大、纯朴但不深沉，英国人深沉、纯朴却不博大，德国人深沉、博大却不纯朴。这样的概括、比较，不一定都准确，但却提出了自己的见解，对人们进一步思考有启发意义。对于自己的民族文化，既要冷静、客观地认识其缺点，又要以同样的态度认识其优长，避免盲目否定，或盲目自我陶醉。

辜鸿铭在阐发民族文化的优长时，有一种明显的自大和虚骄心态，甚至为一些封建糟粕和陋习辩护。他在《中国人的精神》这部书中，所阐述的最基本的精神，是孔子的"春秋名分大义，或简称春秋大义。孔子的这部传授忠诚之道的著作，就是中华民族的大宪章，它使全中国人民和整个国家绝对地效忠于皇帝"。也就是宣扬封建的三纲思想，甚至说如果"抛弃了忠君之道，即孔子国教中的名分大义……就不再是一个真正的中国人了"。

清末民初，辜鸿铭是一位驰名海外的人物。俄国托尔斯泰曾与他通信，讨论抵御近代西方物质实利主义文明破坏力量的办法，交流东西方文化保守主义的经验。英国作家毛姆到中国后，费尽周折去拜访他，承认他是一个"声高望重的哲学家"。法国的罗曼·罗兰、瑞典的勃兰兑斯、印度的泰戈尔和甘地等，也都对辜氏有过好评。特别是在第一次世界大战最后的德国，辜鸿铭的声誉甚隆。以哥廷根大学奈尔逊教授为代表的一批哲学界"新康德学派"人士，对他十分推崇。德国的一些大学还成立了"辜鸿铭研究会"和"辜鸿铭俱乐部"。在日本，辜鸿铭也有相当影响。1924年至1927年，他应邀在日本讲学，并有日文讲演集问世。40年代初，日本还曾掀起过一场不大不小的"辜鸿铭热"。一个中国文化人在国外能有如此影响，原因虽然复杂，但他的著作和思想确有值得研究之处，当无疑问。

黄兴涛同志是我多年的学生。还在大学本科学习期间，他就对辜鸿铭"精通西学而又极端保守"的现象发生兴趣，并开始搜集辜氏的外文著作。后来，他又跟我攻读硕士和博士研究生，对辜鸿铭及其文化思想作了深入研讨。在这过程中，我一直希望他能一边研究，一边将辜氏的外文著作翻译出来，不懂的外文请人帮助。这样，从1987年开始，他就着手进行这一工作。到他以辜鸿铭为题撰写博士论文时（1991年），便已完成了绝大部分译稿。我读了译稿后，觉得还较粗疏，嘱咐他务必加以认真校改，保证质量。而今转眼又过了几年，这一工作终于有了比较满意的结果。

这部文集所收，包括辜鸿铭的中外文著作、论文和译著。仅就外文著作而言，它包括了辜氏早年所写、为现在中国人研究西方中国学开篇之作的《中国学》一文；长江教案期间抨击西方在华传教而引起西方舆论关注的《为吾国吾民争辩》一文；义和团运动时期谴责西方政治侵略和民族歧视，驳斥"黄祸论"，以及为慈禧太后为首的清政府和义和团运动辩护的系列论文（1901年底合成《尊王篇》一书出版）；从文化保守主义者的立场出发，对近代文化运动作出阐释的《中国牛津运动故事》一书（1910年出版）；在第一次世界大战前后世界范围内兴起的"东方文化思潮"中占有重要地位的《中国人的精神》一书（又名《春秋大义》，1915）；围绕第一次世界大战对西方近代文明的弊端进行批评，集中阐发对孔教的研究心得，以德文保存下来的《呐喊》一书（1917年结集送往德国，1920年译成德文出版）；五四时期公开反对新文学和新文化运动的《反对中国文学革命》和《留学生与文学革命——读写能力和教育》两文；晚年赴日讲学，并以日文保存下来的《辜鸿铭讲演集》和《辜鸿铭论集》两书（内容有较多重复），等等。此外，还翻译了一些序文和有关参考资料，作为附录。

编译《辜鸿铭文集》并不容易。首先遇到的，是资料难找，特别是发表在各种英文报刊上的文章，查找起来有如大海捞针。此外，还受到这些报刊在国内收藏残缺不全等条件的限制。其次，是涉及外语文种多，仅以辜氏的英文著作而言，其中就夹杂着拉丁、德、法等文字，希腊文、意大利文、日文也偶尔有之，增加了翻译的难度；加之又是零星分散，请人帮助也颇为不便。黄兴涛同志仅为此就花费了不少精力。尽管如此，在文献的收录和译文等方面难免会存在一些不足之处，有待将来弥补。愿兴涛同志能继续发扬勤奋严谨的治学学风。

（1996年撰，是书海南出版社同年出版）

《近代中国百年国耻地图》前言

去年（1995年）是世界人民反法西斯战争胜利50周年，也是中国人民抗日战争胜利50周年。明年（1997年）是"七七"事变60周年，也是香港回归祖国的喜庆日子。在这个日子里回忆国耻，是有特殊意义的。因为在和平时日里过惯了的人们，特别是战后出生的年轻一代，很难拿心去体验国耻的真正含义和国破家亡的切肤之痛。因为战争虽已结束了50年，但日本一些政界人物至今仍然不承认是对中国的侵略，还公然说什么是对"亚洲的解放"；而国外有些敌对势力也在策划"台独分子"搞所谓"两个中国"、"一中一台"。前事不忘，后事之师。我们需要回顾历史，勿忘国耻！

中国有五千年的文明史。在古代很长时间里，中国一直站在世界领先的地位。但是，当西方进入资本主义社会，并对外殖民扩张时，中国落后了。落后就要挨打。西方资本主义国家的发展，不仅是建筑在国内阶级剥削的基础上，也是以世界上其他地区和民族的牺牲为代价的。

这种代价也有中华民族的一份。

1840年英国发动侵略中国的鸦片战争，使中国由一个独立的封建国家沦为半殖民地半封建国家。如果我们把1840年鸦片战争以后的100多年视为一个历史过程的话，这就是帝国主义把中国变为半殖民地、殖民地的过程，同时也是中国人民反对帝国主义及其走狗的过程。

中国变为半殖民地的过程，与近代饱受资本帝国主义侵略战争分不开。继鸦片战争之后，东西方列强又向中国发动了多次侵略战争。大规模的有：1856年—1860年的第二次鸦片战争，1883年—1885年的中法战争，1894年—1895年的中日甲午战争，1900年—1901年的八国联军侵略战争，1937年—1945年的日本侵华战争。侵略军在战争中，烧杀掳掠，无恶不作，给中国人民带来极大的灾难。1860年英法侵略军进占了被称为"世界最宏伟的美丽宫殿"的圆明园，经过十天的抢劫破坏之后，放火加以焚毁。接着，又烧毁万寿山的建筑、玉泉山的静明园、香山的静宜园，以及畅春园、海淀镇。1900年八国联军又一次占领北京，"特许军队公开抢劫三日，其后更继以私人抢劫"。当时，从公使、将军直到传教士、士兵，都参加了这一暴行。1937年12月日本侵略军攻占南京后，进行了疯狂的大屠杀，在六个星期里杀害我手无寸铁的和平居民以及战俘、伤员达30万人以上。仅是这几个事例，就足以说明帝国主义侵略者在中国犯下的滔天罪行。

帝国主义侵略战争带给中国人民的另一个直接灾难，就是不平等条约的签订。战争的失败，迫使腐败的中国政府签订了一个又一个的不平等条约。不过，不平等条约并不是都因为战争才签订的，在没有发生战争的情况下，东西方列强也迫使中国政府签订了大批不平等条约。在近代一百多年时间里，东西方列强迫使中国政府先后签订了数百个不平等条约。这些条约就像锁链一样，紧紧套在中国人民的脖子上，它把列强对中国人民的奴役，对中国政治的干涉，对中国的经济、文化侵略，完全"合法化"。通过不平等条约，帝国主义国家割占了香港、台湾、澎湖列岛和东北、西北大片中国领土。通过不平等条约，帝国主义从中国攫取了一系列特权，诸如关税协定、治外法权、自由传教、内河航行、驻扎军队、投资设厂等等，使中国的半殖民地化程度不断加深。

在不平等条约中，仅强行勒索赔款一项就给中华民族造成了极大的损害。从鸦片战争到八国联军入侵的60年间，清政府的赔款，连利息共约13亿两白银。其中最大的两次赔款：一次是中日甲午战争后签订的《马关条约》，对日赔款2亿两白银，另"赎辽费"3000万两；另一次是八国联军侵略时签订的《辛丑条约》，赔款4.5亿两白银，加上利息共9.8亿两，还有地方赔款2000多万两，共约10亿两。当时，清政府财政收入每年约8000万两。清政府即使把全部收入拿来还这两次赔款（不含利息），也要九年才能还清。实际上不可能这样做。甲午对日赔款，规定三年内还清可免利息。当时民穷财尽，清政府无力筹划，只好向帝国主义借款。从1895年—1900年，清政府共向列强借款4.5亿两白银。这些借款不仅利率高，折扣大，而且以海关收入和一些地方常关税收入为担保，加强了帝国主义对清政府的财政控制。至于《辛丑条约》赔款4.5亿两白银，等于一个中国人负担一两，加上利息和地方赔款，等于一个中国人要负担二两多。赔款以关税、常关税和盐税为担保，使帝国主义控制了中国的关税和盐税，从而进一步控制了中国的财政。

东西方列强为了倾销商品和掠夺原料，强迫开放中国的城市为通商口岸。从1842年《南京条约》签订到1949年新中国成立，它们强迫中国开放的商埠达一百多处，从华南到东北，从沿海到内地，包括广州、上海、南京、天津、汉口、重庆、苏州、杭州等城市。东西方列强迫使中国政府在许多通商口岸划出一块地方作为它们直接管理的"租界"，达四十处之多。租界成了"国中之国"，成为它们侵略中国的根据地。租界是中国陷入半殖民地地位的象征之一。东西方列强还在中国一些地区强占"租借地"，作为扩大侵略中国的据点。

列强控制了中国的海关，海关总税务司和各口岸的海关税务司，都由外国人担任。英国人赫德从1861年—1908年任海关总税务司达48年之久，控制中国财政，干涉中国的内政外交。外国向中国进出口货物，尽量压低税率，中国当时成为世界进口税率最低的一个国家。列强还掠取了中国沿海和内河的航运权，控制了中国的交通运输事业。因此，它们能够大量地推销它们的商品，把中国变成它们的工业品市场，同时又使中国农业生产服从于世界资本主义的需要。

帝国主义在中国经营了许多工业，控制中国的经济命脉。还在中日甲午战争以前，列强就已经在中国进行企业投资。1895年《马关条约》的签订使帝国主义列强正式获得在通商口岸设立工厂的特权，在中国开办了许多工厂，以便直接利用中国的原料和廉价的劳力。这些企业在中国赚得了巨额的利润。据统计，1903年，外国人在华企业盈余为2400多万银元。如果加上该年进出口货物的入超额1.1亿银元，赔款及外债本利6800万银元，三项合计，帝国主义者在一年内就从中国掠夺银元2亿元以上。还可以算一笔账。据统计，从1840年—1915年仅帝国主义运到中国来推销的鸦片，就价值16亿两白银，折合美元为12亿，而从1840年—1914年帝国主义在中国投资为17亿。可见帝国主义在中国的投资，都是掠自中国的。帝国主义还控制了中国的工矿业、铁路交通事业和金融业等。本世纪初，有2300多家外国商行掌握着中国的对外贸易，90家外籍银行及其分支机构操纵着中国外汇，经办对中国政府贷款，投资开发工矿，大量发行纸币，形成在中国金融系统中的垄断地位。

帝国主义除对中国进行军事、经济侵略外，还对中国进行政治、文化侵略，操纵中国的政治和军事力量。帝国主义和中国封建主义相结合，支持反动派作为他们统治中国的支柱。为什么中国在近代落伍了？最主要原因就是中国在近代遭受帝国主义的侵略和压迫剥削，中国沦为半殖民地、殖民地。正是帝国主义和封建主义的反动统治，造成了中国的贫穷落后。

但是，中国人民不甘屈服于帝国主义，为了中国的独立富强，前赴后继，进行了不屈不挠、英勇顽强的斗争。由于中国人民的英勇斗争，使得帝国主义不能灭亡中国。1921年，中国共产党诞生。中国人民在中国共产党领导下，终于推翻了帝国主义、封建主义和官僚资本主义三座大山，建立了中华人民共和国，结束了半殖民地半封建社会屈辱的历史。中国共产党继续领导中国人民进行社会主义现代化建设，尤其是改革开放以来，取得了巨大的成就。编制这本国耻地图，提醒勿忘国耻，也就是要爱护这来之不易的社会主义事业，像先辈一样，为实现社会主义现代化而贡献力量。

（1996年12月撰，是书人民出版社1997年出版）

《中国近代藏书文化》序

我国藏书事业历史悠久，源远流长。秦汉以来，皇室、官府、书院、寺院、私人等藏书先后出现，构成古代藏书的多样系统。1840年鸦片战争以后，随着中国社会的变迁，藏书事业也发生了变化。近代藏书，从性质、使用到地域分布等许多方面，都与古代藏书有明显的不同。例如，古代藏书以封闭性私藏为主要特征；近代则以公共藏书为主导，私人藏书为辅，化私密为公开、公用成为近代藏书的发展趋势。古代藏书偏重于图书的购藏、校雠、抄刻，使用率较低，近代的公共藏书则更为重视图书的分类、使用与传布，公私藏书机构对书籍的保护和利用的责任也更重了。古代藏书事业先以长安、开封等地为盛，后向江南转移，明清时形成以江浙为藏书中心的局面；近代的藏书事业则从江浙向南北扩展，南方的广东、湖南和北方的京、津地区又形成了新的藏书中心，等等。

中国藏书文化在近代发生的变化及其所具有的特点，其原因除去藏书事业本身的因素之外，与社会经济、政治、文化的变化也是分不开的。藏书事业作为一种社会现象，它不可能孤立于社会之外，其盛衰变化必然要受经济、政治、文化等诸多方面的制约和影响。因此，对藏书文化的研究，既要在藏书事业本身下工夫，又要与社会经济、政治、文化联系起来考察，这样才能更好地阐明近代藏书文化的变化。

李雪梅同志在研究中国近代藏书文化时，注意到了这个问题。她不是就藏书谈藏书，而是把它与近代社会的变迁密切联系起来考察，揭示了近代社会变迁对藏书文化所产生的影响。书中着重以从传统藏书的私密性转变为近代藏书的公开、公用性为主线，论述了公共藏书意识、图书馆运动的兴起、发展和完善，以及公藏与私藏并存等问题，大致反映了近代藏书业的基本面貌。她对近代藏书文化的研究，是从文化史的角度出发的，但又注意把图书馆学史、目录学史、藏书史三个互有关系而研究对象又不尽相同的领域放在"藏书文化"这样一个视野下进行观察，展开研究，很具有开拓性。对于中国近代藏书文化，以往学术界还缺少全面、系统的研究，这部著作的出版，对弥补这一薄弱环节是非常有意义的。

作者自1989年以来即有志于收藏史和收藏文化的研究，并陆续发表了一些研究成果。藏书文化是收藏文化的重要组成部分，对中国近代藏书文化的研究，无疑会有助于收藏史和收藏文化的研究。

书的出版，不等于研究的结束。中国近代藏书文化涉及的方面很多，由于学识的限制，书中难免会存在不足，这有待今后的继续研究来加以弥补。

（1997年撰，是书现代出版社1999年出版）

《唯物史观与历史科学》评介

庞卓恒教授著的《唯物史观与历史科学》（高等教育出版社出版），是一部自成体系的史学理论著作。

作者以"唯物史观的再认识"、"唯物史观与中国史研究"、"唯物史观与西方史学的理论和实际"三编来构建其框架。甲编为"唯物史观的再认识"，着重阐释了唯物史观是关于现实的人及其历史发展的科学、历史发展规律、亚细亚生产方式、历史发展动力等理论问题。乙编为"唯物史观与中国史研究"，是作者在对唯物史观再认识的基础上，结合中国史研究中长期争论的一些问题，如中国古史的分期、中国封建社会长期延续和资本主义萌芽滞缓的原因、中西历史文化比较及其理论与方法等，分别对一些论点做了实事求是的评析，阐明了自己的观点。丙编为"唯物史观与西方史学的理论和实际"，着重阐述第二次世界大战后兴起的西方新史学的积极成果和局限性及其面临的新困境，并对第二次世界大战以来西方历史哲学的发展演变作了评述。读后令人感到内容充实丰富，扎实严谨，多有新意，颇具特色。就其特色而言，有几点值得提出。

作者在对唯物史观与历史研究直接相关的一些重大理论问题进行探讨时，为了力求符合马克思主义的原意，对马克思19世纪40年代的《德意志形态》、50年代的《经济学手稿》、60年代的《资本论》、70—80年代的《人类学笔记》和《历史学笔记》以及有关书信等原著，融会贯通地进行了探索和阐释，予以再认识。正是由于较深入、系统地研究原著，力求达到比较符合实际的认识，因而在阐释唯物史观与历史研究直接相关的一些重大理论问题时，作者不囿成说，能提出有新意的见解。

为什么要对唯物史观再认识，作者的立意是明确的。他在"前言"中说："这种再认识或再阐释不能是对唯物史观基本原理的否定，否则就不成其为再认识或再阐释，而只能是再否定了。唯物史观的基本原理已经被无数的历史和现实的事实证明是颠扑不破的真理，只是有些人由于种种阶级或社会的屏障遮住了视野，看不到或不愿看到它的真理本质罢了。因此，我们所说的再认识或再阐释，只是在唯物史观基本原理基础上的再认识或再阐释。"这清楚地说明作者是为了更好地坚持唯物史观对历史研究的指导地位，而不是要削弱它、否定它。以此，在阐释唯物史观与历史研究直接相关的一些重大理论问题时，具有鲜明的针对性。书中对西方学者对唯物史观的误解、怀疑和攻击，做了有理有据的评析和批驳。对国内学界以往在阐述和运用唯物史观进行历史研究时存在的某些简单化、机械化、教条主义的偏颇，也做了具体的剖析。这对于坚持唯物史观的指导地位，正确地运用唯物史观，无疑是有积极意义的。

该书意在对唯物史观的基本理论问题进行再认识，自是着力于理论阐释。但为了更为具体深入地论证，又不限于就理论阐述理论，而是将理论与中外历史研究的实际结合起来探讨，视野开阔。尤其是乙编着重讨论唯物史观与中国历史发展规律和阶段问题，以及中西历史文化比较问题，实际上是要通过对这两个问题的论述来阐明怎样理解和运用唯物史观。总之，该书针对性强，既有对马克思主义理论的具体剖析，又结合中外历史事实来论述，成一家之言。

（1998年撰，是书高等教育出版社1999年出版）

《近代诸子学与文化思潮》序

先秦诸子曾经开创了百家争鸣的局面，汉代"独尊儒术"以后，诸子学成为儒学或经学的附庸。不过，诸子学说对中国思想文化的贡献，仍然是不可忽视的。晚清以来，诸子学的兴起和发展，成为学术史乃至文化史领域的重要现象。然而，长期以来对此重视不够，也缺少深入、系统的研究。近年来，探讨传统文化在近代演变的论著多集中于儒学。在一些论著中，儒学的价值得到了彰显，甚至夸大，而非儒学派的地位则被忽视。《近代诸子学与文化思潮》一书，以道、墨、法等非儒学派为中心论题，可说是弥补了学术史的一个薄弱环节。

学术研究需要做许多微观的、细致的工作。但是，建立在微观之上的宏观考察，同样是不可或缺的。而后者的难度要更大一些，它需要较深厚的学术素养和艰苦的努力。作为第一部系统研究近代诸子学的学术著作，该书作者在认真研究了众多人物的诸子学成就的基础上，从宏观脉络上追溯了清前期诸子学的衍变，重点考察了晚清至民国初年诸子学的兴起和发展情况，就近代诸子学的许多问题提出了比较系统的看法。例如，该书认为晚清诸子学的兴起和发展，既是传统学术自身嬗变的结果，又是中西文化交流的产物。这种看法合乎事实，有助于正确认识近代学术衍变的基本规律。又如，关于诸子学与儒学的关系问题，书中较系统地分析了清代以来二者由对立到调和的衍变历程，从一个方面揭示了传统文化结构的变化。

学术研究贵有独立见解。近年来，人们对于清代诸子学有一些探讨，如对傅山、章太炎的诸子学成就有所论及。但其中有些说法还值得商榷。该书作者没有人云亦云，而是在广泛搜集并认真研读诸子学论著和有关文献的基础上提出自己的见解。如辨正人们关于乾嘉时期诸子学复兴的笼统说法，重新评价一些人物（如傅山、魏源、章太炎、梁启超等）的诸子学成就及其思想意义。全书持论平实，又不乏精当之处。

诸子学只是传统学术的一支，相对于经学、史学、佛学来说，它的学术价值和文化意义被忽略。但是，历史上恰恰是非正统的学术领域具有丰富的文化意义。作者就是试图从诸子学入手以窥见近代学术的变化。如通过对魏源、路德等人子学成就的分析，进一步认识嘉道年间的经世致用思潮；通过诸子学从"考据之学"到"义理之学"的转变，而认识西学对学术发展的影响。这些分析深化了全书的主体，也丰富了诸子学的学术意义。该书的论述不局限于诸子学本身的衍变，而是把诸子学置于文化氛围中来加以考察，阐释诸子学与文化思潮的内在联系。书中以两章的篇幅分析了诸子学与近代文化思潮的联系，认为诸子学不仅成为戊戌启蒙思潮的传统渊源之一，而且成为孕育五四新文化运动的学术基础的一部分。这些见解，多能言之成理，持之有故。

近代诸子学这一课题难度较大，既需要较广博的基础知识和坚实的学术功底，又要研读许多专深的学术著作。罗检秋同志多年来勤于学问，在跟我攻读硕士、博士学位期间，常就近代诸子学的一些问题同我交换看法。根据他的学术基础，我也鼓励他对此进行较为系统的研究。经过辛勤的努力，他就这一领域发表过一些学术论文，现在又在博士论文的基础上修改成《近代诸子学与文化思潮》一书。应该说，这是近代学术史、文化史研究的可喜收获。希望罗检秋同志继续勤于治学，发扬严谨的学风，为学术研究多作贡献。

（是书中国社会科学出版社1998年出版）

《近代中国陋俗文化嬗变研究》序

任何一个国家、民族的文化都具有两重性，中国传统文化也是如此，既有优秀的精华，也有腐陋的糟粕。对此应该进行认真分析，批判继承，取其精华，弃其糟粕，才能有利于建设中国特色的社会主义文化。梁景和同志关于中国近代陋俗文化的研究，正是力图对中国传统社会习俗的精华和糟粕做正确的区分和深入的探讨，因此，它不仅具有学术价值，而且也具有现实意义。

对于中国陋俗文化，学术界曾有所研究，取得的成果主要是有关中国陋俗文化的某些方面的具体阐述，迄今为止对中国近代陋俗文化尚缺少全面、系统的研究。景和在已有成果的基础上，对中国陋俗文化进行了细致的、较全面的探讨，从而弥补了这项研究的不足。

文化是人创造的，是人的文化；人又是在文化环境中受陶冶，是文化的人。因此，文化问题从根本说是人的问题。人不是抽象的，他是一切社会关系的总和。人的主体在社会客体之中，人在改造社会客体的同时改变着主体自身。没有主体的改变，客体的变革不可能真正完善；不变革客体，主体也不可能得到合理的、充分的改变。

本书正是以人创造了文化，人又被文化所束缚，这个文化效能和人的局限作为立论的主题，紧密结合近代中国社会与文化的变迁，探讨了中国传统文化中陋俗文化在近代中国的动态运演过程，揭示了传统人伦文化塑造的民族心理在近代中国的演变大略。全书共分"首论"、"婚姻"、"家庭"、"妇女"、"性论"和"结论"6卷，对中国近代陋俗文化的内容、特征及嬗变，做了较好的概括和深入的分析。作者没有满足于对陋俗文化现象的简单罗列，而是从社会文化史的角度，去探讨社会生活和观念形态之间的相互关系，既注重了显形的社会生活，又深入分析了隐形的精神状态，力图挖掘出社会精神面貌的深层结构。特别是在"结论"卷中，作者着力剖析了陋俗文化的嬗变与人的精神进化的关系，指出："近代中国陋俗文化的演变并非特定时期内孤立的文化现象，实际上，它既是人类精神进化过程中一个阶级性的主旨，又是再次实现人自身觉醒和精神解放的一个重要途径。"并对近代中国陋俗文化的发展规律和经验教训予以总结，从而进一步增加了本书的学术价值和现实意义。在对具体问题的论述上，书中也提出了不少新的见解。例如，陋俗文化是指体现在风俗习惯上的并为传统文化所认同的文化糟粕的见解，以及对文化精华和糟粕的界定和阐释；关于太平天国的婚姻制度"有创新而少批判"、"既合理又不合理"的结论；对传统家庭文化本质的优质与劣质的辨析；说明文化精华和糟粕所具有的相对独立性和历史性，它们既互相包含，又可以在一定条件下互相转化；等等。这些都透发出新意。

书中所展现出的独到见解，是作者在掌握了大量文献并进行了研究之后提出的。景和在北京师范大学攻读硕士学位时，即有志于对中国近代社会文化史进行研究。此后又师从林增平教授攻读博士学位，着重研究中国近代陋俗文化。本书是由其博士学位论文修改而成。在撰写过程中，作者查阅的报刊、方志、家谱、笔记、文集、传记等文献及国内外有关论著共200余种，征引千余条，做到了立论严谨，言必有据。在"十年磨一剑"被"一年造十剑"所取代的今天，作为一个青年学者，景和能够不为潮流所动，潜心研究，体现出严谨扎实的学风，这是难能可贵的。

学问没有止境，个人的学识和理论水平难免有局限，因此，这部著作不可避免地会存在不足之处。书的出版，不等于研究的结束。希望景和进一步深入研究，精益求精，使之更臻于深刻、全面。

（1998年撰，是书首都师范大学出版社同年出版）

《求是室漫笔》前言

给书起个好名字不容易。我的这本小册子起个什么样的名字好呢，想来想去也没想好，姑且起了《求是室漫笔》这样一个书名。

当然起这个书名也还是有一点来历的。前些时候，一家出版社编的一本书中收了我一篇文章，要求附上一句自己治学的箴言，于是写了"学术研究当求是而戒趋时"。这算不上是箴言，却是我治学所遵循的。一个人的学术观点可能发生变化，今是而昨非，也是正常。但切忌跟风，赶时髦，东风刮来了跟着东风跑，西风劲吹时便转向西行。当年陈独秀就曾指出不要把学说弄成装饰品，装饰品要时新，要趋时髦，赶市场需求，学术则不能如此。

叫"求是室"，其实并没有什么真正的书房，除一间"多功能"室之外，其他都是卧室。不过，这个名字也还有所本。清道光年间的学者胡承珙，以治汉学名，但他认为："治经无训诂义理之分，惟求其是者而已；为学亦无汉宋之分，惟取其是之多者而已。汉儒之是之多者，郑君康成其最也；宋儒之是之多者，新安朱子其最也。"（《求是堂文集》卷四）当时汉宋学派系门户之见甚深，胡承珙虽治汉学，却摒弃门户之见，不偏于一家，"惟求其是"，并以"求是"命其堂名，治学态度、方法可贵。"求是室"的名字就是从他那里搬来的。

这本小书的名字和书中的内容大致名实相符。编入书中的文章，有不少篇是就时下一些"热门"话题发表看法，惟在"求其是"。至于是耶非耶，当待研讨。名为"漫笔"，是因为文章都是随想、杂谈、回忆、札记以及短序之类，虽及学术问题，但不是学术论文。

出版社规定交稿的期限到了，只好打住。大致分分类，编出目录。数了数，正好40篇。这纯属凑巧，并不是有意计划的。文章的内容很杂，既谈古人古事，又及今人今事；既谈文又说史，上下古今，东拉西扯，不分类不便读者，分起类来也有难办之处。勉强划分，归为5组：第一组主要谈近代以来的某些文化问题；第二组是有关戏剧的，涉及历史研究与戏剧资料的利用，影视历史剧创作与历史的关系，京剧传统剧目改编等问题；第三组是关于历史研究方法和历史教育的；第四组谈了几个历史人物和思想著述，以及怀念两位已故的朋友；第五组大多是为我的学生博士论文出版写的序，对中国近代文化史上一些问题也谈了看法。从5组文章总的看来，居多是谈文化（包括戏剧）的，虽是拉杂，也还是有一个中心的。

在40篇文章中，新写的16篇，散见于报刊的14篇，从已出版的论文集中收入的10篇，这也是需要向读者说明的。感谢广西人民出版社，为这本小书提供了出版的机会。

（1998年岁末撰于北京，是书广西人民出版社1999年出版）

《近代中国的思想历程》评介

彭明、程歗教授主持的国家"八五"哲学社会科学重点项目《近代中国的思想历程（1840—1949）》一书，近日由中国人民大学出版社出版。这部专著深入探讨了近代中国思潮的来龙去脉和前因后果，以及各种思潮兴衰更迭的过程和规律，从思潮变迁的角度阐释了中国近代社会发展的方向。无论是立论角度、研究方法还是史料利用，都有新的创获。

作为研讨中国近代社会思潮的学术专著，该书首先对它的含义做出如下的界定："所谓中国近代思潮，就是在中国近代社会历史条件下产生的，那些特定的阶级、阶层集团的社会心理、人文观点及其理论意识形态的总和。"与以往同类界定相比，它的特色在于将思潮看做由从低到高的认识序列互相联结而成的精神体系，特别关注普遍性的社会心理和思想家们创构的理论意识形态之间的互动关系，指出特定时期的社会心理构成和变动，对于意识形态所起的复杂作用。基于这种认识，该书用了相当多的篇幅把思想史研究的主轴从人物分析转向更为广阔的群体意识分析，力求使研究趋于全面、深入。

该书在百年思潮演进过程的问题上，提出了具有新意的阶段划分，作者认为随着时代主导意识的变化和发展，中国近代思潮先后经历了四个阶段：（一）从鸦片战争到中日甲午战争是多种改革思潮的萌动时期；（二）从甲午战争到戊戌维新运动，是对传统思想的否定时期；（三）从五四运动到20世纪30年代中期，是思想界重新调整思考方向和发生深刻的分化组合的年代；（四）从30年代中期到新中国成立，是以毛泽东为代表的中国共产党的新民主主义思想体系开花结果的时期。该书对于百年思潮的上述阶段性把握是否恰当，当然还可以研究，但此前还不曾有人做过这样明确的叙述，应该说，这是一种进步。

为了讲清楚近代思潮的来源和特质，作者突破了以往研究中常见的"西方冲击—中国回应"的模式，超越传统近代史从1840年开始的观点，而花费了相当多的笔墨，探讨康乾盛世以来中国业已出现的若干历史新趋势，并考察了当时士大夫群体日益活跃的心态和他们的各种经世论说，使近代前的中国情况作为一种连贯的历史和思想脉络被近代承接下来。在这种观点指导下，该书提出中国近代思潮史的主题不是"中国向西方学习"这一句话所能概括的，而认为各种思潮的发生发展，是中国外部和内部多种历史过程错综交织的反映。"一部中国近代思潮史，本质上是中国人自我发现、自我觉醒和自我选择民族生存方式的认识史。"应该说，这种分析是符合历史实际的，也是颇有新意的。

综观全书，可以看出作者是密切关注国内外各种学术动向的。他们既认真鉴别和努力借鉴学术界关于这段历史研究的许多新成果，又对近年来学术界许多有争论的话题，诸如帝国主义在东方的历史作用，中国近代救亡和启蒙的关系，洋务思潮和维新思潮、民主革命思潮的关系，三民主义的历史地位，儒学文化的评价，等等，提出了自己的见解。这对于读者正确认识中国现代化的历史道路，有重要的理论价值和现实意义。

（原载《光明日报》1999年4月9日）

《学人游幕与清代学术》序

　　清代幕府盛行，对社会各方面的影响深远，它既是一种政治现象，也是一种社会文化现象。海内外学者于此颇为关注，半个多世纪以来即有不少专门研究的学术成果问世，卓有成绩。即就80年代后而言，代表性的论著也有多种。例如，郑天挺先生的《清代的幕府》、《清代幕府制度》两篇论文，宏观地论述了清代幕府职能及其发展三阶段等问题。朱东安同志的专著《曾国藩幕府研究》，是对幕府的个案研究，系统地探讨了这个有清一代最大的幕府。而郭润涛同志著的《官府、幕友与书生——"绍兴师爷"研究》一书，则是以"绍兴师爷"为主要对象来着重研究清代州县的幕友制度。这些成果各具特色，也都从各自所关注的角度做出了自己的贡献。

　　但是，半个多世纪以来，并不是对清代幕府和游幕的方方面面都研究到了。这不是研究者的问题，不能责怪他们。因为每个研究者对他的研究对象都是有所限定的，一本书、一篇文章，只能就他所要谈的内容、所要解决的问题去阐述发挥，不可能对那个领域的各个方面都谈到。清代幕府职能具有多样性，幕主又有各自的要求和爱好，而游幕人员自身也是多种多样的，因此，可以从不同角度、不同方面进行研究，回旋的余地还很大。尚小明同志有鉴于此，独辟蹊径，对前人虽提及但尚无专门研究的清代幕府中从事学术文化活动这一重要职能来进行研究，是很有见地的。

　　书中以学人游幕的兴衰与清代学术的发达为主题，着重研究了清代学人游幕的发展变化、清代重要学人幕府和清代学人游幕及其学术活动三个方面的问题。这三个问题，既全面揭示了清代学人游幕兴盛与学术发达的关系，也显示出它们是彼此相互关联的一个有机整体。

清代学人游幕的发展变化，勾画了其兴衰的脉络和特点，即：从顺治初迄康熙初（1644—1683年）是游幕之风的兴起，学人游幕以佐理政事和参赞戎幕为主要内容；从康熙中迄嘉庆末（1684—1820年）游幕之风盛行，是游幕学人从事学术文化活动最为兴盛的时期；从道光初迄宣统末（1821—1911年），由于幕府职能的扩展，学人游幕主要转向佐理实际事务方面，但学术研究仍然是文人游幕活动的重要内容，与前不同的是带有明显的为现实服务的特征。而清代重要的学人幕府和学人游幕及其学术活动，则是在前者的基础上从这两方面进一步探讨了学人幕府和学人在幕中的学术活动对清代学术的发达所起的作用，从而从一个角度全面、系统地揭示了有清一代学术的繁荣及其原因。在论述中，多有创获，不乏新意。而在方法上，则是将学术史的研究与社会史的研究相结合，个案研究与整体研究相结合。

尚小明同志治学刻苦，学风严谨。他很重视对学术界已有成果的研究，对每一论著都做了认真的分析，给予实事求是的评论。在此基础上，或予以吸收，或予以补充，或予以修正。该书文献史料丰富翔实，书中征引约达700种，足见作者用力之勤和功力所在。而所附有关的"表"，也是本书一个特色。除正文中的"阮元幕府撰著书目表"、"清代幕宾代撰学术著作表"等外，还专门附有"清代重要学人幕府表"，对14个重要学人幕府分别列其幕宾姓名、字号、生卒年、在幕时间、幕中活动和资料来源，搜集、征引、考索俱可称道，很有学术价值。

（1999年撰，是书社会科学文献出版社同年出版）

《西潮激荡下的晚清地理学》序

郭双林同志研究晚清地理学的著作即将出版，深感欣慰！

这部书稿，断断续续历经15个年头。还在1984年，双林考进河南大学历史系攻读硕士研究生后，在导师胡思庸教授的鼓励下，即选择了鸦片战争前后的舆地学作为研究的课题。1990年入北京师范大学历史系中国近现代史专业攻读博士学位，其论文题目最终还是选定了地理学方面的。不过研究的时段从鸦片战争延伸到清王朝覆灭，也就是通常所说的"晚清"。时间跨度延长，内容也相当繁复，需要读的书多了，需要探讨的问题也多了。鸦片战争以后，西方文化包括近代地理学在中国传播开来。在西方近代地理学的影响下，晚清地理学发生了变化，有了新的发展。这种变化不仅限于地理学本身，而且相应传播了新思想，改变了一些陈腐的传统观念，增强了爱国主义思想等。因此，对于晚清地理学进行深入细致的研究，对中国近代思想史、文化史、科技史等都是有意义的。

双林在研究这个课题的过程中，思路是明确的。他不囿于地理学本身很专门的问题，而是从文化史的角度来进行研究，始终注意把握这样三个原则：一、把晚清地理学的发展变化与时代紧密结合起来。晚清地理学的发展变化与当时西方文化的传播和不断加深的民族危机密不可分，离开了当时的现实，就不可能弄清楚地理学在晚清为什么发生变化，就不可能阐明地理学在当时所发挥的社会文化功能。二、把握晚清西方文化传播、民族危机与地理学研究之间的互动关系。西方文化传播和民族危机使传统地理学发生了急剧变化，而地理学的发展变化也推动了民族救亡运动，增强了爱国主义思想，引起一些传统观念的变化，发挥了其社会文化功能。三、既要注意西方近代地理学在中国的影响，也不能忽视中国传统地理学所具有的特点。中国传统地理学有自己发展的特点，进入近代以后，传统地理学虽发生变化，但并没有丢掉其民族特点，不能简单地搬用西方某种理论或范式来硬套。当然需要注意的原则不仅是以上几点，但它们无疑是题中应有之义。研究中国历史、中国问题，也需要了解、吸收外围有益的观点、方法，但不能简单搬来硬套，更不应该盲目地跟在别人后边走，唯洋是尚。

晚清地理学的研究虽有一定成绩，但相对来说比较薄弱，系统全面的研究尤为欠缺。少有依傍，自会增加研究上的难度，要花费更多的摸索的功夫。双林在研究过程中，除尽量吸取学术界已有的成果外，还力求在搜集丰富的文献资料的基础上，从历史实际出发，提出自己的见解。他着重考察了晚清地理学的发展变化，并把它分为四个阶段，即：一、嘉庆、道光之际，传统地理学开始出现某些新的发展趋势；二、鸦片战争以后，随着西方近代地理学的传播，传统地理学从研究重心到研究范围以及方法，都开始发生变化；三、同治、光绪年间，传统地理学的这种变化更加明显；四、光绪、宣统年间，即20世纪初年，传统地理学基本上完成了向近代地理学的转变，其标志是学科体系的初步形成和科学研究方法的广泛运用，大学地理学课程的设置和新式地理教科书的编纂，专门研究机构的建立和专业研究刊物的创办。对于这一阶段划分是否完全准确，认为20世纪初传统地理学基本完成了向近代地理学转变等问题，都可能会有不同意见。学术研究要创新，需要百家争鸣。只要言之成理，持之有故，作为一家之言，对推动晚清地理学研究，当会有助益的。

还需要提起的是，书中还着重探讨了晚清地理学对近代社会文化所起的积极作用。晚清地理学受西方近代地理学的影响，在近代中国引起了一系列观念上的变化，诸如天地观、中国中心观、夷夏观、时局观、国情观等。传统的地方如棋、天运地处观念逐渐被地圆如球及日心地动观所取代，从而也打破了中国中心观念。而随着近代地理科学知识的传播，又引发了对风水迷信的批判，动摇了传统风水观念。科学和迷信是对立的，只有提倡科学精神，传播科学思想，普及科学知识，才能破除迷信思想。晚清地理学的发展，对风水迷信所起的冲击作用，可以给我们提供有益的启示。

（1999年撰，是书北京大学出版社2000年出版）

《二十世纪中国的崛起》读后

金冲及同志撰写的《二十世纪中国的崛起》已由上海人民出版社出版，这部约28万字的著作，是要揭示100多年来中国是如何从衰败、屈辱中崛起的。

该书在写作上有一些独到之处。首先，在阐述20世纪中华民族奋起的历程中，不是限于一般的描述，而是抓住关乎历史发展转折的一些重要问题，或人们认识上存在的疑难问题来加以分析。例如，辛亥革命时先烈们为什么要选择激烈的革命手段，甚至不惜为它付出年轻的生命；中国的先进分子是怎样从爱国救亡走向社会主义道路，接受马克思主义的；为什么中国在20世纪20年代会发生一场国民革命；在八年抗战中，为什么国民党的政治地位日渐衰落，而共产党的力量却迅速壮大起来；新中国建立初期，国内外面临许多严峻的问题，它为什么还能够稳固地站住脚跟；在社会主义建设探索中为什么出现了"左"的错误，提出了"以阶级斗争为纲"；等等。对上述这些问题，书中都做了实事求是的分析。这些分析是建立在事实的基础上，从当时的具体环境出发的。历史研究要尊重历史的真实，运用科学的观点、方法来揭示历史，分清本质和现象、主流和支流，而不是离开客观历史实际，随心所欲地去摆布历史，或者抓住某些现象或支流加以夸大、渲染，导人陷入误区。

其次，作者在论述了20世纪中华民族奋起的历程之后，总结了四个对人们很有启示的问题。这四个问题是：（一）民族独立和解放的问题；（二）

革命和建设的问题；（三）在不断探索中前进的问题；（四）建设有中国特色社会主义的问题。作者认为，这几个问题自然远不足以包括20世纪中华民族奋起过程中遇到的所有问题，"但这些问题确实是贯穿在20世纪中华民族奋起的全过程中反复遇到，付出了许多代价后才比较深刻地认识清楚的问题"。例如关于在不断探索中前进的问题，书中指出：这"是中华民族在20世纪艰苦跋涉中的重要特点，也是正确理解这个过程中许多重大问题的关键。中国人民在民族民主革命中经历过不断的探索，在追求祖国繁荣富强和人民共同富裕的社会主义建设中同样经历过不断的探索。离开'探索'这个重要特点，许多事情便很难讲清楚"。这是很有见地的，对人很有启发。

（原载《人民日报》2000年1月27日）

坚持唯物史观　创新但不媚俗*

《中国通史》近代部分有自己的特点。例如，改变了通行的下限时间断限。以往中国近代史著作的下限，大都到1919年五四运动前，五四运动以后的历史被称为中国现代史。对此分期，学术界也有不同意见，认为五四运动以后中国半殖民地半封建社会的性质没有改变，领导革命的阶级力量虽然由资产阶级变为无产阶级，但民主革命的性质没有改变，因此，中国近代史的下限应至1949年9月中华人民共和国成立以前。近些年来，这种意见得到中国近代史学界大多数人的认同，有的著作或教材即以此下限编撰。《中国通史》近代部分也采取此种分期，把中国近代史下限断至1949年9月，而以五四运动为界，以前称为前编，以后称为后编。因为从反帝反封建的革命斗争而言，有新旧民主主义革命的区别。

近年来中国近代史虽有几种下限断至1949年9月的作品，但就编写体裁来说，仍然是流行的章节体。而《中国通史》的近代部分与纯章节体的中国近代史著作有很大不同。它也吸收了章节体的体裁，然而都是依序说、综述、典志和传记四部分编撰的。除去政治史的内容得到充分展开外，经济、军事、教育、学术、文学艺术、新闻出版、自然科学技术等方面的内容，也得到相应的展现，从而给读者以全面、丰富的历史知识。

中国近代史是半殖民地半封建社会的历史，这是个基本国情。正是由

---

*是篇为笔谈《皇皇巨著　史学丰碑——〈中国通史〉五人谈》其中之一。

于中国共产党领导中国人民进行新民主主义革命，才推翻了帝国主义、封建主义和官僚资本主义的统治，结束了半殖民地半封建社会。然而，近些年来，在近代史研究中，出现了一种错误思潮，即颂扬帝国主义的殖民侵略，否定中国人民的反帝反封建斗争，鼓吹"告别革命"，歪曲中国共产党的历史，提出要改写中国近代史。有些观点似新而实旧，实际上是几十年前旧说的再炒作，有的甚至是封建地主阶级的观点，这是历史的倒退。《中国通史》近代部分与这些"新论"不同，它以历史唯物主义为指导，实事求是地从正面阐述了中国近代的历史是灾难深重的屈辱历史，也是英勇抗争和不断探索的历史。独立、民主、富强和统一，成为中国近代历史的主题。中华民族面临着两大任务：一个是求得民族独立和人民解放，一个是实现国家繁荣富强和人民共同富裕。前一个任务为后一个任务扫清障碍，创造必要的前提。《中国通史》近代部分就是沿着这条主线来撰述的，这是它与时下散播的一些"新论"的根本不同之处。

（原载《求是》2000年第22期）

简评《十八世纪中国与世界》

　　中国史学有"通古今之变"的传统。所谓"通古今之变"，关键在于一个"通"字。换句话说，也就是史学工作者要有"通识"。研究历史可以选取某一事件、某一朝代或某一人物作为研究对象。但是，客观历史本身却是纵向和横向地发展着，它是割不断的。专门的微观研究，无疑不可或缺。然而缺少通识，没有纵通、横通的把握，只做专门的微观研究是难以将问题说明白的，难以有更高的见解。在中国史的研究中，相对而言，纵通比横通的情况要好些；但也未尽人意。如有清一代的历史，研究鸦片战争以前的就不大注意以后的，反之亦然。至于横通方面，问题就更突出，长期来中国史、世界史都是分开研究的。这很不利于史学的发展。有鉴于此，戴逸教授选取了18世纪的中国和世界作为研究的对象。在他主持下，出版了《十八世纪中国与世界》9卷200多万字的著作，焦点在18世纪，但"不仅限于18世纪，力求了解17世纪的来龙与19世纪的去脉，也不仅限于中国，力求把中国史放在世界发展的背景中加以考察、比较"。不论对18世纪这个历史发展重要世纪的选择，还是研究的视野、方法上的开拓，都很有意义。

　　把中国史放在世界历史发展中来加以考察、比较，把世界历史作为一个整体过程来研究，是受到史家关注的。如吴于廑教授于1976年在武汉大学创立了15、16世纪史研究室，并主持开展了对世界历史这一重大转折时期的研究。吴先生对这一时期的中国与西欧做了比较研究，在《世界历史全局与十五十六世纪》的论文中认为："从十五十六世纪开端的世界历史进入整体发展的这一过程中东西两个比较先进力量的较量，这时到了决定性的阶段。从这时期起，西方决定性地树立了优势，东方从此进入了相当长时期的受动局面。"这是很有见地的。戴逸教授主编的《十八世纪中国与世界》，在时序上正好与吴先生的研究相承接，这也是很有意义的。

全书分为9卷撰著。首卷为导论，戴逸教授自己撰写，可谓是全书的指导思想和纲要。其余8卷，分别为政治、军事、边疆民族、经济、社会、思想文化和对外关系，内容广泛。这里不可能都谈到，只举思想文化方面为例。这一卷着重写了100年间清的文化政策、汉学的兴盛、《四库全书》的纂修和专科学术的发展、异端思想的萌芽、经世思潮的崛起和中西文化交流发展变化的脉络和主要内容。尤其值得指出的，是对上述的问题都与同时期的西方文化作了比较研究，同时加以具体分析，提出了创造性见解。如认为18世纪100年间，"中国的学术文化进入总结集成的阶段，以对古代典籍的整理和传统文化的总结著称；欧洲则是一个开创的时代，以新思想的建树和科学技术的发展为特色"。这以《四库全书》和法国狄德罗主编的《百科全书》作为东西方文化上述差异的集中体现。这既有可比性，也很能说明问题。如认为《四库全书》是封建统治者维护其政权的统治工具，着眼于汇编，重因袭，沉湎于历史；而《百科全书》则是西方资产阶级启蒙思想的号角，用力于撰写，贵创造，着眼于现实。这些都是很有见地的。

（原载《清史研究》2000年第1期）

贺《求索》创刊20周年

　　在新千年、新世纪的开元之际，迎来了《求索》创刊20周年，可喜可贺！

　　20年来，《求索》在编辑部同仁的辛勤努力下，坚持以马列主义、毛泽东思想和邓小平理论为指导，贯彻"为人民服务、为社会主义服务"的方向和"百花齐放、百家争鸣"的方针，注重质量，发表了一批有学术价值和现实意义的文章，对于繁荣学术，促进人文社会科学的发展，为政府决策提供参考，作出了应有的贡献。借此祝贺刊物创办20周年的机会，谨向编辑部的同志们致以敬意。

　　《求索》20年的历程，正是改革开放的20年。20年来，我们的国家、社会发生了很大变化，取得了举世瞩目的成就。历史在前进，《求索》也在发展。新的世纪，我们国家会更加富强美好，《求索》也会有新的面貌，做出新的贡献。对于一个刊物来说，创新很重要。江泽民同志一再指出："创新是一个民族的灵魂。"这对于办刊来说正是适用的。《求索》在已有成绩的基础上，当会不断有所创新，有所前进。

　　作为哲学社会科学综合性的刊物，要探讨理论问题，也要研究现实问题，要有基础性的研究，也要有应用性的研究。而作为一个省的理论刊物，它则是要立足本省，放眼全国和世界。新的世纪，国内国际都正在经历着广泛而深刻的发展变化。面对经济全球化和复杂多变的政治新格局，面对建设有中国特色社会主义的伟大实践，有不少新情况、新问题需要研究。例如，坚持、巩固马克思主义在意识形态领域的指导地位问题，经济全球化及其所涉及的诸多问题，中国加入WTO后的对策问题，西部开发的历史和现实研究，等等。尤其要从理论和实践的结合上深入研究阐述江泽民同志"三个代表"的重要思想，深入研究和正确回答江泽民同志提出的"四个认识"，即如何认识社会主义发展的历史进程，如何认识资本主义发展的历史进程，如何认识我国社会主义改革实践过程对人们思想的影响，如何认识当今国际环境和国际政治斗争带来的影响。

办刊要有精品意识。祝愿《求索》在将来的5年、10年……刊出更多的精品文章，取得更大的成绩，作出更大的贡献。

（原载《求索》2001年第1期）

一部有特色的新志书

——《鲤城区志》读后

读了《鲤城区志》后，借《福建史志》谈几点看法。

一　体现了鲤城区的历史文化特点

鲤城区（泉州）是历史文化名城，是著名侨乡，又是台湾同胞的主要祖籍地。区志在"概述"中抓住这些特点，分为6个方面撰述，即"晋江流域的中心城市"、"古代'海上丝绸之路'的起点"、"著名的历史文化名城"、"全国著名侨乡"、"台湾同胞主要祖籍地"、"再度崛起之路"，准确凸现这部志书的特色所在。人们从不长的篇幅中，就可以了解鲤城区从古代到现在的基本面貌，以及不同于其他地区的特点。

《鲤城区志》所体现的地方特色，不仅在卷首的"概述"中有所体现，而且在卷、章中也尽量给予显示，如华侨、与台港澳关系等，都分别设立专卷记述。而关于历史文化方面，内容更为丰富。泉州戏剧与音乐源远流长，梨园戏、高甲戏、木偶戏、南音，独具特色，在国内外颇有影响，区志在"文化"卷中分别设专章具体介绍。作为历史文化名城，鲤城区保留了许多有意义有价值的珍贵文物和遗址，它是人们对这座历史文化名城的直观感受，设"文物"卷介绍很有必要。泉州民间的风俗习惯如生活、岁时、礼仪等也有特色，对台湾省及海外都产生过巨大影响，区志中设立了

"民俗"卷，分类叙述，不仅介绍良风，也指出陋俗所在。泉州话属于闽南方言，是本地语言文化和中原语言文化、海外语言文化的融合，具有鲜明的特色，区志特设"方言"一卷，分别以语音、词汇、语法和语料四章做了较详细介绍，很有价值。

二 实事求是地记述了鲤城区发展的脉络

区志以"大事记"为经，起于三国吴永安三年（260年）置建安郡的东安县，止于中华人民共和国1997年将鲤城区行政区划分为鲤城、丰泽、洛江三个区。所记包括建置沿革、政治、经济、文化、军事、对外交往、灾害等方方面面的重要史实，体现了鲤城区历史演变的进程和基本面貌，可视为鲤城区的"简史"。

在新修地方志中，或由于经验不足，或由于认识上的偏差，有的地方志将民国时期国民党的政权、军队等作为附录，不入正文，有的干脆不写，这不是历史唯物主义的治学态度，也不符合修志的原则。历史有如长河，川流不息，发展演变，不能割断。不论是好事坏事，都是历史上发生过、存在过的，不能随意抹掉，事实上也是抹不掉的，问题是如何正确表述。《鲤城区志》对于历史和现实的处理是实事求是的，是尊重历史的，在相关卷、章中，编者都以动态的视野来再现历史演变的情况。如"城乡建设"卷，记述了从唐元年武荣州治迁泉州城区以后的城市沿革、市政工程建设等变迁，包括民国时期办电厂、城区主要路段置路灯、修公路、创办邮电通讯业、拓宽城区主干道等的城市建设，都没有给予抹杀。对于国民党统治时期的政权、军队也都如实记述。在"军事"卷的"重要兵事"章中，分为唐至清代兵事、民国时期兵事和中华人民共和国成立后兵事。其中民国时期兵事既记述了国民革命期间泉州农民协会进行反对军阀的武装斗争，蒋介石空袭十九路军，抗战期间泉州国民党当局破坏协议，杀害国民革命军第八师独立大队（原中共闽中工委游击队）大队长刘突军等人，以及日机轰炸泉州等，也记述了诸如流氓无赖组成的市卫队武装、被当时泉州驻军收编的土匪头子高为国部在泉州肆虐百姓，无恶不作的罪行及其被消灭的情况。前事不忘，后事之师，真实地记述历史上发生的好事或坏事，都对后人有鉴戒意义。

三　体现了方志"详今略古"、"详近略远"的原则

详和略是相对的，略不等于不写或一带而过，要求能大体上反映出历史发展的面貌。区志在这方面的处理，可以说是得当的。中华人民共和国成立后，特别是改革开放以来，在中国共产党领导下，鲤城区在政治、经济、文化等各方面发展变化巨大，如工业、农田水利、乡镇企业、对外对港澳台经济贸易、政权组织、党派组织、社会团体、科学技术等，在区志中均获得较详细记述。这是符合实际的。

（原载《福建史志》2001年第3期）

《同治中兴：中国保守主义的最后抵抗（1862—1874）》前言

　　《中国保守派的最后抵抗：同治中兴》是已故耶鲁大学教授芮玛丽（Mary Clalaugh Wright）一部有影响的著作。该书于1957年问世后，立即受到西方汉学家的注意，对它进行了评论；前苏联的历史学家也作出反应，发表了批评文章。在美国大学里，它被指定为主修中国历史的大学生、研究生的必读参考书。可以说，《同治中兴》在美国的中国近现代史研究发展史上占有比较重要的地位。

　　由于这部著作受到学术界的重视和所产生的影响，也由于在它出版后的几年里又出现了一批重要的中国近代史的新研究成果，因此，芮玛丽对全书作了一次修订补充，于1962年仍由斯坦福大学出版社以第2版发行。现在呈献给读者的中文译本，即根据此版翻译。

　　"同治中兴"是中国近代史上的重要时期。在经过太平天国农民战争打击和英法联军的入侵之后，清王朝的统治已摇摇欲坠。但是，在中央和地方大员的努力下，也在西方列强的支持下，它又重新站稳脚跟，并出现所谓"中兴"景象，使其统治又维持了半个世纪。在《同治中兴》问世以前，西方学者对于"同治中兴"这段历史没有什么专门研究，芮玛丽的这部著作可以说是填补了这一空白。

　　在《同治中兴》中，作者详细叙述了清政府中央和地方大员为"中兴"所做出的种种努力和实行的各种措施，其中包括军事、政治、经济、文化、教育、外交各个方面；阐释了"中兴"所依据的社会历史条件，揭示了"中兴几乎成功"的内在机制和最终失败的历史根由。总之，读者从这部著作中可以了解到国外关于"同治中兴"这段历史研究的一种有代表性的观点。

芮玛丽写这部书的目的，并不仅仅在于使读者认识"同治中兴"这段历史。她在谈到她的研究目的时说，她不赞成"砖瓦式"和"魔术式"的研究方法，认为"砖瓦式"研究方法"对某个历史时期的某个细微侧面大出特出"，而"魔术式"研究方法"则是对中国长期稳定不变的原因做出洋洋大观的一揽子解释"，都不能很好地解释中国近现代历史发展进程。为了避免这两种研究方法的片面性，她选择了"同治中兴"这段历史做个案研究，希望通过这一个案研究"有助于对中国近现代史的总体解释"。因此，她把"同治中兴"放在19世纪后半期和20世纪前半期中国从传统社会向现代社会转变这个大背景下进行考察，并注意分析那些对后来中国发展具有重要影响的因素，展现出广阔的历史视野。

在阐释中国近现代历史进程时，芮玛丽没有跳出西方流行的"冲击—回应"的理论模式。但是，她没有把研究重点放在西方冲击如何影响中国近现代历史发展方面，而是放在中国社会内部如何作出回应方面。她指出：一个社会，"当新的因素引入时，任何文化都会分解和重新整合。但是，在多数情况下，每一种文化都是吸收那些似乎相近的外来因素，并继续沿着其自身长期确定的利益所规定的路线发展"。这表明她除去注意"外因"的作用外，还力图从"内因"来解释中国近现代历史发展的进程，其许多分析和议论不同于那些一味强调西方冲击影响的学者，而具有独到的见解。

芮玛丽在从"内因"来解释中国近现代社会发展进程时，十分强调儒家文化在其中的作用。她用了相当的篇幅来叙述和分析儒家文化如何影响和决定着"同治中兴"的中坚人物奕䜣、曾国藩、李鸿章等和社会精英——士绅们的生活、思想和行动，如何影响和决定了"中兴"的各种政策和措施，如何影响和决定了"中兴"的失败。其中的某些分析和议论，至今读来还对人有所启发。

但是，芮玛丽过分夸大了儒家文化对中国近现代历史发展的影响，她甚至说："中国之所以不能成功地适应近代世界潮流，其障碍不是帝国主义的侵略，不是'满清'统治，不是官场的愚昧，更不是偶然的历史事件，而是儒家学说本身的基本构成因素。"这里的错误是明显的，除去为帝国主义侵略和清政府腐败统治辩护不说，它至少是陷入了文化决定论和历史宿命论。

芮玛丽把"同治中兴"这段历史概括为"中国保守派的最后反抗"，其实就是说的中国儒家文化的最后的反抗。她认为，"同治中兴"就是那些深受儒家文化教育和影响的保守派们"第一次试图在不对中国传统价值观和体现这种价值观的制度进行革命改造的条件下改善中国政府，使之在近现代世界中立于不败之地所作的努力"。这样来概括和解释"同治中兴"的历史，有它合理的一面，但毕竟是不全面的。在芮玛丽看来，深受儒家文化影响的中国是注定地不可能步入近现代社会的。因此，她对于儒家文化同现代社会相冲突的一面揭露得颇为充分，但对于它能够与现代社会相衔接的那些有活力的积极因素则完全忽视了。她也没有阐发在"同治中兴"时期出现的对于中国近代社会发展起重大影响的新因素，没有给予新的生产方式和新阶级的出现以应有的注意，等等。

《同治中兴》还有这样那样一些错误和缺点，例如对于曾国藩等人过分赞扬，对于太平天国则肆意贬斥，特别是在最后一章《中兴的遗产》中，对于国民党和共产党的论述更充满偏见。所有这些，相信读者自会辨识。

芮玛丽是美国著名的汉学家，研究中国近现代史，出生于1917年，1970年去世。她于1938年毕业于瓦萨学院，1951年获拉德克利夫学院博士学位。此后，即在大学历史系任教。1959年至去世，先后任耶鲁大学历史副教授和教授兼大学图书馆远东文献部顾问。其间，曾任1965年成立的清代研究会议的领导人。芮玛丽于《同治中兴》之后出版的主要著作，有《中国历史和历史职业》、《中国再次估价它的过去：人民共和国的历史著作》、《革命中的中国:第一阶段,1900—1913年》等。

参加本书翻译的房德邻、郑师渠、郑大华、刘北成、郭小凌、崔丹等同志,是从事中国近代史和世界史研究的学者。其中房德邻同志在北京大学历史系工作,郑大华同志在中国社会科学院近代史研究所工作,其他几位都是北京师范大学历史系教师。本书的出版得到中国社会科学出版社的支持,在此表示感谢。

(2001年8月撰,是书中国社会科学出版社2002年出版)

《章太炎儒学思想研究》序

　　近代儒学是近代文化史领域中一项具有重要研究价值的课题。由于研究难度较大，作者选择了从个案研究进行突破。

　　章太炎是中国近代著名的国学大师，他的儒学思想内容丰富，反映出中国新旧文化交替的诸多特征，无论在近代儒学发展史上，还是在他本人的整个思想体系中，均占有举足轻重的地位，其有经学"殿军"之称。研究章太炎儒学思想，对于儒学史、学术史、文化史研究，对于理解中国传统文化怎样走向现代化，对于当代文化建设中怎样来处理和对待传统文化，都有重要借鉴意义。在现有大量关于章太炎研究的成果中，深入系统地探讨其儒学思想的专门性著作尚不多见。本书可以说是弥补了这一薄弱环节。

　　过去对章太炎思想研究侧重于政治思想，论及其儒学思想也多是与政治思想结合在一起。本书从文化史角度切入，紧紧围绕传统文化近代化的主题，把章太炎儒学思想置于整个中国儒学发展历史长河中动态地把握、置于儒学近代转化和中国传统文化在近代社会条件下嬗变的大背景下来讨论。以此思路，作者把全书分为两大部分，前两章论述章太炎儒学思想的学术流变，后四章分三个方面具体就章太炎儒学思想与儒学近代化的关系展开讨论，纵横结合，布局合理，能够体现出章太炎儒学思想的发展变化、学术特色和时代特征，写出了新意。

　　作者把清初大儒的经世思想、乾嘉学派的朴学传统、清代浙东学术以及师友的学术影响，作为章太炎儒学思想的本源，同时兼顾诸子学、佛学、西学的影响，分析妥帖。关于章太炎儒学思想的演进历程，作者不囿成说，对章氏早年、晚年的儒学思想提出自己的观点，并进行了认真论证。同时，对一些重要著作的成书时间、思想主旨进行了重新考证。章太炎的儒学学术成就、学术思想及其与现代学术转型的关系，是本书着力论述的重点之一。该书对章太炎经学研究成就的爬梳整理、分析论证，特别是关于《春秋》、《周易》的研究，深入细致，时有补前人未及之处。作者对章太炎儒学史研究的系统考察，论说章太炎已跳出旧学窠臼并开现代学术之端绪，能言之成理，持之有故。章太炎对天人关系、群己关系、儒家道德、儒学宗教性问题的论述，以往研究者鲜有述及，书中提出这些问题并展开论述，把儒学与宗教、道德、哲学问题联系在一起，深化了对儒学近代化的理解，丰富了章太炎儒学思想的内容。

本书注意整体研究与个案研究的结合。如何实现微观与宏观、整体与个案研究的结合，是学术研究的一个难点。该书没有停留在就人论人的水平上，而是把章太炎儒学思想与时代思潮的关系辩证地结合在一起，指出其政治性、时代性和社会性；把章太炎儒学思想融入近代儒学史、中国儒学史中考察，指出章太炎儒学思想自身特点的同时，又看到其与近代儒学所存在的共性；注意把握章太炎儒学思想与其他思想的关系，以及在他整个思想中的位置。这些有助于较为客观地对章太炎儒学思想作出评价，也有利于深化近代儒学研究和章太炎思想研究。

"章太炎儒学思想研究"是一项难度较大的课题，不仅需要熟悉中国近代历史，而且要有较为扎实的国学功底。张昭军同志在东北师范大学跟随胡维革教授攻读硕士学位期间就对近代儒学表现出浓厚的兴趣，并发表了一些论文。1996年考入北京师范大学，跟我读博士学位，继续研习近代儒学史和文化史。征得我同意，他选择了这一课题作为学位论文。1999年顺利通过论文答辩。本书即是他在广泛吸收既有研究成果、听取专家意见后，在博士论文基础上修改而成的。

当然，书中也存有不足之处。诸如作为经学基础的小学与章太炎儒学思想的关系就没有论及，个别问题理解还不够深入或表达有欠准确之处等。这有待今后进一步研究，以臻更为深入、全面。

（原载《社会科学战线》2001年第5期）

亲情·乡情·家国情

　　——为阿姐诗文集出版而作*

　　书绵姐姐近年来发表的诗文将结集出版，这是继《芳草山庄》、《乡情万缕》之后的又一部文集。前两部文集所收都是散文，此集除散文外，兼收诗作。阿姐不仅赋诗作文，而且能歌善画，对戏剧也有兴趣，在学生时代曾屡登话剧舞台演出，具有文艺才能。

　　阿姐擅长的这些，我都不行，一不会写诗，二不会写散文，三不会作画，唱歌没有美感，演戏更说不上。不过世上也常有凑巧事，我居然也莫名其妙地登上一回话剧舞台，扮演了一个小角色。那是1948年，我在台湾师范学院（现台湾师范大学）史地系念书，参加了同学组织的话剧团体"人间剧社"。剧社排演多幕话剧《金玉满堂》参加戏剧节，在台北十山堂公演。我分担的职务是后台"效果"，开演不久，却有人找我赶快化装，准备出场。这突如其来的状况，使我发愣，不知怎么才好。对方却轻松地说，不必担心，很简单，就一句台词，出去一趟就没事了。就这样，我被匆匆地扮成一个大户人家的当差，听台上老太太呼唤，糊里糊涂地出场，又糊里糊涂地退场，想来真是可乐。虽然如此无奈，却也有难以忘怀的纪念意义：我当差的这家主人——老太太的扮演者不是别人，正是阿姐，弟弟在舞台上给姐姐当了一回差，倒也有意思。

　　阿姐的诗文贯串着、蕴含着一个"情"字，浓烈、深挚的亲情、乡

*是篇是为《龚书绵诗文集》所作之序。

情、家国情。人世间情是很可贵的，它凝聚着亲人，凝聚着乡里，凝聚着民族、国家。

人们对于自己的故乡，总有一种特殊的感情，尤其到了老年，更是常怀乡思，想抹也抹不去。伟大诗人李白的脍炙人口的《静夜思》："床前明月光，疑是地上霜。举头望明月，低头思故乡"，情真意切地展现了游子思乡的情怀。阿姐从1946年到台湾读书教书，之后成家立业，到1991年才第一次回到家乡泉州。45年，对历史来说只是瞬间，可对于人生却是漫长的，其间能不"梦中常忆故山秋"（阿姐《晨起忆往》诗）？"自小至今，无论离开了它多久多远，我始终不会将它忘记"，阿姐在《泉州湾的怀念》中倾诉了她对家乡的怀念，对家乡的深情。难怪当第一次返乡，汽车在夜幕低垂驶进泉州城里时，她禁不住泪水夺眶而出，久久地激动着，悲喜交集，感慨万千。

自1991年第一次返乡以来，10年间，阿姐回家乡11次，慰藉了她无尽乡恋的情思。她写下了许多表达她浓烈而深挚乡情的诗文，如散文《我回到故乡泉州》、《乡情万缕》、《天长地久故园情》，诗《回乡感怀》（12首）、《寻根》等。"我爱故乡，因为它是我生长的地方；我回故乡，就为了曾住过的家园；我游故乡，那里有南国第一的青山、绿水、古刹和梵音；我念故乡，故乡有手足的亲情——小时候的游伴，少年时同学的友情，以及族中长辈、亲戚的宗情，而最使我关心的，还有先父母的坟茔。凡此种种，多元的情牵，使我常常怀念故乡，即使是地老天荒，故乡仍然是我的故乡。"——在《天长地久故园情》开头的这段话，集中表达了阿姐恋乡的情怀，抒发了她对故乡深厚的感情。

对家乡的热爱，让阿姐不单是怀念家乡的过去，而且也为现在的发展变化而高兴："泉州这几年经济发展很快，泉州越来越像一个大都市，我每次回来都为家乡的日新月异而兴奋不已。"在《寻根》这首诗中，她赞美"家山气象尽嫣然"。人是有情感的，草木道是无情却也有情，"落红不是无情物，化作春泥更护花"（龚自珍《己亥杂诗》），何况人乎！家乡日新月异的变化，不能不使阿姐见景生情，从内心中溢出喜悦。

出于爱乡之情，阿姐惦记着为家乡做点什么，以其所能，尽一点绵薄之力。她喜欢唱歌，2000年9月，终于加入家乡泉州老年大学合唱团的行列，参加文化部、中国老年协会与中央电视台在江苏无锡联合举办的"世纪的歌声"——夕阳红老年合唱电视大赛暨"永远的辉煌"第二届中国老年合唱节。阿姐除了同合唱团的乡亲们一起歌唱外，还在开幕式上满怀深情地朗诵了她的新作《我从台湾来》："我从台湾来，满怀浓浓的乡情，满怀对故土的眷恋；我从台湾来，来到朝思暮想的家乡，汇入泉州合唱团的行列，与乡亲们同声歌唱：歌唱祖国，歌唱故乡……"我从中央电视台播放的节目中看到了泉州老年大学合唱团的演唱，听到了阿姐饱含深情的朗诵，也深受感动。这次大赛的结果，泉州老年大学合唱团荣获唯一的最佳组织奖和演唱铜牌奖，阿姐总算为家乡争得荣誉尽了点心，尽了点力。值得提起的，阿姐为家乡做的另一件事，是与泉州文联副主席、泉州作协主席陈志泽先生主编《泉州散文新作选》。阿姐常发表散文作品，也关怀家乡的散文创作，这部散文新作的编选出版，对推动家乡散文创作的发展当是有意义的。阿姐是个文化人，她能为家乡尽点心的，大概也不离文化的范围。这对家乡的回报也许是微小的，不过俗话说"物轻情意重"，总算是尽了一点心意。

阿姐爱家乡，自然也爱自己的祖国，"尤其对祖国悠久的文化，更具万分热切依恋的心情"（《艺文与我有约》）。1991年8月，她参加的台北文友合唱团到北京举办音乐演唱会。这是阿姐第一次到北京，她写下了《九一年八月廿日》七绝，抒发了对祖国眷恋的心情："朝发蓬瀛暮叩京，千重云海我飞行。问君到此因何事，只念悠悠故国情。"文友合唱团演出时，我全家都去听了。演出很成功，受到北京音乐界和听众的欢迎，赢得了一阵阵热烈的掌声。

怀着对祖国依恋的心情，阿姐热切盼望祖国的统一，1997年香港回归时，她兴奋地填了一阕《踏莎行·香港回归祖国吟》："东拥泰岱国称尊，峨嵋娟秀环球慕。……珠还南浦香醽酤，百年圆缺补金瓯。"香港、澳门先后回归祖国了，但是台湾与祖国还没有统一，两岸分隔，这是深深留在阿姐心中的情绪。她多么盼望着海峡两岸能够早日"三通","在我有生之年能够实现早上在台北吃早餐，中午在泉州吃午饭"。在2000年9月夕阳红老年合唱电视大赛开幕式上朗诵的《我从台湾来》的诗，"歌唱祖国，歌唱故乡"，表达了阿姐对故乡对祖国深情的眷恋。作为一个泉州人，她爱泉州；作为一个中国人，她爱祖国，期待着祖国的统一、富强。这种情愫，在2001年4月参加福建省妇联主办的"新世纪闽台港澳妇女论坛"时，又一次表达了出来。阿姐觉得提交大会约万言的文章《情系八闽》，不如用诗的语言更能表达"闽台港澳妇女一家亲"的情怀，于是以此为题写了散文诗和七言律诗各一首。七言律诗是："锦绣河山蔚郁苍，蒸蒸国运步康庄。三胞热爱惟华夏，游子归心重故乡。伫看蓬瀛回禹甸，笑驱夷族出尧疆。闽台港澳红妆萃，胜会欢情雅兴长。"这诗写出了对祖国锦绣山河和国运蒸蒸日上的赞美，对港、澳回归祖国的喜悦，以及港、澳、台妇女同胞热爱祖国的情怀。也许由于传统诗格律和文词的制约，比较起来，那首白话散文诗的感情更为热烈奔放，更加真切感人："听啊！那母亲温柔的召唤……而今，家园里，兄弟早已回归，只有你，你，你，怎能分离？"是啊，香港、澳门都已回归祖国母亲的怀抱，台湾怎能再与祖国分离，是到了该统一的时候了。

家乡、家国是紧密连在一起的，爱乡、爱国、爱家分不开。阿姐很关心这个家（娘家），对其倾注着真挚的亲情。10年前，她有机会回家乡，怀着的心情是到已经去世的双亲的坟墓上添上一把新土，以了却长年的一桩心愿，是和弟弟（我和书亮）团聚，以圆长期阔别的思念。

阿姐一向很关爱小弟，我们手足情深。"回乡追想庭前事，犹有书声脑际浮。"（《晨起忆往》）阿姐年少时就喜欢诵读唐宋诗词，我受她影响，也跟着一起背诵，诸如李白、杜甫的诗，李后主、苏东坡的词……这大概是阿姐记忆里浮起的"书声"。

阿姐对弟弟的学习、成长很关怀，我有机会上大学，是由于阿姐的支持和帮助才得以实现的。1947年春季，我在沙堤的一所小学教书，那时阿姐在台湾师范学院教育系读书，由此引发了我也想上大学的念头，于是给阿姐去信谈了我的想法。贸然为之，阿姐会怎么看呢，没有把握。没过多久，收到了阿姐的来信，拆开一看，令我兴奋不已，阿姐极力鼓励我去考学，至于到台湾后的住宿等问题，她负责解决，要我不必担心。是年7月，我东渡台湾，有幸考入台湾师范学院史地系。

1949年4月底，我返回内地，谁知与阿姐一别就是40余年，到1991年才在家乡团聚。生活上的事情常有凑巧，一别几十年不见面，没料想一年里却又见了两回面。那年8月，阿姐与文友合唱团来北京演出，给我们创造了又一次团聚的机会。这次聚会，不单是姐弟二人，而是弟弟的全家——妻萍子和一双儿女。合唱团除去演出、交流外，还组织参观游览北京的名胜古迹。阿姐是第一次来北京，那些名闻中外的名胜古迹对她有很大的吸引力，但她为了能和弟弟一家人多有几次家庭聚会的机会，不无遗憾地放弃了游览长城、天坛，亲情更重于名胜。她在《访铎弟家小》诗中流露了这种温馨的亲情："久闻弟妇有贤名，教子相夫四德呈。万里迢迢归望急，温馨一片溢燕京。"

1995年1月，我去台湾参加东吴大学等举行的学术研讨会，阿姐亲自到机场迎接。过了近半个世纪，姐弟能在台北机场见面，实是难得，喜悦的心情自不待言。当天晚上，阿姐在酒楼举行了接风盛宴。在座的有六位外甥、外甥女和他们的家眷，有亲家，约20人，坐满了一张特大的圆桌。虽然大都是初次见面，但亲人的情意淡化了生分，大家谈笑风生，热热闹闹，如春风之和暖。会后，我在阿姐家又住了一星期。在那些日子里，阿姐为我安排到姐夫坟上行礼，拜会福建、晋江同乡会的乡亲们，拜会文友合唱团的大姐们，拜会北京师范大学台北校友会的校友们，参观母校台湾师范大学，等等。这些活动既充实，又很有意义。晚上闲暇时，姐弟二人促膝谈心，谈家乡的亲戚朋友、山川名胜，谈少年时两人抢着对背诗词的乐趣，谈在台湾师范学院读书时的老师、同学，谈历史，谈人生，饶有兴味。阿姐回泉州11次，我同她聚会约一半，其中一次是过春节，住了18天，是最长的一次，很难得。不过这都是在家乡，而在台北阿姐家中的聚会，别是一番姐弟情意，让人怀念。

　　阿姐的诗文集将出版，要做弟弟的写点什么。也许是深深感受到阿姐对我一生关爱的至情，我对她的诗文所蕴含着的炽热的亲情、乡情、祖国情更能领悟。就这样写了这篇文章，献给阿姐这本诗文集的出版，是祝贺，也是感激！

（诗文集原名《龚书绵诗文集》。
是书中国致公出版社2001年出版）

《清末民初无政府派的文化思想》序

近20年来，对近代中国无政府主义的研究受到大陆学界的关注，陆续出版了多种相关的资料集，出版了学术专著5部，还发表了一批论文，可谓形成了一个研究热点。这些成果主要着重于研讨无政府主义政治思想和运动，多有创获。但是，近代中国无政府主义所涉内容广泛，除去政治思想和运动这一主要领域外，文化思想也是一个重要方面。韩国曹世弦博士在北京师范大学历史系攻读博士学位期间，有鉴于近代中国无政府主义派文化思想研究的薄弱，选择了这个课题作为他的博士论文的题目。1999年，他完成了博士论文答辩。此后，根据专家们所提的意见和自己发现存在的问题，对论文作了修改并出版，题为《清末民初无政府派的文化思想》。

曹世弦学习勤奋，研究扎实。他对于清末民初无政府派文化思想的研究，一方面是从掌握、分析中国、美国、日本、韩国等学界有关这个问题研究的情况入手，对已有的研究成果做了实事求是的评析；一方面是搜集、查阅大量文献，尤其是以《天义报》、《衡报》、《世界》、《新世界》、《新世纪》、《社会世界》、《人道周报》、《良心》、《民声》、《自由条》、《进化》及《新青年》等十余种报刊作为分析的文献基础，并按刊物、时间顺序列出刊登的有关无政府主义文化思想文章的一览表作为附条。曹世弦在这两方面所做的工作，都是值得赞许的。历史研究，史料是基础。没有丰富、翔实的第一手史料，研究是难以进行的。而详细地了解已有的研究状况，是做好所研究课题的出发点。不了解已有的研究状况，则研究是盲目的，或是无谓的重复研究，或不能在吸取他人成果的基础上突破创新。学术需要积累，需要继承。它的发展，是积累中的发展；它的创新，是继承基础上的创新。学术的发展，就是在不断积累和扬弃中进行的。长江后浪推前浪，没有前浪哪来可推的后浪；青出于蓝胜于蓝，没有蓝也没有能胜的青。轻率地否定前人、他人的成果，认为前人、他人的研究都是浅层次的、陈旧的，只有自己的成果方是深层次的、全新的等等，这是不可取的。

《清末民初无政府派的文化思想》共五章，包括清末无政府主义的传入和无政府派的形成、"天义"派的文化思想、"新世纪"派的文化思想、民国初无政府派的传统文化革新思想和中国无政府派与新文化运动，论析了中国无政府派文化思想的形成、发展的历程，"天义"派、"新世纪"派文化思想的不同特点，民国初期无政府派与"新世纪"派文化思想的关系，以及无政府派与新文化的关系等问题，构建了清末民初中国无政府派文化思想发展变化的脉络。

在对上述问题的论析中，作者阐发了自己的见解。例如，认为"近代中国的无政府主义是进化论和科学主义的产物。中国无政府主义所宣传的进化论和科学主义，并不是他们所创造的产物，而是时代的普遍思潮。这种以进化论和科学主义为武器消灭现存体制的努力，最终陷入自我矛盾之中"，"从文化思想方面来说，早期无政府派张继、杨笃生的无政府主义解释中，除去宣传对清政府的革命主张外，还存在着对传统儒学价值体系的全面否定，如'吾愿杀尽孔孟教之徒'，等。与此相反，国粹派马叙伦、刘师培的解释则强调了无政府主义跟'佛氏涅槃、孔氏太平、耶氏天国'或传统乌托邦的类似性，或古代刺客和近代虚无党人的同质性，即他们在传统历史中理解无政府主义的存在意义。上述两种解释，即反传统主义的无政府主义解释与传统、历史和无政府主义的结合，暗示了后来的'新世纪'派和'天义'派的两种无政府主义思维方式"；"通过社会党和师复等人的社会运动，可以较容易看到'新世纪'派的深刻影响。民初无政府派通过他们的期刊反复介绍'新世纪'派的观点，而且出版了'新世派'的不少著作及译著。其实，民族、女性、道德、教育、世界语等各种文化问题的基本看法都是由《新世纪》而来。可以说，'新世纪'式无政府主义在民初社会里占据其主导性地位。……对清末《新世纪》无政府主义的再释，即是民初的师复主义，这使它成为清末无政府主义和新文化运动时期无政府主义之间的桥梁"；"清末时期《新世纪》的文化思想作为新文化运动时期《新青年》思想上的起源之一，对新文化运动产生了较大的影响"；等等。之所以不殚其烦地列举了书中的一些论析，是想便于读者了解作者对全书的立意所在。曹世弦在书中所阐发的见解，不是随意拈来片面的史料就轻易立论，而是有理有据、全面分析后得出的论断。学术要创新，不创新学术就不能发展。但是，创新是个艰苦研究的过程，不可能一蹴而就，用取巧的、走捷径的办法不可能有真正的学术创新。

人无完人，书也无完书。曹世弦的这部著作当然不是完美无缺，会存在不足甚至错误。书中的论断，读者也未必都赞同，有不同意见是好事，通过讨论可以得到提高。

（2002年4月19日撰，是书社会科学文献出版社2003年出版）

《晚清社会风尚研究》序

近二十年来，关于中国社会风俗的研究受到学术界的关注，出版了一些著作，发表了一批论文。但是，对于近代中国风尚的变化，尤其是通过社会风尚的变化来把握社会转型的研究尚属鲜见。孙燕京同志的著作《晚清社会风尚研究》，从文化史、社会史结合的角度考察晚清社会风尚的变化，并论述了风尚变化与社会变迁的互动关系。

风尚与风俗既有联系，又有区别。对于风尚与风俗的区别，作者提出了自己的见解，如认为风尚随社会变化而变化，时代性、现实性较强，其变异性相当明显。而风俗往往是经过很长时间的历史积淀、淘洗形成的，不表现出明显的时代特征，具有很强的传承性等。因此，书中对于社会风俗，除为反映风尚变化所必要的内容外，一般不予涉及。对于风尚的界定是否妥帖，可以进一步探讨，但它毕竟使作者有了一个明确的思路。

全书纵横结合，展示了晚清社会风尚的变化。首先是纵向的研究，以甲午战争为界，分为两个阶段来论述，揭示了其变化的从"扬"到"洋"再到"新"的具体过程，以及变化的原因。而后是横向的研究，论述了社会风尚在沿海与内地、南北之间和城乡之间的地域差异，在官吏群体、知识群体、商人群体、市民群体和农民群体之间的群体差异。晚清疆域辽阔，东西南北之间，城乡之间，各阶级、阶层之间差别很大，情况繁复多样。作者没有夸大晚清社会风尚的变化，而是有所限定。通过对地区差异和群体差异的剖析，作者得出："晚清风尚的变化，局限于特定的地域、特定的社会群体，概括起来就是南方沿海地区以及工商业比较发达、新经济因素比较集中的大中城市。同时，迎合社会新风尚的也主要是比较接近西方文化、接近近代新文化的知识群体、官吏群体、市民群体中的一部分，当然也包括晚清逐渐形成的新阶级。如果以全国为观察视角，不变的部分远远大于变化了的部分。这是由中国社会、经济、文化发展的不平衡决定的。晚清风尚沿着沿海—内地、南方—北方、大城市—中小城镇—乡村的路径缓慢发展，一直影响到民国年间。"这段论析大致符合历史实际。社会演变是一个历史的进程，在包括风尚的社会演变中，既有新的萌生，也有旧的积淀，往往是新旧杂陈。对于新的变化的广度、深度，需要实事求是，从实际出发，不能夸大或以偏概全。就晚清风尚而言，正如书中所论，"不变的部分远远大于变化了的部分"，不仅是广大乡村变化不大（甚至无变化），内地、边远小城市也无多少变化，即使是在变化显著的沿海、沿江口岸城市里，也有少变或不变的部分。

基于晚清风尚文化的地区、群体差异等情况，书中概括了晚清社会风尚的四个特点：（1）呈现一种多元的、多种性质并存的状态，既有封建的旧风尚，又有资本主义新风尚；既有大量的传统社会保留下来的带有各个时代共同性质的社会风气，又有腐朽落后的不良风气，还有不断成长着的文明进步的时代风尚。（2）呈现一种实用主义、"功利"的色彩，包括"避虚求实"和"急功近利"双重含义。（3）地域空间差异和社会群体差异相当明显。（4）伴随着社会变革和社会革命，旧风尚的破坏大于新风尚的建设。这些特点的概括未必就很准确，但它有益于推动这一问题的深入研究。

晚清风尚研究的一个难处是资料零散，它不像研究人物那样材料相对集中。在材料的搜集、梳理上，作者用力甚勤，着重查阅了为数颇夥的地方志、报刊、笔记、日记、文集等。正是因为有了较扎实的史料基础，才有可能对晚清社会风尚的变化做出符合历史实际的论述。历史研究需要有科学的理论观点、方法，需要理论和史料的统一。而史料的占有应力求详细、全面，忌抓住某条史料的记述就下断语，以避免片面化、以偏概全。

晚清风尚有待于进一步探讨。即如风尚、风俗，书中认为二者有区别，自是一家之言。但顾炎武在《日知录》中谈及周末风俗、两汉风俗、宋世风俗时，并不指涉婚丧嫁娶、逢年过节之类的民俗，而是关乎风尚、风气，如认为"光武有鉴于此，故尊崇节义，敦厉名实，所举用者莫非经名行修之人，而风俗为之一变"，"观哀平之可以变而为东京，五代之可以变而为宋，则知天下无不可以变之风俗也"，等等。据此，则风俗与风尚、风气似无区别。提及这一问题，无非是想说明著述是很难的，并不妨碍作者有自己的见解。

（是书中国人民大学出版社2002年出版）

《刘师培与中西学术：以其中西交融之学和
学术史研究为核心》序

近代中国知识界，刘师培可算得是有特色的人物。他12岁已读完《四书》、《五经》；19岁中举人；20岁会试落第，至上海，先后结识章太炎、蔡元培、章士钊、陈独秀、谢无量等人，遂投身于革命潮流，并与林獬合撰《中国民约精义》一书；21岁先后参加军国民教育会、暗杀团、光复会；22岁加入"国学保存会"，并成为其机关刊物《国粹学报》的主要撰稿人；24岁携妻何震等东渡日本，面见孙中山，即正式加入同盟会，并成为《民报》撰稿人，随后参与章太炎等人罢免孙中山的同盟会总理职务的活动，此外还创办宣传无政府主义的《天义报》，发起组织"社会主义讲习会"，（1907年）12月由日本回上海，向两江总督端方自首；25岁与何震再赴日本东京，《天义报》停刊，另创办的《衡报》亦于是年（1908年）10月被日本政府查禁，随后与何震自日本返上海，向端方密报江浙革命党人谋武装起事；26岁去南京公开投靠端方；28岁随端方入川，端方为哗变湖北新军所杀，刘为四川军政府资州军政分府拘留；29岁获释后，在成都四川国学院任教；30岁离成都赴上海，后至太原，出任阎锡山都督府顾问；31岁离太原赴北京，任袁世凯公府谘议；32岁与杨度等人发起"筹安会"，发表宣言，鼓吹帝制，后筹安会改组为"宪政协进会"，刘出任参政院参政，被袁世凯封为上大夫；34岁被聘为北京大学教授，讲授"中国文学"、"中国古代文学史"课，其间还在国文研究所担任经学、史传、中世文学史、诸子四个研究科目；36岁与黄侃任《国故》月刊社总编辑，"以图挽救""国学沦夷"，是时新文化运动蓬勃发展，11月因病去世。

从刘师培的简历可以看出，在他短短的一生中，思想杂而多变。16岁时"以绍述先业、昌扬扬州学派自任"，19岁得中举人，20岁会试落第，到上海后遂投身于革命潮流，思想变化迅速。1907年刘师培（24岁）的活动情况，很能表现出他的思想杂而多变：这一年，刘师培于2月到东京与孙中山晤面后正式加入同盟会，3月即参与章太炎等人的"倒孙"活动，12月回上海后又向端方自首，背叛革命；他一方面不断在《国粹学报》上发表词学研究的文章，另一方面创办《天义报》，组织社会主义讲习会，宣扬无政府主义。刘师培在政治上显然是糟糕的，但在学术上却很有成就。他的思想变化很快，时而鼓吹反满革命，宣传"民约"思想，时而推崇无政府主义，不过有一点始终没变的是"国学"。他承家学所传，十几岁即以"昌扬扬州学派自任"，1905年《国粹学报》创刊后，在该刊连续不断发表有关国学研究的文章。即使在1907年至1908年他在日本创办《天义报》、《衡报》，发表宣扬无政府主义的文章时，也仍然在《国粹学报》上发表有关国学的文章。实际上，他的无政府主义思想不仅是在日本受西方无政府主义的影响，而且是吸收了中国传统文化，是西学与中学的融会。这构成他的无政府主义的一个特点，有别于巴黎《新世纪》的吴稚晖等人的激烈否定传统。入民国后，刘师培的研究和教学仍离不开经学、古代文学等国学内容。因此，对刘师培的研究，重点在其学术，难点也在学术。

李帆同志的《刘师培与中西学术》，正是着重从学术的角度来研究刘师培。刘师培生于经学世家，自幼承传家学，少年时即"以绍述先业、昌扬扬州学派自任"，研究刘师培的学术，自然首先要探讨他对家学和"扬州学派"的继承问题，本书即以此为开端。书中认为刘师培的著述涉及方面甚多，其"学术规模和治学特色可谓深得'扬州学派'之精髓，即长于会通，兼容并包"。如治经虽偏重古文，但不排斥今文经说，二家经说可并行不悖；对宋明人之经说也不存门户之见，主张"荟萃汉、宋之说"，反对"并有宋一代之学术而废之"。一代有一代的学术，刘师培从事学术研究的晚清毕竟不同于乾嘉年间，因而他的学术研究不能不受时代的影响，带有时代的特色。刘师培学术的时代特色，即是中西交融之学。

在清末从事学术活动的刘师培，顺应了时代的潮流，吸纳西学以建构其中西交融之学。为了具体说明刘师培所受西学的影响，书中专立"刘师培所见西书考"一节，详细地考析了刘师培所读过（或征引过）的西书和所接触过的西方、日本的学者、思想家，并列表予以表明。这一具有原创性的工作，体现了作者治学的扎实。正是基于对刘师培的中学、西学的学识有具体、深入的了解，才能准确把握他的中西交融之学的特点。书中以刘师培与严复相比较，认为刘师培的吸纳西学，是基于中学，借西学佐证中学，多有比附；而严复虽也有比附之处，但他是站在西学的立场上把握中学，以西学为坐标来评判中学，其目的在于学习西方，改造中学，使中学现代化。在中国古典学术向现代的转型中，指出这种不同是有意义的。即如刘师培对中国学术史的研究，也是通过中西学类比，来评估中国古典学术之得失。书中关于刘师培对先秦、汉宋学术的独到见解，对清学的别具一格的创获的论析，多有新意。

李帆同志治学扎实严谨，注意从第一手资料入手，在基础性的研究工作上用力，书中所附"年谱"可见其所下工夫。本书的正文是在"年谱"的基础上撰写的。

刘师培是一位对国学深有造诣的学者，又参与政治活动、是有其政治思想的人物。1903年到1908年，他发表了大量研究国学的著述，其中有一些与宣传反清革命、无政府主义有关。时代潮流以及他的政治立场、观点，不能不影响其国学研究。因此，研究刘师培的学术，不可能完全与政治分离，做"纯学术"的评析。只有将二者结合，实事求是地探究，才能更合乎实际地评析其学术。近代中国学者，类于此者不是个别的，作为研究方法，当有广泛意义。

（2002年7月撰，是书北京师范大学出版社2003年出版）

鉴往知来　以史致用

——读《史论十三篇》

史学的重要功能是"资治"。对于领导干部来说，"资治"尤为重要。江泽民同志指出："党和国家的各级领导干部要注重学习中国历史，高级领导干部尤其要带头这样做。领导干部应该读一读中国通史。这对于大家弄清楚我国历史的基本脉络和中华民族的发展历程，增强民族自尊心、自信心和奋发图强的精神，增强唯物史观，丰富治国经验，都是很有好处的。"近日，由红旗出版社出版、中共中央政策研究室哲学历史研究局组织编写的《史论十三篇》，就是一部值得一读的史学著作。

以史致用，突出重点，兼顾其余。该书由各自独立的13篇文章组成，内容广泛，涉及中国历代王朝的兴亡、古代文化和科技、历史上的人口问题、中外关系等方面，但篇篇文章都贯穿着"以史致用"的思想，浑然一体。全书用近一半的篇幅，阐述了中国历代王朝兴亡得失的经验教训，正反兼顾，纵横结合，既通过对王朝兴亡的分析提出值得借鉴的教训，又如实肯定了古代中国为安邦定国而实施的诸多政策，并且从经济、文化、社会心理等方面加以说明。例如，关于贾谊论秦过失和唐太宗以亡隋为戒两篇，都论到两朝速亡的一个重要原因是奢靡腐败，"居安忘危，处治忘乱"；《从康乾盛世看古代用人之道》一文则针对康、雍、乾三帝采取的重用"操守平常的能吏"，轻视"不能办事的清官"的用人策略，既肯定这一政策对提高办事效率、维护清朝正常统治秩序的积极意义，又强调乾隆后期吏治腐败、贿赂公行的局面也与这个"重能轻贤"的政策导向有直接的关系。

注意对历史的宏观把握与微观剖析的统一。读史需要大视野，因为只有摆脱了一时、一地、一事的局限，才能纵览历史长河的奔腾不息、潮起潮落，从中看出规律。同时，读史还必须对典型时期或事件做深度的发掘，因为只有透过纷繁复杂的历史表象，才能准确把握其内在本质。比如书中《中国历史上的人口问题》一文，首先阐述了中国历史上人口变动的基本情况，然后着重分析了清代人口问题。对于清代的人口问题，不局限于单纯的人口增长，也没有把目光限制在中国本身，而是综合各方面的材料，将这一问题置于当时世界发展的大背景下，真实、客观地分析了清代人口问题的严重程度。全文最后还概括地总结了历代的人口政策及其经验教训，提出了作者的见解。

通俗易懂，具有可读性。作为史论，该书十分注意和强调具体的史实，论从史出，以史为据。比如中外交流问题，全书用5篇文章叙述了中外重大的交往事件和历史事实，这使得一般读者在阅读"论"的过程中增长了不少有趣的历史知识。我们常以五千年的文明史而自豪，而把历史文明优势转变为现实的可利用的文化资源，就有一个教育和普及的问题。史学要做普及工作，普及的重点就在于让大众都能懂得历史，并且能够把历史留给我们的经验教训运用到实际的学习、生活和工作当中。史学要具有生命力，要不断发展，就不能仅仅是专家之学，还应该成为群众之学，在群众中普及，在群众中扎根。该书行文风格朴实无华，内容深入浅出，通俗易懂，相信即使是非历史专业的普通读者，读起来也不会感到枯燥的。

（原载《人民日报》2002年10月20日）

《章太炎、刘师培、梁启超清学史著述之研究》序

　　李帆同志有志于研究中国近代学术史、思想史，对此颇为致力。他在北京大学师从刘桂生教授读博士学位时，即着重从学术的角度来研究刘师培，探讨其对家学和"扬州学派"的继承问题，揭示其中西交融的学术的时代特色，成《刘师培与中西学术：以其中西交融之学和学术史研究为核心》一书。李帆同志于1999年从北京大学毕业后，入北京师范大学历史学博士后流动站从事博士后研究。其间，他继续关注清末民初的学术史，而以章太炎、刘师培、梁启超关于清代学术的研究作为研究的主题。

　　章太炎、刘师培、梁启超是清末民初清学史研究的杰出代表，开启了学术界研讨清学史的一代新风。对他们关于清学史的著述做系统的研究，于学术史、思想史都有意义。学术界对这三人皆分别有所研究，但对于他们的清学史著述的专门研究则显得薄弱，李帆同志的选题可以弥补其不足。

　　本书为"宏观论析"和"个案研究"相结合，分为上下篇。上篇宏观论析，着重评析章太炎、刘师培、梁启超的清学史著述中关系到清代学术全局的一些问题，如清代学术之来源、清代汉学的发展阶段、清学的地域、学派分野等。下篇个案研究，则以章太炎、刘师培、梁启超对戴震的论述为研究对象，具体评析他们于清代考据学褒皖抑吴的学术取向、对戴震义理思想的阐发等问题，更好地展示出他们关注清学的现实出发点和目的所在。

李帆同志的学术研究，注意从基础上下工夫。如同他研究刘师培与中西学术的课题先做刘氏的年谱一样，他研究章太炎、刘师培、梁启超的清学史著述，也是先摸清他们研究清学的总体情况，包括他们著述的时间、篇目、主要内容、特色等，扎实严谨。基础做扎实了，论断自不会随心所欲，而是言之有据，颇中肯綮。如认为"近代由章太炎所开创的清学史研究，经由刘师培的完善，在梁启超那里得到综合与发展，取得了集大成的成就"，理出了清末民初清学史研究清晰的发展脉络。又如认为章太炎、刘师培以学术名世，而梁启超则相对主要以思想名世；章、刘以中学比附西学，最终目的在阐释中学，而梁启超则把整个清学史与文艺复兴相比拟，其立足点确属"不中不西，即中即西"。此类论点，甚有见地。清末至民初，戴震研究渐成显学。自章太炎、梁启超以至胡适，都重视戴震思想中的"反理学"倾向，胡适更直接称之为"反理学的思想家"，流播所及，几成定论。李帆同志经过审慎研究之后，对此提出了异议，认为在当时的主客观条件下，即使有些学者针对理学提出一些不同意见，甚至有某种程度的反理学倾向，但不会从根本上反对理学，视戴震为完全站在理学对立面的反对派，则不免拔高了戴氏当时之作为。他进而指出："从章太炎、梁启超到胡适，莫不是在本身所处环境与所持理念的基础上构建戴氏'反理学'体系的，即或出于反满之政治需要，或出于建立'戴氏哲学'之所需，或出于批判孔教的时代需求，等等。因此，欲明戴震思想底蕴和在思想、学术史上的真正位置，必将其发言所处'语境'和后世研究者所处'语境'综合审明，所知方能较为真切。"这不仅是研究戴震思想所要把握的，对于研究其他思想家也应该如此。

章太炎、刘师培、梁启超都是近代的大学者，他们基本是以求实精神来对待清代学术的。但他们又都从事过政治活动，是当时政坛上的活跃人物，其学术不可能不受政治的影响，如章太炎对龚自珍、魏源的评论，就带有政治立场上的偏见。他们的清学史著作都不是纯学术的，都与当时的时代潮流息息相关，从他们的学术史著述中能看出思想、政治等领域的脉动。书中对此做了有分寸的把握，注意在学术、思想、政治的互动中予以具体论述。

任何学术著作都不可能做到完美无缺，正如人无完人，书也难以成为完书。本书不可避免也会存在某些缺失，有些问题的论述还不够深入。书的出版是可喜之事，但也往往伴随着遗憾，这只有以继续孜孜研究来作为弥补了。

（2003年8月撰，是书商务印书馆2006年出版）

《"五四"后三十年民主思想研究》序

民主是中国近代史的一个主题，受到研究者的关注，有不少学术论著发表，做出了成绩。但是，总的看来，对中国五四后三十年的民主思想还缺乏整体的、系统的研究。方敏同志这部著作的出版，可以弥补这方面的不足。

方敏同志对中国五四后三十年的民主思想做了较长时间的研究，熟悉学术界有关这个问题的研究成果，参考了大量文献，包括当时出版的报刊资料。在此基础上，作者从纵横两方面进行了系统的探讨，得出了自己的认识。这里略举几例，以为说明。

一、作者认为中国五四后三十年的民主思想有两种：一是以中国共产党人为代表，将马克思列宁主义的民主思想与中国民主革命的具体实践结合后，形成的新民主主义的民主思想；一是以孙中山为代表的早期国民党人、1927年国民党南京政权建立前的资产阶级改良主义者及其后的中间势力的资产阶级民主思想。新民主主义民主思想和资产阶级民主思想构成了中国五四后三十年民主思想的主干。这两种民主思想的长期并行发展，实际上是中国人民对两种民主方案进行长期选择的表现。选择的结果，是新民主主义民主和人民民主专政取得了胜利。这是中国五四后三十年民主思想发展演变的必然结果，是历史的选择。

二、作者对中国五四后三十年的民主思想与苏联的民主思想、欧美的民主思想进行了比较研究，认为它有中国特色，与苏联的民主思想、欧美的民主思想都有很大的区别。中国的民主思想具有鲜明的反帝反封建的色彩，吸收了当时世界上各种民主思想的内容并赋予了中国化的理解和阐释，还受到了中国传统政治思想的影响。中国五四后三十年的民主思想，其主流是反帝反封建的新民主主义民主思想，它在性质、内容、中国民主制度的方案和民主化道路的选择等方面都与苏联的民主思想、欧美的民主思想有区别。

三、作者指出了中国五四后三十年民主思想发展的不平衡性。一是新民主主义民主思想和资产阶级民主思想发展的不平衡。两种民主思想虽然长时间并行发展，但新民主主义民主思想显然更富于系统性、科学性，在共产党人的思想中更具有一致性，而资产阶级民主思想则显得相对散乱而不系统，在党派之间、个人之间认识上差别较大。二是民主思想的发展在内容上不平衡。中国五四后三十年民主思想的内容重在制度层面，思想层面相对不突出，不如制度层面深入。

方敏同志的研究是严肃认真的，力求做到言之成理，持之有故，不是随心所欲地胡乱"创新"。尽管如此，这些论断，只是作者自己的思考和认识，未必都准确无误，别人也不一定都赞许。学术著作的出版，对作者来说，既带来喜悦，也带来遗憾——因为它总会存在不完善之处。

（2003年12月撰，是书商务印书馆2004年出版）

《西学与变法——〈万国公报〉研究》序

　　《万国公报》的前身是《教会新报》，创办于1868年。1874年，改为《万国公报》，至1907年终刊，中间停刊6年，实际发行时间长达28年。1874年到1883年为周刊，共出版450卷，1889年到1907年为月刊，共出刊227册，前后共计677卷册，这是同时代的刊物无法比拟的。

　　《万国公报》不仅办刊时间长，内容也很广泛，包括宗教、外交、政治、经济、文化、教育、妇女等诸多方面。尤其他及时报道中外时事要闻，介绍西学，鼓吹变法维新，对中国近代知识分子及晚清政局都产生过颇大影响。范文澜在《中国近代史》上册中曾指出："1889年，广学会发行《万国公报》，林乐知主笔，多载时事论文及中外重大政治法令，变法成为一个运动，《万国公报》是有力的推动者。"因此，对《万国公报》进行系统深入的研究，是很有必要的。

　　王林同志在北京师范大学历史系攻读博士学位研究生时，对《万国公报》发生兴趣，他感到虽有一些研究《万国公报》的成果，但还缺少全面系统的研究，于是选定它作为博士学位论文的研究题目。

　　对于学术研究，同一个题目可以从不同的角度进行研究，不必也不应当限定一种模式，否则将不利于学术的繁荣和发展。像《万国公报》这样的研究课题，可以纵向研究，从刊物本身的发展历程结合近代中国发生的重要历史事件来论述，也可以横向研究，分类归纳出若干问题来探讨，还可以有其他的角度或模式。不论何种研究，都各有其长短，它们应是互相补充，而不是互相排斥，互相贬抑。王林就《万国公报》的内容分为西学传播、变法主张、宗教宣传、中西文化观、妇女问题等方面加以研究，当无可厚非。至于论述中存在的不足或错误，那是研究者的功力问题所带来的。

《西学与变法——〈万国公报〉研究》是目前有关这个刊物较全面系统的研究成果。这里所说的"全面"，除去涉及的内容较全面之外，还包含对《万国公报》的评价较为全面。如肯定了《万国公报》报导了大量国内外时事，有些报导如关于中日甲午战争较《申报》等为真实，这使它成为当时中国知识分子了解国内外大事的主要媒体；《万国公报》对维新变法运动起了推动作用，从王韬、郑观应到康有为等变法的鼓吹者，无一不受其有关宣传变法言论的影响；《万国公报》主张妇女不缠足、革陋习、兴女学，介绍一些国家妇女的状况，对促进中国妇女解放有积极意义；《万国公报》有不少文章论述报刊的重要性，而且以其政论性的特点所产生的影响为中国报刊树立了榜样，康有为领导的维新运动就把办报作为一项重要内容，它在中国近代报刊史上具有重要地位；等等。这些是《万国公报》积极的一面。

书中也注意分析《万国公报》消极影响的一面。这就是指出《万国公报》作为教会的刊物，尽管它重视介绍西学和鼓吹变法，但它宣教的主旨始终未变，就是为了最终实现用基督教征服中国的目的。传教士介绍西学的意图很明确，就是要通过西学这一桥梁向中国人特别是知识分子传播基督教，如传教士所主张的："只有使哲学和科学的研究，浸润于基督教教义中，才能使人们的内心卑怯，使其在宇宙的创造主面前低头。"《万国公报》鼓吹变法，其归结也在基督教。它宣扬基督教是西方国政之本，把西方的强盛归功于基督教，把中国的贫弱归咎于缺乏教道，如说："儒学所结之果，为泥古不长之贫人"；"中华之人既奉如是呆板不灵、积滞不动之教道，安能望其活泼长进哉！不过成为贫弱之国人而已"。传教士贬斥儒学，丑化中国人大本已失、人心已坏，是为了"欲求吾道之兴，必先求彼教之毁"，而后达到奴其种，亡其国。

《万国公报》在评论中外关系时，往往站在西方列强的立场，歪曲事实，为西方殖民者侵华活动辩护。例如，把英国发动侵略中国的鸦片战争说成是林则徐凌压英商所致，"英主以其越分悖理，强夺国民之货，遂至不得已用兵"；对于英法联军抢掠、烧毁圆明园的罪行，则歪曲为其是为了"惩中国之伤犯白旗也"；等等。

人们常说实事求是，事实上做到并不容易。研究历史上的某一人、事时，研究者往往容易产生偏爱，以致拔高、溢美，用诸如"巨大"、"极大"、"伟大"等最高级的词条来形容，甚至对本有的坏事、错误，也要想办法为其辩解、开脱，并称之为"理解的同情"。这就不实事求是了。王林对《万国公报》的评价，避免了这种偏向。他在分析《万国公报》作为一份以宣传基督教为主旨的刊物，在近代中国的主要影响却在宗教之外的原因时指出：一是由于采取以学辅教、以政论教的方式宣教，因而出现了西学显于前、宗教隐于后的现象；二是中国人阅读时主动的选择；三是中国知识分子在刊物上发表了大量文章，稀释其宗教的浓度。这些分析，是比较切合实际的。

需要提到的是，书中有八个附表，将《万国公报》上的文章分别按主要作者、类别列出一览表，为读者查阅提供了方便。

（2004年1月28日撰，是书齐鲁书社同年出版）

《文化思潮与近代中国》序

鸦片战争后，西学大量传入中国。西学传播，与中国固有文化发生了撞击，中国人面临着如何对待中西文化的问题。这是中国近代史上的重要问题，长期争论不休。概而言之，大致有以下几种思想主张。

一、坚守传统文化，反对西方文化。如大学士倭仁连学习西方的技术也反对，鼓吹"立国之道，尚礼义不尚权谋；根本之图，在人心不在技艺"；或如时人为之概括为："忠信为甲胄，礼义为干橹。"

二、"西学中源"说。明末清初欧洲耶稣会传教士来华传教，也带来了某些西学，于是在中国士大夫中即出现"西学中源"说。降至鸦片战争后，随着西学的再次传入，此说又起，在士大夫中颇为流行，直至清末。

三、"中体西用"论。1861年冯桂芬撰成《校邠庐抗议》，提出"以中国之伦常名教为原本，辅以诸国富强之术"，可视为"中学为体，西学为用"的滥觞。"中体西用"不仅是洋务运动的指导思想，也是清政府在新政中制定学制所遵循的。

四、中西会通论。戊戌维新运动时期，如康有为、严复等人都主张会通中西。康有为说"泯中西之界限，化新旧之门户"；严复则提出"统新故而视其通，苞中外而计其全"。20世纪初，孙中山、鲁迅也主张中西会通融合。中西会通论者意在"取东西而熔为一冶"，"以成一国之学"。

五、东方文化优越论。受第一次世界大战的影响，在一些中西人士中出现感叹"西方文明的没落"而称赞东方文化的思潮，他们发出了"复兴东方精神文明"的呼号，认为全世界都是在走"中国的路，孔子的路"，未来文化是"中国文化之复兴"，只有中国文化能担当起重建世界文明的使命。

六、"全盘西化"论。论者认为中国文化不论在哪一方面都比不上西洋文化，中国的一切东西都要模仿欧美资本主义国家，好的坏的都要，"诚心诚意的全盘接受他"。

七、"中国本位文化"论。持这种主张者认为"中国在文化的领域中是消失了"，"要从事中国本位的文化建设"，强调"中国空间和时间的特殊性"，既反对资产阶级自由主义，又反对马克思主义，等等。

这种种思想主张，在近代中国社会都产生过不同程度的影响，其中有的思想在今天仍然存在。如何对待中西文化是近代中国重要的文化问题，需要深入研究。

马克锋同志的《文化思潮与近代中国》，即以近代中国人对中西文化的认识和态度为主要线索而展开。书中对"西学中源"说、"中西相合"说、"中体西用"论、"中西会通"说、"全盘西化"、"拿来主义"思想等，逐一加以论述，阐发了自己的见解。其中对"西学中源"说的述评尤为详尽，对自清初至晚清此说的出现、盛行、衰落的历程，产生的原因，表现的内容、影响等，做了系统、深入的探讨。

书中涉及的方面较广，除关于"西学中源"说这条主线外，还阐述了进化论与近代思维、民约论与近代民主思潮、儒学在近代的流变、墨学的复兴、心学的复苏、近代佛学特点等。尤其是将文化思潮与近代中国社会结合起来考察，避免了就文化谈文化的问题，当是其优长所在。至于全书的结论结构，论断的周密、准确，自亦有可推敲之处。

（2004年3月2日撰，是书光明日报出版社2004年出版）

《社会变革与文化趋向：中国近代文化研究》自序

　　研究文化史，首先遇到的问题是"文化"的定义，或者说什么是"文化"，这已是人所熟知的。长期来国内外学者对文化的定义一直争论不休，众说纷纭，莫衷一是，据说不下二百余种。然而就在对文化的定义长期议论纷纷的过程中，文化史的研究却一直在进行着，并且发表了大量论文，出版了一批著作。史学、哲学、文学等学科的研究者各自从自己的领域和角度来研究文化问题、文化史，无疑是依照各自对文化的理解来进行研究的，有所差异并不奇怪，需要的是互相尊重，本着百花齐放、百家争鸣的方针撰写出各具特色的文化史。

　　文化定义尽管说法很多，人们习惯把它分为两种，一是包括物质生活和精神生活的广义文化，一是单指精神生活的狭义文化，或者叫大文化、小文化。每一个学科都有其具体研究对象，无所不包、囊括一切的学科是难以研究的。基于这种考虑，我选择狭义文化来研究中国近代文化史。具体地说，是观念形态的文化，是与经济、政治相对应的文化。就是狭义文化，范围也很广，涵盖的部门文化很多，是跨学科、交叉学科的研究，难度也很大。白寿彝老师在为拙作论文结集《中国近代文化探索》写的序言中曾说："中国近代文化史的研究大不易。"确实如此，研究中国近代文化史，不仅需要理论，也需要有广博的中国近代文化本身的知识，还需要同中国古代文化史联系起来，同东西方文化联系起来，和经济、政治的发展变化联系起来，这无疑是"大不易"的。

　　文化史应该写成什么样子，应该研究什么，意见不一。现有出版的多种通史性或断代的关于中国文化史的著作，写法也不一样。有的意见认为，文化史不应是诸如哲学、史学、文学等等分门别类的拼盘，应是综合的研究。也有的认为，只有综合，没有部门文化，也不大像文化史。不同见解，都有其道理。文化史究竟应当写成什么样，也还需要不断探索。文化史既要有宏观综合的研究，也应有微观的具体部门以及人物的研究。文化不能离开诸如哲学、史学、文学等等具体部门，离开这些具体部门来谈论文化，文化将成为看不见、摸不着玄之又玄的东西。但是，文化也不仅仅是各个具体部门文化的简单组合，它要受经济和政治的制约，又影响于社会经济和政治。而各个部门文化也不是孤立的、各不相干的，它们之间存在着互相影响和渗透。在近代中国，还由于西方文化的传入，中西文化在矛盾的过程中又产生吸纳。这种种情况，不单是对部门文化分门别类的阐述所能涵括得了的，需要有综合性的论述才能予以较为全面、整体的揭示。照此说来，只有部门文化的阐述，没有综合性的论述，或只有宏观的综论，没有具体部门文化的阐释，似乎都有不足或偏颇。

　　研究文化史，不能就文化谈文化，要同社会经济、政治联系起来。在社会历史的发展过程中，文化有其相对独立性。但是，文化并不是游离于社会之外的虚无缥缈的东西，不是纯粹观念的虚物，它本身就是社会构成的一部分。文化是随着社会历史的发展变化而发展变化的，古往今来还没有哪一种文化能离开社会而孤立地存在发展。文化必须关心社会，才能发挥其特有的功能。如果文化疏离了社会，或者阻碍社会的进步、发展，它就将被社会冷淡或抛弃。文化的这种社会性，在半殖民地半封建的近代中国表现得很明显。

　　与文化的社会性相关的，是文化的时代性。文化总是随着时代的发展变化而发展变化。每一时代，都必然需要建设与之相适应的文化。文化的时代性，从另一角度说，也就是它的社会现实性。这是文化的一个主要特点。此外，文化也还有传承性、民族性和阶级性的问题。

　　鸦片战争以后，中国社会发生根本变化，由一个独立的封建国家变成了半殖民地半封建国家。社会经济、政治的变化，相应地文化也发生了变化。文集首篇《中国近代以来的社会变革》，实际上包含了中国近代社会变革和文化变化趋向两方面内容。这篇文章较为系统地概述了中国近代社会变革和文化发展的脉络，阐明了二者密不可分的关系，指出：正是急剧变化的社会风潮和激烈的政治斗争，推动了近代文化的发展变化；而"在社会变革中，思想文化往往起了先导的作用，为变革造舆论。而反动统治者为维护其统治，也总是力图加强对思想文化的控制，宣扬反动思想，以抵制进步的社会变革。可以说，这是一条历史规律"。这篇文章也是作为这部小书的提纲挈领。

文集依内容相近，分为三部分编次：第一部分是宏观审视中国近代文化的一些问题，如近代文化在中国文化史上的地位，中国近代文化的主题、特点、分期，中西文化的矛盾与融会，儒学在晚清的变化，正确对待中国传统文化与西方文化等；第二部分是着重就鸦片战争前后、戊戌变法时期、辛亥革命时期、五四新文化运动时期等几个重要时期的文化问题进行具体剖析；第三部分则是对姚莹、刘开、夏炘、张之洞、孙中山等历史人物文化思想的探讨。下面就书中所涉及的一些重要问题的论点做扼要介绍。

关于近代文化在中国文化史上的地位。在中国近代文化史的研究中，不可避免的一个问题是对它的成就和历史地位做出评价。由于中国古代有着辉煌灿烂的文化成就，而近代中国则是沦为贫困、落后的半殖民地半封建社会，近代文化的成就和历史地位不免被忽视，甚至被贬抑。中国古代文化的确有辉煌成就，就一些领域或具体事例而言，近代文化实有不如古代文化之处。但是，从整体看，从发展趋向看，近代文化比古代文化进步、发展了。综观1840到1919年文化发展的历程，它的核心是民主和科学。以民权、自由、平等为核心的资产阶级新文化，打破了以纲常名教为核心的封建主义文化长期统治的地位。文化的结构发生了根本性的变化。人们的生活方式、思维方式、价值观念、道德规范、行为准则都发生了变化，文化各个部门也发生了变化。总之，整个文化体系都发生了重大变化，而且随着历史的发展成为新的传统。这种变化是前进的、活跃的、生气勃勃的。这80年的文化变化，在中国文化发展史上无疑是处于承前启后的地位。对前而言，它继承和发展了优秀的文化传统，又改变了长期以来传统文化中腐朽、落后、凝固的部分，建立了进步的、丰富多彩的、活泼的新文化。对后而言，它为五四新文化运动以后新文化的发展创造了条件，为马克思列宁主义在中国的传播打下了基础。没有这个时期的新文化，也就不会有后来的新文化，也难以建设今天中国特色的社会主义文化。

近代文化的特点。与古代中国文化相比，近代文化有着自己的特点。大致为以下五点：（一）近代经济的多种成分和发展的不平衡，影响了近代文化的多样性和区域性；（二）近代文化的发展变化始终同政治变革、救亡图存、振兴中华密切结合，具有强烈的爱国主义精神；（三）近代文化是在西方文化和中国传统文化互相冲突和会通融合的过程中形成的；（四）科学和民主是近代文化的核心内容；（五）近代文化既丰富多彩，又肤浅、粗糙，没有形成完整的体系。总之，与古代文化相比，近代文化呈现出更多的复杂性、变化性和过渡性。

近代文化的主题、分期。中国近代文化的主题是什么，说法不一，有认为中西文化问题是近代文化的主题，似不准确。中西文化问题是中国近代文化的重要问题，但不是主题。如果认为中西文化问题是中国近代文化的主题，无异于说文化的主题就是文化。文化的主题不是它自身，而是社会的反映，受社会的制约。中国近代社会是半殖民地半封建社会，要解决的问题是民族独立、人民解放和国家繁荣富强。这就是说，近代中国社会的主题是独立、民主、富强，相应地近代文化也是围绕这个主题来建构的。

中国近代文化史的分期，也有不同意见。文化史的分期不能完全与政治史的分期等同。它不仅要考虑政治形势的发展变化，而且要斟酌文化自身的发展变化。据此，中国近代文化史可以分为三个阶段：1840到1894年为第一阶段，1895到1918年为第二阶段，1919到1949年为第三阶段。第一阶段是道惟求旧，器惟求新，变器不变道，变末不变本，亦即所谓"中学为体，西学为用"。第二阶段不仅要变器，而且也要变道，打破了"中体西用"的藩篱，建立了资产阶级的新文化。第三阶段从1919年五四运动后，尤其是1921年中国共产党成立后，马克思列宁主义这一科学的革命的新文化在中国传播。在中国革命过程中，马列主义普遍真理和中国革命的具体实践相结合，产生了毛泽东思想。在思想文化上，居于领导地位的已不再是资产阶级的理论，而是马列主义、毛泽东思想，是民族的、科学的、大众的新民主主义文化。

正确对待中国传统文化和西方文化。关于如何对待传统文化和西方文化，是一个老问题，可以说从1840年鸦片战争以后就开始提出来，已经历了一个半世纪。在近代中国的一百多年里，随着西方文化的输入，中国固有文化和西方文化相碰撞，人们不断地思考、探索如何对待西方文化和传统文化，并提出了种种主张，长期争论不休。在近代中西文化论争中，出现了两种颇有影响的思潮：一是文化保守主义，如"中体西用"论、"东方文化优越"论、"中国本位文化"论等；一是从清末的"醉心欧化"到民国的"全盘西化"。这都是不正确，甚至是错误的。对于历史上的经验教训，值得认真汲取。我们必须以马克思主义为指导，立足于中国社会主义现代化的现实，批判地继承传统文化，批判地吸收西方和其他外来文化，建设中国特色的社会主义文化。

儒学在近代的变化。鸦片战争以后，西学输入，冲击了传统的儒学。面对着前所未有的变局，儒学本身不可避免地要有所调整，以适应变局。儒学在近代中国的变化，概括起来有如下四点，即儒学趋向于经世致用；儒学各派的兼采会通；儒学与西学的会通；儒学正统地位的失落。

对戊戌、辛亥、五四新文化的再思考。戊戌维新运动是一次政治运动，同时也是一次新文化运动。维新派掀起的这场文化运动，几乎涉及文化的各个领域。它以资产阶级思想为指导，在冲决封建旧文化的网罗中建立和发展新文化，为中国文化增添了新思想、新内容、新方法、新境界，使中国文化步入了近代的领域。它使资产阶级文化开始打破了封建文化独占文化阵地的局面，并逐渐发展成为主流，以儒学为中心的文化结构才发生了新的根本性的变化。戊戌新文化运动不仅对辛亥革命时期的文化产生很大的影响，而且为五四新文化运动开辟了道路。近代资产阶级新文化运动是以戊戌新文化运动为起点，至五四新文化运动而达到高潮。

关于辛亥革命与文化的问题。辛亥革命推翻了清皇朝，结束了二千多年的君主专制，建立了中华民国，在国内外产生了巨大的震动和影响。作为政治革命，它受到当时和后世的高度重视和称赞。但是，对它在文化上的贡献总的评价不高。一般认为，资产阶级革命派忽视了思想文化，其贡献远不如戊戌维新运动和五四新文化运动。这是不公正的。在评价革命派在思想文化上的贡献时，不能要求他们比后来的新文化运动贡献更多更大，而应当看他们比戊戌维新时期的维新派是否提供了更多新的内容。就当时的历史实际来看，辛亥革命时期的革命党人比维新志士在思想文化上的贡献，不论在广度上和深度上，都有了新的发展。他们通过创办革命报刊、出版书籍、运用各种文艺样式、设学校等传播民主革命思想和近代新文化。主要反映在这样几个方面：发扬民族主义精神，鼓吹爱国主义；提出建立资产阶级共和国方案；提倡民权、自由、平等，反对封建伦理纲常；广泛传播西方社会政治学说；等等。在提倡民权、自由、平等，反对封建伦理纲常方面，革命派与维新派明显不同。维新派虽鼓吹民权，却又尊崇君权，而革命派提倡民权则是要打倒君权，使国民成为"一国之主人翁"。维新派虽也批判封建纲常，但打出了"孔子改制"的旗号，主张将孔教定为国教，而革命派则把批判的矛头指向孔子，提出"三纲革命"、"圣人革命"，反对独尊儒术，指出"孔子之学，仅列周季学派之一耳"。南京临时政府成立后，革命派又采取了一系列措施，推动了近代文化的发展。正是革命派在辛亥革命时期对近代文化建设所作的努力，为后来五四新文化运动创造了条件。

关于五四新文化运动的评价。如何评价五四新文化运动，至今仍存在很大的争议。一种具有代表性的观点认为，五四新文化运动是"情绪主义"的产物，是"全盘反传统"，造成中国传统文化的断层，事实并非如此。（一）五四新文化运动是对当时社会现实的回应，也是近代历史发展的必然，不是"情绪主义"的产物，不是倡导者观念的产物。（二）五四新文化运动提倡民主和科学，反对旧思想、旧传统，其主要内容是反孔教，批判封建纲常名教，主张文学革命，推行白话文，并没有完全否定传统，没有也不可能造成传统文化的断层。在新文化运动中，有人在当时特定的环境下有一些过激的言论，但这并不是新文化运动的主流，不能仅仅根据个别人的某些言论来判定新文化运动是全盘反传统。（三）以五四运动为界，新文化运动分为前期和后期，后期是前期的发展，谈论新文化运动不能只谈前期不谈后期，更不能以前期排斥后期。（四）从五四新文化运动提倡民主和科学，到党的十五大提出建设中国特色社会主义的文化，是一脉相承、不断完善的。

研究文化史，如果不加注意，容易夸大文化的地位和作用，把文化说成是历史的中心，是社会发展最深层的决定的因素，陷入文化史观、文化决定论的偏颇。如关于太平天国和湘军的研究中，有一种观点认为，曾国藩的湘军镇压洪秀全的太平天国起义，是儒学文化和基督教文化的斗争。前者能够战胜后者，表明儒学文化的胜利，因为"有本者昌，无本者竭"，有了儒学文化这个"本"，就可以无往而不胜。而洪秀全和太平天国之所以失败，就在于他们引进了外来的基督教文化，失去了儒学文化这个"本"。照此说来，一场深刻的农民反对地主及其政权的斗争就变成了"文化斗争"，而湘军的胜利和太平天国的失败也是儒学文化和基督教文化斗争的结果。孔夫子打败了耶稣基督。这是明显的文化史观、文化决定论。湘军的胜利、太平军的失败当然不是儒学文化战胜基督教文化。如果儒学文化真的有那么大的威力，"有本者昌"，依靠它就能战胜太平天国，那么同样是儒学文化的清政府，在同一时期，为什么却被地道的基督教文化的英法联军打败呢？儒学是清政府的官方统治思想，可谓"有本"，然而在基督教文化的英法联军面前却"昌"不起来，而是"竭"了下去，咸丰皇帝带着后妃、臣属狼狈逃往热河，被迫签订了丧权辱国的不平等条约。这样看来，把文化作为历史解释的中心的文化史观，并不能正确指导历史、文化史研究，也不能取代唯物史观。

20年来，中国近代文化的研究已有较大的进展，有了一批有学术价值的成果；但还需要进一步拓展。例如文化和社会互动关系的研究，还有待深化；经学、史学、教育、文学等文化各部门间的相互关系和影响，缺少综合的探讨；民间文化、少数民族文化的研究，也较为薄弱；等等。总之，中国近代文化的研究，还有很多工作可做。

（2004年3月撰，是书北京师范大学出版社2005年出版）

《关于中国本位文化问题的讨论》跋

　　20世纪30年代，在关于中国本位文化的讨论中，即有人批评中国本位文化论是"中体西用"论的翻版，"一十宣言"发表有国民党官方的背景。其后，研究者在评论中国本位文化论时，大都持这一观点。本书没有仅停留于此，而是在研析了大量第一手文献的基础上，有说服力地论证了中国本位文化建设运动的发起，本质在于确立、维护蒋介石的"三民主义"在文化建设中的主导地位。

　　作者在揭示中国本位文化建设运动的本质时，没有简单地将它等同于官方提倡的新文化建设运动（又称三民主义文化运动），也没有把十教授全都视为国民党的御用文人，而是注意到他们之间各有不同，在文化建设上的认识与官方也存在着差异。通过对中国本位文化建设提倡者和同情者、支持者的观点进行归纳分析，对其中的合理因素和一些有价值的见解，也给予实事求是的肯定。

　　书中对于参与讨论的一些重要人物的研究有所加强。比如对于西化派，作者通过对张佛泉、张熙若、熊梦飞等人文化主张的分析，说明西化派中也存在着不同的情况。有的人虽然不同意全盘西化，但在内在的精神实质上，却与全盘西化派有着密切的联系，如对西方民主政治的推崇，对个人主义的提倡，以及明显的文化精英主义倾向等。有的人则是对中国传统有比较多的肯定，对盲目西化有强烈的质疑。这种具体的分析，有助于读者对西化论的认识。此外，还有一些人如叶青、李麦麦等在中国本位文化建设讨论中非常活跃，甚至起了特殊作用，但以往对他们研究不够，甚至很少提及。对此，书中在揭示其反动的政治立场的同时，对其文化主张进行了具体的分析，弥补了以往研究的不足。

中国新文化的建设，是一个动态的过程。我们目前遇到的诸多问题，如怎样继承传统，如何吸取国外的新知，文化与政治的关系，国家出路与文化方向，文化的多样并存与一元指导，知识分子与劳动大众，等等，都可以追溯到中国近代历史上。在20世纪30年代的这次文化讨论中，时人一些具体的阐述，如科学的中国化问题、大学以英语授课、使用原版外国教材、资本主义与社会主义的讨论等，至今读来，仍给人以启迪。

书稿对中国本位文化讨论的缘起、过程、主要参与者的背景、涉及的主要话题等，阐述得较为全面、清晰，有所深化，有所创新。可以说，是在研究基础上来介绍中国本位文化问题的讨论的。其中重要的一点，是作者在文献资料的搜集、研读上颇下工夫。书中除利用解放前出版的《中国文化建设讨论集》、《中国本位文化讨论集》、《全盘西化言论三集》等书外，主要是对当时报刊发表的有关文章进行直接梳理，利用了大量以前人们不曾利用的文献，从而为书稿的撰写打下了扎实的基础。

（是书百花洲文艺出版社2004年出版）

《寻求近代富国之道的思想先驱——陈炽研究》序

    陈炽是晚清史上一位有影响的人物。他官位不高，仅任户部郎中，兼职军机章京。但在戊戌维新运动期间，却颇为活跃，往来于军机大臣、户部尚书翁同龢与维新运动领袖康有为之间。强学会成立时，被举为提调，其著述《庸书》、《续富国策》有相当影响。翁同龢视其为"国士"、"奇士"，梁启超誉其"气魄绝伦"、"异才"，马建忠称其为"通西法者"，宋育仁则将其比做"贾谊、王符"，可见时人对他的尊重。

    这样一位具有维新思想的历史人物，无疑会受到研究者的关注。还在20世纪30年代，就有学者撰文论述陈炽的经济思想。新中国成立后的50多年来，对陈炽的研究有了较大的进展，不仅一些经济史著作中阐述了陈炽的经济思想，而且有约30篇论文，从经济、政治、教育及其思想体系等加以探讨，其中尤以经济思想为重点。

    张登德同志在北京师范大学历史系攻读中国近现代史专业博士学位期间，有志于研究陈炽。他在认真阅读陈炽的著述及有关的文献，在吸收已有研究成果的基础上，撰写了博士论文，其文有所创获。大致有以下几点：

    一、梳理了陈炽思想的渊源和发展脉络，揭示出其思想特点。作者将陈炽的思想特点归纳为：湛深的经世之学，科学知识的广博性，强烈的忧患意识和真诚的爱国心，"开新"与"卫道"的双重奏，侧重于经济的维新思想。可以说这是符合陈炽的思想实际的。

二、探讨了《富国策》与《续富国策》之间的关系。"富国策"在近代中国有两种含义：一是中国人对西方在华传播的经济学的称呼；一是英国经济学家法思德的《政治经济学提要》的中文译名。1867年京师同文馆仿照西方设置的课程表中即有"富国策"的课程，1880年京师同文馆总教习丁韪良督率汪凤藻翻译的法思德的《政治经济学提要》一书的中文译名也称为《富国策》。1896年陈炽与友人合译法思德该书，名为《重译富国策》。作者以法思德该书的英文原本与两种中译本进行了对照比较，对两种中译本是否准确地译述了原文做出了合理的论断：《富国策》更详尽准确地表达了原文之意，但也存在深奥难懂之处，而《重译富国策》在行文上比前者更简洁流畅易懂，但内容删减较多。由于"富国策"在近代中国的特殊含义，陈炽的《续富国策》是续《富国策》还是续"富国策"，容易使人混淆。作者通过对清末流传的几种西方经济学中译本的比勘分析，证明了《续富国策》主要是续的《富国策》，也不排除受其他经济学译书的影响。

三、考订翔实，论证细密。例如《陈炽集》编入《电气利于园圃》和《矿务琐言》两篇文章，作者通过对当时的报刊和各种经济文编有关文章的研读，并结合原文进行了分析，判定其并非陈炽所作。关于《重译富国策》与《续富国策》出版先后的问题，以往论者多认为《续富国策》是陈炽在《重译富国策》的基础上写成的。作者通过对《续富国策》的内容、《重译富国策》的序言、陈炽与汪康年的书信等进行分析，认为《续富国策》出版在先，《重译富国策》在后。此外，对《富国策》与《重译富国策》的异同、《富国策》与《富国须知》之间的关系，也加以考辨。

通过对陈炽与郑观应、汤寿潜的经济思想的比较研究，揭示出陈炽区别于他们的理论特质和性格发展逻辑。

张登德同志的博士学位论文经认真修改后，即将出版，撰此以为之序。

（2004年10月3日撰，是书齐鲁书社2005年出版）

《中国圣贤》序

这是一部历史人物传记荟萃的书。《圣传》所选16位人物与《贤传》所选38位人物在中国古代历史上都是卓出特立的人，他们的成就、贡献、影响很大，是中国人永远引为骄傲的。其中有的是中国传统思想文化的杰出代表、举世瞩目的文化名人，如孔子、孟子；有的在某一方面出类拔萃，历来为人所称道，在人民的心中分量很重，如司马迁、杜甫。

这些人物二十四史大都有传，今人也早已做过不少专门的研究，有的还给重新作了传记。现在又编写这部传记书，看来似乎意义不大。其实不然，我以为意义还是很大的。第一，它把几十位文化名人的传记汇集在一起，读者阅读方便，不必东查西找，留下的印象必也系统、连贯。第二，用现代汉语写成，语言通达，可读性强，适合青年人看。第三，每篇传记字数不过10万，作者必须去粗取菁，删繁就简，读者容易抓住要领。第四，前有古人的史料作依据，后有今人的研究成果可借鉴，间或提出作者自己的新见解，此书必可收到后来居上的效果。总之，出版这部书很有意义，很有必要。青年学生可以看，机关干部可以看，工农兵群众可以看，专家也可以看。我相信，它在当前正在进行的爱国主义教育活动中一定会起积极的作用。

取《中国圣贤》作书名，也有意义。一提及"圣人"，人们会想到孔子，进而想到尧、舜、禹、汤、文、武、周公以及伊尹、伯夷、柳下惠。在儒家学派的心目中，这些人聪明睿智，仁智兼备，修养极高。不是什么人都可以被称作圣人的，连孔子也不敢承认自己是圣人。自秦汉以后情况有变化，圣人的概念有了新义，凡在某一方面卓越领先的人皆可称圣（不称圣人）。时间既久，约定俗成，逐渐得到大家的认同。于是一说书圣，就知道是王羲之；一说诗圣，就知道是杜甫。与"圣"紧密相联的是"贤"。"贤"的原意为多财。《说文解字》说："贤，多才也。从贝，臤声。"《庄子·徐无鬼》说："分人以财谓之贤。"可见，"贤"的本义为"多财"。随着社会的发展，人们的道德观念发生变化，衡量一个人的贤与不贤不仅要以财富的多少为标准，而且还要看一个人的德与才。而到后来，"贤人"便专指有德有才，地位仅次于圣人的那种人了。《贤传》所选的周公、管仲等人，就是人们常会想到的"贤人"。本书取名《中国圣贤》，响亮明快，发人联想，让人一看就知道这是给历史上在某个方面有名气、领风骚、有代表性的文化名人做传的书，因此很有文化意蕴。相信这部书一定会受欢迎。

（2004年12月撰，是书山东人民出版社2005年出版）

可喜可贺的《经济—社会史评论》

筹备了两年多的《经济—社会史评论》第一辑终于出版了，可喜可贺！本期收文18篇，涵盖"转型与分化"、"生态与环境"、"观念与体制"、"宗教与神话"、"人文与科学"五个栏目。内容丰富多彩。这对于推动经济—社会史研究的确很有助益。

我很赞成侯建新教授在《写在前面的话》中所提出的，以"历史与现实的结合"、"外国历史与中国历史的结合"为刊物的特色。历史与现实结合，不是要强历史以就现实，牵强附会，不尊重历史的客观实际，而是通过对历史的阐发，给人以启迪，增长智慧，变得聪明。换句话说，也就是中国史学传统所讲究的"经世致用"。史学研究如果不贴近社会，不贴近群众，不食人间烟火，得不到社会的认同，是难以发展的。在中国学术史上，这是有教训的。明末，阳明心学的末流"东出不观，游谈无根"，甚至被视为导致明朝灭亡。清代乾嘉汉学盛行，其弊在流于繁琐。脱离实际，当时有人将清政府在鸦片战争中的失败归咎于汉学。学术的无实无用，与社会无关，不仅有损于社会，也将导致自身的衰落。

提倡中外历史结合，用意也很好。学科分类，如历史学下分中国古代史、中国近现代史、世界史等八个二级学科，对于教学和研究有其必要性。但专业划分，如不加注意，会成为各自守住所研究的领域，互不关涉。社会历史是个整体，经济、政治、文化互相联系，互相作用，影响着社会的发展。这就需要做综合、整体的研究。经济—社会史有利于开阔视野，拓展研究领域。

经济—社会史的研究，思想上还可以放开一些。与社会关连的不独是经济，还有政治、文化。经济与社会的互动，不可避免地会涉及经济与政治、文化的互动。例如，晚清的"丁戊奇荒"，这场特大的旱灾，从1876年到1879年持续了4年之久，重灾区含山西、河南、陕西、直隶、山东五省，并波及苏北、皖北、陇东、川北等地区，直接死于饥荒、疫病一千万人左右，逃荒者约二千万人。这不仅人口损失惨重，也造成了对社会经济的巨大破坏，影响了清政府的税收和增加救灾的财政负担，使已经腐败的吏治更加腐败。又如，第二次世界大战期间，德国法西斯在奥斯威辛集中营杀害了大批犹太人。事隔60年，据报载，历史阴影仍然笼罩着奥斯威辛市，使其经济发展受到严重阻碍。举中外两个事例，意在说明经济—社会史的研究有宽阔的领域，有很好的发展前景。

（原为2005年1月29日北京《经济—社会史评论》首发
座谈会发言，后载《史学理论研究》2005年第2期）

读《中国近代海关史》感言

最近一次见到陈诗启教授，是2001年10月在湖北省武汉市举行的"纪念辛亥革命九十周年国际学术讨论会"上。多年不见，倍感亲切，陈老特地让照料他的人给我们合影留念。其时，陈老已是86岁高龄，虽行动不大方便，但精神很好，谈到过去的一些事情，也记得很清楚。陈老是参加这次学术讨论会最年长的一位，为了尊老，会议组委会请他在闭幕式上第一位发言。他兴致很高，发言简明扼要，有条不紊，称赞讨论会"气氛十分和谐"，"实事求是，畅所欲言，达到了学术交流的目的，增进了友谊，可以说这是国际学术讨论会的典范"。

陈老研究过明代经济史、近代经济史，后来着重研究中国近代海关史，积近30年之功，最终完成了第一部也是目前唯一一部系统的《中国近代海关史（1840—1949）》巨著，影响及于海内外。他的治学道路和精神，很值得我们晚辈学习。

一、锲而不舍的精神。陈老是1972年才确定研究中国近代海关史的，立志于要开拓学术领域中的这块荒漠。当时"文化大革命"正在进行，而他已届58岁，接近退休之年。无论是从处境还是精力来看，要做这样一项内容广泛、难度很大的研究，都是相当艰难的。但是，陈老不顾种种艰难，认定了之后，就坚定不移地做下去，孜孜以求，甚至动员全家大小帮助选编、抄写、校对各种资料。有志者事竟成，年近80时，他终于完成了中国海关史的晚清部分，先行出版。而民国部分完成时，他已是80多岁高龄了。陈老不仅自己潜心研究，著书立说，还不遗余力地推动中国海关史研究的全面发展。在他的努力下，并得到有关部门的支持，厦门大学成立了中国海关史研究中心。他还促使一些单位先后联合举办三次中国海关史国际学术研讨会。这种对于学术研究的执著精神，这种敬业的精神，令人钦佩。

二、严谨扎实的学风。对于中国近代海关史的研究，陈老是从资料搜集、整理入手的。这是历史研究的基础工作。从事历史研究的人都知道，历史研究不能"戏说"，也不能靠主观"思辨"。要言之成理，持之有故，离开了史料，可以说就无从研究。陈老经过六七年的默默工作，把多年积累的资料加以整理，集成《中国近代海关史资料总目》。在此基础上进行专题研究，撰写论文。这些专题论文发表后，辑为《中国近代海关史问题初探》一书出版。有了充分的资料积累，有了专题研究的基础，陈老才着手写书，先后系统地撰写、完成了中国近代海关史的晚清部分和民国部分。这是严格遵循历史研究的路向，坚持和发扬良好的传统和学风。在当前追求数量、急于求成的浮躁学风下，陈老这种严谨扎实的治学精神，值得我们学习。

三、鲜明的观点，客观全面的论述。对于中国近代海关史的研究，陈老给自己定下了三条原则：（一）从事历史研究，最起码的态度应是忠实地依据历史资料，从历史事实出发进行探讨；（二）把历史事件放在特定的历史条件下加以辩证地分析；（三）要用全面的观点去考察问题。这三条原则很精当，不仅研究中国近代海关史应当遵循，研究其他历史问题也同样是适用的。

陈老研究中国近代海关史，严格地遵循了自己所定的这些原则。研究海关史，对于海关的组织机构、管理制度、税收等问题无疑需要弄清楚。但是，近代中国的海关管理与西方资本主义国家的情况不同，它是在西方列强侵略下，中国已经沦为半殖民地社会时建立起来的，是由外国人掌握、控制的。《中国近代海关史》明确地指出其性质："近代的中国海关，是在列强争夺中国权益、中国民族藩篱被冲破的半殖民地时代产生的，它是根据不平等条约的规定而设置的。因此，它不是为了捍卫中国的民族经济，而是为了便利列强的对华经济侵略。这就使它难免带着半殖民地的烙印，且有不同于一般国家海关的特点。""近代中国海关是以外籍税务司制度为核心。列强要求海关按照条约规定的贸易方式而进行管理。""英国对于中国海关追求的更远大的目标，就是把它办成对华关系的基石，从而保障英国的在华利益。""这是一种变态的海关，也是畸形的海关。"正是这种特殊的海关性质，导致了近代中国海关业务很庞杂。书中不仅具体地阐述了近代中国海关的组织机构、管理制度、征收贸易关税等内容，而且提示它还经办外债、内债、赔款及以邮政为主的洋务，从事大量业余外交活动，势力渗透到政治、经济、文化甚至军事等各个领域，全面地反映了近代中国海关的特殊地位和作用。

时值陈老90华诞，借此祝愿他健康长寿。

（原载戴一峰主编、厦门大学中国海关史研究中心编：
《中国海关与中国近代社会：陈诗启教授九秩华诞
祝寿文集》，厦门大学出版社2005年）

《晚清思想史》序

　　五十多年来，中国近代思想史的著作，经历了按时期依序论述思想家及其代表作到按主要思潮分类论述，由思想史或政治史到社会思潮史的变化。这种变化，表明中国近代思想史研究的发展和深化。但也给我们提出问题：思想史、政治思想史、社会思潮史之间是什么关系？它们是相同还是不同？

　　郑大华教授在这部新著《晚清思想史》中提出了相同的问题：思想史的内容是什么？它与哲学史、文化史、学术史等有什么区别？他认为思想史与哲学史、文化史、学术史等应有不同，晚清思想史应以晚清中国人围绕近代中国所面临的民族独立和社会进步这两大任务而提出的各种思想、观念和主张及其争论为主要研究内容，因此，在中国近代思想史著作中通常所写入的哲学、文化和学术等内容，除与该书研究主题有关者外，一般不包括在内。大华的见解，他人未必都赞成，但提出问题来加以探讨，对于推进中国近代思想史的研究当有益处。

　　大华在晚清思想史研究中做出的探索，有几点值得注意。

　　一、跨越了以1840年鸦片战争为晚清或中国近代思想史的起点，把晚清思想史的逻辑起点定在嘉道年间。这是"因为嘉道年间复兴的经世思潮使中国传统思想具备了向近代转型的可能性，而发生于此时的鸦片战争，又给经世思潮注入了新的内容，从而使这种可能成为了现实性"。思想史与政治史关系密切，思想的发展变化无疑要受到政治的影响。但二者又有区别，思想的发展变化有其自身的内在逻辑，因此，思想史的分期不一定等同于政治史的分期。

二、既重视思想家的思想，同时又重视人民大众的思想，注重二者的互动关系。可以弥补以往的研究偏重于精英思想、忽视人民大众思想的不足。

三、不仅论析了思想家的言论主张，而且考察了他们的实践活动，把思想家的思想理论与社会实践相结合，这对于深化思想家的研究是必要的。

四、以思想家的思想来见证思潮的演化，又以思潮的演化来加深对思想家思想的解剖，将思潮与思想家结合起来进行研究。在中国近代思想史的系统著作中，以思想家及其代表作依序论述有其局限，不易见一代思想发展变化的脉络，如见木不见林；以思潮递嬗分类论述，可弥补其不足，但也有其缺失，不易见思想家的个性特点，如见林不见木。二者各有长短。任何体裁，都有其长短，如史书之纪传、编年、纪事本末诸体即是如此。将思潮与思想家结合起来进行研究，不失为一种尝试。

书中对目前晚清思想史或中国近代思想史研究中争论较多的一些问题，如太平天国是推进还是延缓了中国近代化、冯桂芬的思想属性、救亡与启蒙的关系、改良与革命的评价、清末立宪的性质，等等，都提出了自己的看法。这些看法正确与否，可以讨论。尤其是全书最后总结了晚清留下的思想遗产：一是反对侵略的爱国思想；二是对民主与科学的追求；三是"振兴中华"的使命感。很有意义。这三点，对于今人而言，仍值得珍视，值得加以继承和发扬。

（2005年4月17日撰，是书湖南师范大学出版社2005年出版）

《龚书铎自选集》前言

　　历史研究尚实，却也不可避免地有理论的指导，体现了一定的历史观。我所从事的是中国近代史、近代文化史的研究和教学，主要探讨具体史实和历史人物，于理论无专门研究。但在实际工作中，经常会涉及理论、历史观的问题，不能不去思考，或参与学术界的讨论。不过这些文章是以史实来阐发观点，与纯理论的思辨有所不同。

　　收入本书的文章。是20世纪80年代以来发表于报刊或载于相关的论集中的，按类分为五部分。第一部分史观与方法，是关于坚持马克思主义指导历史研究的问题，其中讨论了近代中国历史上侵略和反侵略、革命与改良、历史人物评价，以及文化史观、现代化史观等。第二部分文化漫议，通过近代中西文化碰撞、争论与融会的历史进程，着重阐明文化与社会现实的关系。建构什么样的文化，是由社会现实来抉择的。不论是近代文化的建构，还是建设中国特色的社会主义文化，都是立足于社会现实，是社会现实的需要和抉择，这是"源"，而继承传统文化和吸收外国文化的优秀成果都只能是"流"。第三部分是关于近代中国文化发展变化的脉络，阐明近代文化结构的变化，以戊戌维新运动为起点的资产阶级新文化运动，至五四新文化运动达到高潮，而五四运动以后，新文化运动又有新的发展，除原来的资产阶级新文化外，又增添了马克思主义的革命的新文化，并逐渐在思想文化领域占居主导地位。第四部分是论述近代中国若干史事和历史人物，虽是谈史，但"以古为镜，可以知兴替"。如关于近代中国反侵略战争中的和战问题，学术界说法不一，从甲午中日战争期间社会上关于和战关系的舆论，可以给我们以启示；又如近代中国100多年的历史进程和中国的国情可以告诉我们，改良的道路在中国行不通，资本主义道路在中国行不通，没有共产党就没有新中国，没有马克思列宁主义、毛泽东思想就没有新中国，中华人民共和国的成立是历史的必然。第五部分是关于历史教育的，主要是谈弘扬爱国主义传统，热爱社会主义祖国。历史研究需要提高，也需要普及。历史研究不应只局限于专家圈子里，应当走向社会，走向群众，特别是用历史教育青年，才能更好地发挥史学的社会功能。

收入本书的文章，是在不同时间发表的。有些文章所谈的内容相近，难免有重复之处，在选编时虽尽量避免，但未能完全解决，请读者见谅。所收文章，内容、观点均未改动，只就个别文字作了修饰。

感谢学习出版社提供出版自选集的机会。作为"理论文库"的一种，并不名副其实，只是聊备一格而已。

（是书学习出版社2005年出版）

《东厂论史录——中国近代史研究的评论与思考》序

　　1998年，张海鹏同志将他发表的论文结集出版，名为《追求集》，胡绳同志为其题签，刘大年同志作序。大年同志在序中对该书评论说："集中文字，论事观点鲜明，强调理论的指导意义，命题多有针对性，在具体问题的研究上不乏新意。它们的主要内容，既是解述上述中国近代历史两个基本问题的（按指民族独立和近代化），同时也是密切联系现实社会生活实际的。"这段评语言简意赅，指出了《追求集》的优点和特点。这也可以说是海鹏同志治中国近代史的追求所在。

　　海鹏同志担任中国社会科学院近代史研究所副所长、所长十余年，主要精力用在行政事务上。但他没有放松治学，而是利用业余时间研究中国近代史，发表了大量文章。现在他从这些文章中选了一部分，编为第二部文集，名为《东厂论史录》。文集分为上下编。上编为学术性论文，编入了《中国近代史的理论和方法》、《20世纪中国近代史学科体系问题的探索》等论文。其中认为以半殖民地半封建社会大约110年的中国历史作为中国近代史学科的研究对象，"是在马克思主义基本原理指导下得出的，是以对近代中国的社会经济形态与近代中国的社会性质的考察为出发的，是符合近代中国历史进程的科学的学科体系"。文中对于以"现代化范式"代替"革命史范式"的观点提出了不同的意见，指出"中国近代史学科体系只能在'革命史范式'主导下，兼采'现代化范式'的视角，更多关注社会经济的发展与变迁及其对于革命进程的作用，使'革命史范式'臻于完善"。观点鲜明，方向正确。下编收入的文章，大体是历史与现实相结合的，包括港、澳回归问题、海峡两岸关系问题、中日关系问题等，是从现实社会中学习历史，又从历史中观察现实。文集的主要内容所表现出来的特色，照我看来，用上大年同志对《追求集》的那段评价同样是合适的。

海鹏同志长期以来一直坚持以马克思主义为指导来研究中国近代史，努力"探索未知，追求真理"。他的第一部文集名为《追求集》，其意便在于此。这部文集仍然一以贯之，体现出海鹏同志对探索未知、追求真理的执著。对中国近代历史需要持续不断地思考和探索，对历史真理的追求也是无止境的。海鹏同志当会继续探索下去，追求下去。

（2005年7月25日撰，是书广东人民出版社同年出版）

《嘉庆以来汉学传统的衍变与传承》序

　　汉学是清代学术的主流。目前关于清代汉学的研究偏重于"乾嘉学派"，对乾嘉时期的考据学、学术分派及代表人物的讨论较多，但涉及嘉庆以后汉学的论著则很少，虽有一些论文，专门著作却一直阙如。罗检秋的《嘉庆以来汉学传统的衍变与传承》一书（以下简称《汉学》），着重对嘉庆以来的汉学传统进行了系统、深入的研究，可以说弥补了这一领域的薄弱环节。

　　学术研究的价值在于有创新和发展，而其表现形式不一。就其主要而言，一方面，一门学科的建设离不开长期的知识积累，需要研究者不断地发掘被人忽略或涉及较少的研究论题，增添新的知识内容；另一方面，研究视角的转换也往往可以产生一些独到的发现，从而深化、推动原有的研究。《汉学》一书偏重于后者，其研究视角和思路较有特色。该书没有局限于评述主要汉学家的经历及其学术成就，而是在阐释汉学传统的基础上，通过对众多汉学人物和著作的研究，系统地梳理出汉学衍变的脉络。全书从对"汉学"一词源流的考察，从对"汉学传统"的剖析和总结入手，形成了其具有特色的研究视角和思路。

　　例如，人们一般都认识到，学术的变化、发展既有内在原因，又有外部机缘，将两者结合起来加以考察是有意义的。正因此，近年一些学者常常提到将学术史与社会史研究结合起来。但如何结合，仍然是有待探索的课题。目前一些论著注意的"社会史"背景多集中于政治背景和经济基础，或者是宗族环境，而对直接影响传统士人的文化环境研究不多。《汉学》一书注重学术发展的内在逻辑，第一章从学术理路分析乾嘉之际汉、宋之学由对峙转向调和、融会的过程，也考察了清末古文经学的义理化趋向，从而较深入地揭示和诠释了汉学蕴涵的调适传统。而该书第二章、第三章则主要考察汉学衍变的外部机缘，通过考察嘉庆以来趋于活跃的士人交游、不同学术流派（汉学与宋学）的互相影响，展示了经世学风的兴起和发展过程。同时，作者又从汉学群体的观念、知识系统、研究方法等方面，研究汉学面对西学东渐的种种变化，综论汉学与西学的调和、融会趋势。这样，作者通过不同的视角，较全面地揭示了嘉庆以来汉学传统的衍变，既有分析学术逻辑的实例，又研究了学术转变的文化环境。

学术研究贵有创见，该书对一些存在分歧或已有定论的问题提出了自己的见解。如关于嘉道年间今文经学兴起的原因，学术界认识不一，近年的讨论尤其突出了分歧的存在。该书主要不是从政治因素或个人经历来论今文经学的兴起，而是基于学术自身的发展逻辑，从汉学的义理需要中考察今文经学的兴起和发展，见解富有新意。

关于清末学术格局，学术界的看法也不一样。经学是相对衰落了，但仍具有一定意义，对于非经学领域的认识和研究则不无分歧。大致说来，人们往往过于强调"新史学"的重要性。在当时的中西对比中，中学或者说传统学术仍占主流地位。无论是较为传统的史学考据，还是融合中西的"新史学"，都没有成为清末学术的唯一中心。而且，在这些原有的学术领域之上，也出现了一些新的学术思潮，如国学、国粹等。《汉学》一书考察了清末经学与史学、诸子学等领域此消彼长的局面，深化了对清末传统学术多元格局的认识。又如，书中通过对国粹派与官方"国学"、清末民初"国学"与"国故学"的比较研究，揭示了其中的思想差异和共同的学术基础，有益于进一步认识清末汉学的传承和影响。同时，该书也没有局限于研究清代汉学传统本身，而是以今、古文经学为中心勾勒了汉学与现代学术的密切联系，从而凸显了清代汉学传统的影响和现代意义。书中这类见解颇多，能够言之成理，持之有故。

清代汉学流派众多，头绪纷繁，对其进行准确的把握和分析颇为不易。《汉学》涉及的人物甚多，而重点探讨了常州学派、维新派今文家、国粹派古文家、清末正统汉学家等多个学术群体，不仅涉及以往颇受注意的刘逢禄、龚自珍、魏源、章太炎、刘师培等人，而且考察了许多目前研究不够的汉学家如陈寿祺、刘宝楠、陈澧、邹伯奇、孙诒让、王闿运、王先谦、俞樾、叶德辉、苏舆等人的汉学特色及成就，涉及京师、苏、皖、湘、浙、闽、粤等地区。全书既有宏观的综合，也有微观的剖析。这些都弥补了以往研究的不足，对于拓展、丰富清代汉学研究不无裨益。当然，《汉学》一书所论未必都妥帖，有的地方也还可以进一步深化。

（2005年12月撰，是书中国人民大学出版社2006年出版）

《〈天演论〉传播与清末民初的社会动员》序

严复翻译的《天演论》，在近代中国影响深远。学界对它甚为关注，还在20世纪30年代，林耀华即发表了长篇论文《严复社会思想》，其后研究成果增多，尤其是80年代以来，新意迭见。这为进一步深入研究《天演论》奠立了良好的学术基础。

王天根同志在北京师范大学历史系攻读博士研究生期间，即对《天演论》感兴趣。他用了不少时间搜索、研读《天演论》的不同版本及其传播的情况等，毕业以后撰成《〈天演论〉传播与清末民初的社会动员》一书，研讨了《天演论》传播过程中的一些问题，提出了自己的见解。

天根毕业后在安徽大学新闻传播学院任教，这对他扩展《天演论》的研究思路有助益。他在撰写该书时把思想史与传播学的研究方法结合起来，采用"从传播内容、传播媒介、传播对象到传播效果"的分析框架，探讨了《天演论》与晚清社会通讯的内在关系，《天演论》传播与清末民初社会动员（包含社会观念的变革）的关系等，研究的角度有新意。

书中较深入探讨了有关《天演论》的一些问题，如关于《天演论》版本情况的考析，近代社会通讯鼓吹进化论的舆论导向与现实政治制度变革关系的探究，进化论是否成为戊戌维新运动的有力理论武器的辨析，《天演论》传播与宗教关系的考察，等等。

书中专章论述的李问渔与《天演论驳议》，是以往有关《天演论》研究未曾涉及的。李问渔是从维护天主教的立场出发来解读《天演论》，并著成《天演论驳议》以批驳《天演论》。在《天演论》传播的过程中，人们看到的是它得到受众欢迎，起着正面积极的影响，而忽略了它遭到的反对和批驳。李问渔《天演论驳议》的发现，弥补了这方面的缺失，有助于从另一角度来了解《天演论》的意义。

思想史（或历史）研究吸收其他学科的研究方法，很有必要，也有助于科学的发展。但吸收其他学科的研究方法应避免生搬硬套，避免只是在采用一些让人弄不明白的概念、词条上做文章，而是要加以消化，融会贯通。说起来容易，真正做到难，需要下工夫。在这方面，该书也有可推敲之处。

（2006年春节撰，是书合肥工业大学出版社同年出版）

评《现代化与历史教科书》

近日读到一篇题为《现代化与历史教科书》的文章（作者袁伟时，载《中国青年报》2006年1月11日），以人民教育出版社的初中中国近代史教科书为靶子，选取第二次鸦片战争、义和团运动两件事为抨击的例子，否定中国人民一百多年的反侵略斗争，矛头所向，则是中国共产党和社会主义制度。

一　把帝国主义发动侵略中国的第二次鸦片战争
和八国联军侵华归之为清政府和义和团造成的，
为帝国主义侵略中国辩护

关于第二次鸦片战争，英法联军火烧圆明园，文章说：

> 面对咄咄逼人的强敌，作为弱势的大清帝国一方，明智的选择是严格执行现有条约，避免与之正面冲突，争取时间，改革和发展自己。而当时的政府和士绅，完全被极端的情绪支配，在小事上制造违约的蠢行，结果酿成大祸。

文章列举了一些史料来论证第二次鸦片战争不是英法等西方列强挑起

的侵略战争，而是由于清政府的愚昧造成的，是因为没有"严格执行现有条约"（按：指不平等条约）。文章在另一处写道：

> 法是人类文明的结晶，社会运行的规则。国际条约是有法律效力的。人们可以指责这些规则和条约是列强主导下形成的，不利于弱国和贫苦民众。人们应该不断批判和揭露它的谬误，通过各种力量的博弈，形成新的规则，修订新的条约。可是，在没有修改以前，我们仍然不得不遵守它，否则就会造成不应有的混乱，归根到底不利于弱国和多数民众。

按照文章的说法，只要清政府不"违约"，西方列强就不会发动侵华战争。然而，实际上首先违约的是他们自己，如外国传教士就未遵守条约规定，随意到内地传教。所谓法国传教士"马神甫事件"，就是因此引起的。法国与英国联合发动第二次鸦片战争，无非以此为借口，没有"马神甫事件"，它也会另找借口。况且当时的所谓国际法，是按西方列强的游戏规则制订的，它维护不平等条约。西方对外侵略扩张，也不是按国际法行事。如中日甲午战争后帝国主义在中国划分势力范围、德国出兵占胶州湾等等，又是哪一条国际法的规定？按照文章的逻辑，包括孙中山在内的中国人民长期为废除不平等条约而进行的斗争都是"违约"的，是"愚蠢"的；而义和团的"最恨和约"——痛恨不平等条约起而反对帝国主义则更是"罪恶行径"。列强在近代之所以屡屡发动对华战争，从根本上说是由它们的殖民扩张政策所决定的，而非中国人的反抗使然，更不是信守条约、逆来顺受就可以避免的。实际上，从晚清王朝到国民党政府，往往是一再退让，希望能够息事宁人，但最终却总是被一步步逼到无路可退的境地，不得不起而抵抗。

关于义和团运动，文章说：

> 义和团毁电线、毁学校、拆铁路、烧洋货、杀洋人和与外国人及

外国文化有点关系的中国人……凡沾点洋气的物和人，必彻底消灭而
后快。即使义和团真的立下了"扶清灭洋"的伟大功勋，也不能回避
它的这些反文明、反人类的错误，何况正是这些罪恶行径给国家和人
民带来莫大的灾难！……义和团烧杀抢掠、敌视和肆意摧毁现代文明
在前，八国联军进军在后，这个次序是历史事实，无法也不应修改。

作者的意思很明确，帝国主义进行这场规模空前的侵华战争，是由义
和团造成的，振振有辞。可是，他忘记或者回避了义和团运动又是谁造成
的？是帝国主义在中国压迫剥削、烧杀抢掠在前，才有义和团被迫反抗在
后。义和团的揭帖说："最恨和约，一误至今，割地赔款，害国殃民。"这
就是他们为什么恨"洋鬼子"，为什么要起来反抗，不怕流血牺牲，英勇
奋战的根本原因。义和团存在着盲目排外、迷信落后的缺点、错误，被作
者说成是犯下了"肆意摧毁现代文明"的滔天大罪。当年八国联军侵略者
也是这样说的，是"中国人仇视欧洲的文化和文明"引起的。作者可谓和
帝国主义侵略者一个鼻孔出气。可是，列宁对于义和团运动则是另一种说
法："试问，中国人对欧洲人的袭击，这次遭到英国人、法国人、德国人、
俄国人和日本人等等疯狂镇压的暴动，究竟是由什么引起的呢？主战派
说，这是由'黄种人敌视白种人'，'中国人仇视欧洲的文化和文明'引起
的。是的，中国人的确憎恶欧洲人，然而他们憎恶的是哪一种欧洲人呢？
为什么要憎恶呢？中国人憎恶的不是欧洲人民，因为他们之间并无冲突，
他们憎恶的是欧洲资本家和唯资本家之命是从的欧洲各国政府。那些到中
国来只是为了大发横财的人，那些利用自己吹捧的文明来进行欺骗、掠夺
和镇压的人，那些为取得贩卖毒害人民的鸦片的权利而同中国作战（1856
年英法对华的战争）的人，那些利用传教伪善地掩盖掠夺政策的人，中国
人难道能不痛恨他们吗？"（《列宁选集》第1卷，第278—279页）不同的立
场、观点，得出的是截然相反的结论。

义和团运动具有无可置疑的正义性。义和团将斗争的矛头直指外国的
教会势力，但是，在历史上，世界的三大宗教佛教、伊斯兰教和基督教都

早就传入了中国，却并未出现群众性的排教运动。只是到了近代，才出现了连绵不断的反洋教斗争。其中原因，显而易见。只要不是偏见过甚，就连义和团的敌人也可以看到这一点。义和团运动时期任日本驻北京公使馆武官的柴武郎（后升任大将），在使馆被围期间负责指挥日军作战。对于战争的起因，他的分析是："近年来，支那国势不振，外国人或租借或掠夺其部分土地，并有大批传教士涌入腹地，对教民实行法外保护，教民则倚仗外国势力，为所欲为，肆无忌惮，为此，本为无害的义和团一变而为激进排外主义集团。"当时德国《柏林民报》发表的文章也认为，"外国人至中国，无非吮华民之血，食华民之肉，此系中国神人所共愤之事……中国有中国之教，何以必欲使从西教……为何分人之国，为何强使华人购买西之物"，"不能因此而怨华民也"。美国著名作家马克·吐温当时在一次集会上发表演讲支持义和团，题目就叫《我也是义和团》。

义和团运动的历史功绩不容抹杀。八国联军统帅瓦德西认为，由义和团反抗所反映出的民气可以断定，瓜分中国实为下策。我们面前的这篇文章却说，这只是瓦德西的个人意见，不代表德国政府，"只是由于帝国主义之间的矛盾，瓜分才没有实行"。八国联军侵华最后未能实现瓜分中国，与它们之间的利益矛盾有关，但不是根本的原因。根本原因是义和团反侵略所表现出来的民族精神和力量。不仅是瓦德西这样认为，法国议会在辩论对华政策时，一位法国议员指出："中国土地广阔，民气坚韧"，"吾故谓瓜分之说，不啻梦呓也"。英国外交副大臣布路德立克在议会讨论对华方针时说："凡有意开通中国之人，应须小心谨慎，团匪之事，即可取以为鉴。我英亦不能以待印度者待中国也。"因此，"吾英宜确守保全中国，不使瓜分之策"，"中国此后，仍须以华人治华地"。中国海关总税务司、英国人赫德也认为："中国如被瓜分，全国就将团结一致去反对参与瓜分的外国统治者"，"将到处呈现出民族感情的存在和力量，这样做值得吗"？

对于义和团粉碎帝国主义瓜分中国阴谋所起的作用，孙中山曾说：义和团"用大刀、肉体和联军相搏，虽然被联军打死了几万人，伤亡枕藉，还是前仆后继，其勇锐之气殊不可当，真是令人惊喜佩服。所以经过那次血战之后，外国人才知道中国还有民族思想，这种民族是不可消灭的"。这篇文章否定义和团运动是爱国运动，所要消灭的恰恰是孙中山提倡的这种民族思想、民族精神。

"天助自助者。"一个国家民族的生存强盛，主要在于自力更生。在中国当时面临瓜分亡国危机的形势下，如果不把希望寄托在中国人民的奋起抵抗上，而是寄托在列强瓜分中国的所谓不可克服的矛盾上，那只能是一个徒然的、不切实际的幻想。在这个世界史上最大规模的掠夺领土的时代中，列强在瓜分非洲时也存在着种种矛盾，然而，它却终究被瓜分了。这是因为列强因瓜分世界而产生的矛盾，一般都是可凭协商或战争的手段去解决。这些矛盾可以加速或推迟某个地区的瓜分过程，但不会影响到瓜分的最终目的。能阻止瓜分的基本上只能靠当地人民有效的武装斗争。

文章作者认为像义和团运动既破坏了国际条约，又摧毁了现代文明，"对外使中国在被奴役的附属国的道路上继续沉沦，对内则举目皆是国破家亡的图景"，真是罪大恶极。按照作者开出来的办法，就是在帝国主义统治下，乞求帝国主义修改条约，而不能反抗。它们不改，只好忍受，只能当"顺民"。

二 用"现代化"代替反帝斗争

文章的作者否定中国人民的反帝斗争，否定革命，主张中国近代的任务就是向西方学习，搞现代化。他说：

> 海内外的经验证明：后发展国家和地区（殖民地、半殖民地）改变不发达状况，改变被动局面的唯一道路，是向西方列强学习，实现社会生活的全面现代化。成败的关键在国内的改革。……有一条是肯定无疑的：必须千方百计争取一个和平的国际环境，为国内的改革和建设赢得充分的时间。……是学习西方彻底改革，还是固守传统，不

准变革，成了中国盛衰的关键，也是解读这段历史的基本线索。

文章的观点很明确，半殖民地的近代中国，要走的"唯一道路，是向西方列强学习，实现社会生活的全面现代化。成败的关键在国内的改革"，即"学习西方彻底改革"。这就是说，革命（或暴力反抗）是不必要也是错误的，只能在帝国主义和封建主义统治下，去搞改革，实现现代化。这并不是什么新观点。早在1938年蒋廷黻写的《中国近代史》中就已经提出："近百年的中华民族根本只有一个问题，那就是：中国人能近代化吗？能赶上西洋化吗？"他的意思是近代中国的根本任务就是实现近代化（现代化）、实现西洋化。蒋出版此书，正当全面抗日战争爆发后不久，"中华民族到了最危险的时候"，他却不要中国人民去抗日，而是去实现现代化、西洋化。袁伟时的说法与蒋廷黻如出一辙。党的十五大文件说："鸦片战争后，中国成为半殖民地半封建国家。中华民族面对着两大历史任务：一个是求得民族独立和人民解放；一个是实现国家繁荣富强和人民共同富裕。前一个任务是为后一个任务扫清障碍，创造必要的前提。"所谓"民族独立和人民解放"，就是反帝反封建的革命斗争，而"国家繁荣富强"就是实现现代化，二者紧密联系，没有前者，就不可能实现后者。

三 借批评人民教育出版社的初中历史课本之名，行攻击中国共产党和社会主义制度之实

文章说，日本教科书问题，"这一日本思想文化领域的顽症，促使许多人形成一个极为深刻的印象：日本人缺乏忏悔意识。人们还进一步追问：为什么会出现这样死不认罪的现象？这是不是大和民族特有的缺陷？看看上述中国的教科书问题，一个合理的推断是，我们的近代史观也有类似的问题。……两者也有共同点：社会的主流文化都对自己的近代史缺乏深刻的反思"。

把中国的历史教科书和日本的历史教科书事件混为一谈，这显然是颠倒是非，混淆黑白。而问题的严重性还不止于此。

中学历史教科书的编写和审定是政府行为。作者说日本历史教科书否认侵略中国的罪行是"缺乏忏悔意识"，说明"社会的主流文化都对自己的近代史缺乏深刻的反思"，同样，我们的历史教科书对于"反洋人"、"杀洋人"也"缺乏忏悔意识"，也说明"社会的主流文化都对自己的近代史缺乏深刻的反思"。

由此，文章攻击我们党提倡的弘扬爱国主义精神，说："被侮辱被损害的屈辱，给中国人构筑了新的思想定势。这突出表现在长期以来形成的一个似是而非的观念：因为'洋鬼子'是侵略者，中国人怎么做都是有理，都应歌颂。这是爱国主义的要求。"（按：这是歪曲和污蔑，事实并非如此）"现在的历史教科书就是以此为指导思想的。……如何爱国，却有两种不同的选择。一种是盲目煽动民族情绪；中国传统文化中'严华夷之辨'、'非我族类，其心必异'等观念已经深入骨髓。时至今日，余毒未清。新的版本是：中外矛盾，中国必对；反列强、反洋人就是爱国。……现代化的基本精神就是理性化。如果我们认同这个基本观点，就应该引导中国人往这条道上走，让理性、宽容内在化，成为中国人的国民性，以利各国人民和各种文化和谐共处。……如果一涉外就是'反帝'、'反霸'，非把事情弄砸不可。"文章的意思是说，今天提倡爱国主义，是在"盲目煽动民族情绪"，是传统文化中的"严华夷之辨"的余毒未消，是非理性化的，不论西方资本主义发达国家如何对待中国，都"应该引导中国人往这条道（理性化）上走，让理性、宽容内在化"。

作者甚至说，不能让国民性理性、宽容内在化，是"制度环境"造成的，"20世纪70年代末，在经历了反右派、大跃进和文化大革命三大灾难后，人们沉痛地发觉，这些灾难的根源之一是：'我们是吃狼奶长大的。'20多年过去了，偶然翻阅一下我们的中学历史教科书，令我大吃一惊的是：我们的青少年还在继续吃狼奶"！这是公然指责我们的党和社会主义制度是"吃人的狼"，而且是以之来教育青少年——让他们吃"狼奶", 也成为"吃人的狼"。

文章所谓"向西方列强学习, 实现社会生活的全面现代化", 并不仅限于近代中国, 实际上其最终的指向是现在, 也就是要改变社会主义制度, 走西方资本主义的道路。他这篇文章的基本内容, 在他于2003年再版的《帝国落日——晚清大变局》一书中都已经写过。他发表于2005年第2期《炎黄春秋》上的《中西文化论争终结的内涵和意义》一文也有表述。联系他的这些著作所阐发的观点来看, 就可以更清楚地了解其用意所在。他借美化清末"新政"来鼓吹"'学习西方'的主流文化(按: 指西方资本主义)成了无法抗拒的历史必由之路, 包括清末新政在内的东方各国现代化进程的成就与失误, 都来源于对这个历史必然的态度"。这里所说的"历史必由之路"不是别的, 就是西方资本主义的道路。他把改革开放以来为完善社会主义立法、司法而进行的改革与清末新政的法律改革相提并论, 把它说成是"回归清末新政开创的新传统"。如此歪曲历史, 混淆其根本区别, 无非是想证明他所鼓吹的那条资本主义道路是"历史必由之路"。

此人写出这样一篇文章, 我们并不奇怪, 亦不陌生, 因为从他近些年来发表的文章、专著中, 我们看到过更为系统、直白的论述。他的一系列观点, 不过是近年来流行一时的试图否定革命、改写中国近现代史错误思潮的一种反映。令我们感到不解的是,《中国青年报》为何会如此慷慨地提供版面, 使之谬种流传。

(原载《中华魂》2006年第3期)

《地方性流动及其超越——晚清义赈与近代中国的新陈代谢》序

　　朱浒博士毕业于中国人民大学清史研究所，师从李文海教授。其后，进入北京师范大学历史系博士后流动站继续研究。他的博士论文和博士后报告，都是研究晚清义赈。即将出版的《地方性流动及其超越——晚清义赈与近代中国的新陈代谢》这部著作，是在前者研究的基础上完成的，先后用了整六年的时间。虽然冷板凳还未坐到十年，但在人们兴叹学风浮躁的当下，应是值得称道的。

　　历史研究不像编电视剧那样可以任意"戏说"，而是需要建立在掌握大量的、充分的史料的基础上进行的。晚清思想家姚莹说过，"著述之难史为最"，其中就包括史料的搜集、订伪等。朱浒很重视第一手史料的搜集、积累。他在通过博士学位论文答辩后，也曾想尽快予以出版。但在有机会看到一批从未公开过的珍贵史料后，毅然放弃原来的计划，在新获得的史料的基础上进一步研究晚清义赈，使该书具有更扎实的史料基础。

　　从灾荒史的角度来说，该书在充分借鉴和反思国内外相关研究成果的基础上，全面、系统地探讨了晚清义赈的兴起和发展，细致、深入地揭示了中国救荒事业近代化的复杂过程，进一步拓展和深化了中国近代救荒史的研究。

　　在具体论证过程中，该书并未囿于研究对象本身，就义赈谈义赈，而是把这一活动置于晚清社会变局的大背景下，以较为独到的视角深入分析了晚清义赈与社会变迁的关系，特别是与中国近代工业化进程之间错综复杂的互动关系，为探讨"中国近代化落实过程"提出了重要的、具有启发意义的新思路。

该书对晚清义赈的研究，从某种意义上说，只是作者对当前中国近代史研究的认识论和方法层面进行反思的一个经验研究的案例。针对以往学界在义赈性质和形成机制上存在的看起来截然不同的观点，作者围绕着传统与现代、内发性动力与外部冲突、国家与社会、地方性与普遍性诸多层次，展开了颇具说服力的辨析，进而对其背后潜在的研究模式，尤其是"冲击—回应"与"中国中心观"模式之争，做出了自己的判断，为人们提供了颇有价值的参考。

灾赈属于社会史研究的内容。多年来，史学界关于中国社会史研究的成果颇多，拓展了历史研究的领域。对于历史研究，社会史固然重要，但政治史、经济史、文化史等也不能忽视，不宜将某一领域研究的重要性强调到不恰当的地位，或者以此贬彼，互相排斥。它们之间是相互联系、相互影响的，是互补的关系。

国外汉学家出版了一批研究中国社会史的著作，从中可以得到借鉴和吸收有益的东西。但是，中国学者研究中国历史问题，不能满足于与其接上轨，照着别人的模式、概念去阐释，说别人说的话，而应当有自己的创见，有自己的话语。

人无完人，书也很难有完书。书中难免存在着缺失或差错，读者自会鉴别，予以指正。至于有的论点或许会有争论，这当是作者所期望的。

（是书中国人民大学出版社2006年出版）

《民国初期尊孔思潮研究》序

　　民国初期，各种思想文化流派竞相涌现。这些思想文化流派的政治目的各不相同，文化主张也存在很大差异，但都毫不例外地在思考中国和中国文化的出路。事实上，从晚清到民国，所提出的文化主张或文化争论，往往都跟中国走什么路的问题联系在一起。民国初期出现的尊孔思潮也是如此，因而不可避免地会受到研究者的关注。对于民国初期尊孔思潮的研究，除去专门的论著外，在一些有关的作品中都或多或少地有所涉及。

　　张卫波博士的《民国初期尊孔思潮研究》一书，是在吸收以往研究成果的基础上对民国初期的尊孔思潮作了具体的、较深入的论述，提出了自己的论断，有其新意。

　　例如，该书注意了民国初期尊孔思潮的复杂性，对提倡尊孔者作了比较细致的梳理和区别，指出虽同是尊孔，但在目的、思想理论等方面并不一样。有些人鼓吹尊孔，主张将孔教定为国教，编入宪法，是为了政治上复辟帝制的需要。有些人的尊孔，并没有复辟帝制的政治目的，而是对辛亥革命前后流行的新思想新文化及其对儒学的冲击忧心忡忡，企盼以提倡尊孔来挽回。有些人提倡尊孔，则是用西方的某些现代思想诠释孔学，力图使孔子及儒学思想适应现代生活。这就避免了笼统地将当时提倡尊孔者都与复辟帝制联结在一起。

　　民国初期，尊孔者在讨论尊孔问题时，实际上所关注的问题超出了孔子本身。他们以评价孔子为切入点，主要探讨了传统文化和现代化、国情、国教、道德建设、民族特性、民主和科学的认识、真假孔子等问题。对于这些问题，书中不可能都充分论述，而是有重点地探讨了尊孔思潮与道德建设、宗教建设和中西文化论争之间的关系，作了比较深入的剖析。

作者没有停留在就尊孔思潮谈尊孔思潮，而是将它与国内社会政治的变动、民族主义思潮的涌动、社会心理基础以及第一次世界大战等综合因素的影响结合起来考察。对于道德问题，书中既写了尊孔者认为由于民主、平等、自由思想的冲击，导致了国民道德的堕落，主张道德重建，恢复旧道德；也写了新文化派对道德重建论者的批驳、纠正。

民国初期流行一时的尊孔思潮，离现在已过了几十年，人们似乎已经淡忘了。但它终归在历史上存在着，不可能割断。而作为一种文化思潮，它有其惰性、延续性，更不可能被抹去，往往会因时而泛起。在"国学热"的现实社会里，有些人鼓吹"儒化中国"，宣称"从中国未来的发展来看，儒家文化就是中国占主导地位的统一思想"，主张定"儒教"为"国教"，使"儒教"成为中国的"文化权力中心"和"指导国家政治生活的主导力量"，把中国变成"儒教国"，而建立儒教国的过程就是"儒化"。这就令人回想起1913年、1916年康有为和孔教会等两次向北洋政府提出要将孔教定为国教，编入宪法。康有为主张定孔教为国教，除去他想当"教主"、维护孔道之外，还为了复辟帝制的需要。1917年，他和张勋拥清废帝溥仪复辟。陈独秀当时就指出"主张尊孔，势必立君；主张立君，势必复辟"。时至21世纪，还主张定"儒教"为"国教"，使其成为"中国占主导地位的统一思想"，显然是历史的倒退。由此看来，研究民国初期的尊孔思潮具有现实的启示意义。

（是书人民出版社2006年出版）

《龚书辉诗文集》序

与书辉兄不见面，已有半个多世纪了！抗日战争前，书辉兄就读厦门大学文学系，假期才回家。大学毕业后，去菲律宾任教，回家的机会更少了。当年我还是少年，对那时往事大都模糊不清，但书辉兄的样子却深刻地印在我的脑海里，几十年过去，回想起来还历历在目。他回家时经常坐在护厝过道的藤椅上，穿一件白衬衫，温文儒雅，让人可亲。那时，他是成年人，我是小孩儿，如今我们都成了老年人，真是岁月易逝！

书辉兄大学攻读的是文学，他很有文才，不仅写论文，写散文，还工于诗，对历史也熟悉，可谓文史兼通。这在论文《陈三五娘故事的演化》和一些诗篇中可以体现出来。年轻时就听说书辉兄在厦门大学毕业时发表了这篇论文，很想一读，但因离家在外，未能如愿。这次看到将要出版的书辉兄这部诗文选，首先拜读的就是《陈三五娘故事的演化》这篇论文，总算遂了心愿。这篇论文发表于1936年，四万五千字。读后不免令人赞叹，距离现在整70年的这篇论文，不少见解、观点很具前瞻性。在"前言"中有两点值得提出：一是作者不是局限于就陈三五娘故事的演化论事，而是将它置于中国文化、泉州文化的背景下来考察，指出"泉州因了地形的关系，除了中原固有文化的移植外，更利便消纳外来的文化……泉州这一古老城市，便在这两种不同的文化的突击与混合下，经过了许多年代的积累而形成这异于他地之奇瑰的文化"。陈三五娘故事，就是在泉州文化氛围里产生和演化的。一是对于雅文化和俗文化的看法。在传统社会里，文人的诗文集是属于雅文化，受人重视，而民间故事传说、戏曲则是俗文化，不登大雅之堂。然而书煇兄却不认同以往的主流观点，而认为"许多所谓正统的诗文集，算不了这一文化（按指泉州文化）的真正产物"，"表象这文化的……是流行民间的许多故事传说，是民间野生的乡戏……想了解泉州文化的，想具象地把握泉州文化的，便不能不从事于各类学问的探究；但民间的故事传说以至戏剧，是为正人君子所鄙弃，不屑谈及的"。"要知道，大众制作物才是某一社会的文化真正的代表"，"在这理解之下，来着手整理研究民间俗曲故事戏剧等大众艺术，自是合理切要的工作。同时在教育大众，训练大众这一目标下，也有着整理旧的东西之必要的感觉——扬弃含毒质的因素，提炼有益于大众的补品，供给大众以适宜的资养料"。书煇兄就是在这一先进思想的指导下来研究陈三五娘故事的演化的。在研究方法上，也能给人以启示。论文先是从横的方面探讨了小说《荔镜传》、剧本《荔支记》、御前清曲中的陈三五娘俗曲、陈三五娘故事的唱本等内容的异同，揭示出"这一故事是根基于反叛的思想，所以才会获得广大的大众的倾注与欢纳，而得以万古常新的姿态永生在大众的心中"。而后又从纵的方面来论证陈三五娘故事的演化，以丰富的资料、严谨的考证断定《荔镜传》写刊于明中叶，作者"若不是福建（或泉州）人，则必是对泉州乡土颇为熟识的"，而《荔支记》剧本的内容则是由《荔镜传》演化、扩大的，御前清曲中的陈三五娘故事俗曲近半数是从《荔支记》这剧本中抽出的，陈三五娘故事的唱本也与《荔支记》、御前清曲等有密切关系，梳理详细，脉络清晰。由于时代条件的限制，有些资料如明嘉靖本《荔镜记》、明万历本《荔支记》、清顺治本《荔支记》以及明刊本《满天春》中的清曲等当时尚未发现，未能利用，即使如此，《陈三五娘故事的演化》在现在仍是一篇有参考价值的学术论文。

书煇兄后来写了大量散文随笔，在报上发表，仅选入这部诗文选的就有59篇。这些随笔，有的是借花、月、星、风而抒发情怀，有的是议论性的，有的则是有所针对的讽刺，题材多样。如《礼义廉耻之外》一文，讽刺了当时身居要津的政府官员或腰缠万贯的富豪嘴上高唱礼义廉耻这四维，做的却完全相反，"昏夜金、国难财以至于'五子登科'不单是合法，而且是合乎四维的。原来在某些人，无礼非义寡廉鲜耻就是礼义廉耻，因此也就把别人的纯正的礼义廉耻看成非法，要'吾党小子鸣鼓而攻之'了。这显示出吾要你们遵守的是这一种礼义廉耻，而自己所身体力行的又是自家特备的一种"。笔触辛辣，不能不令人想起鲁迅的杂文来。《忠恕》一文也是有感于当时的现实而发的，指出了大人先生们津津乐道的孔夫子的恕道的虚伪性："而一般的得夫子衣钵真传的人，通常只知对大人先生讲宽恕，比如达官贵人的志铭行述之隐恶扬善，借此韩愈便收入了颇为可观的'谀墓之金'；对一些饿坏了肚子，无以为生的泥腿之流，却便连偷一个馒头也成为不可饶恕的罪状；至于揭竿而起，那更是贼寇，罪该万死。"虽属随感而发，却是有的放矢。《恒心》一文在于提倡"恒心"，"不管是否存心做志士仁人，因为立身处世，待人接物，总得要有个不变的心志，否则，随风转舵，宛转随人，终究是可伤的"。"在实现理想的路上，自然不能没有阻碍，一碰到阻碍便踌躇却步，便反顾而逃，这不单冤枉了以前走过的一段路，也浪费了我们的生命。……这世界诚然是投机取巧的世界，然而能使生命活得更美丽的，却是那坚定自己的信念、不肯投机取巧的忠于理想的人。这也还需要坚实而不可动摇的恒心。"这告诉人们，一个人要有理想，而要实现理想，就不能投机取巧，随风转舵，而要坚定自己的信念，忠于理想，有坚实而不可动摇的恒心，这也是做人的道理。而《水、祸水、"水性杨花"》则是为歧视妇女鸣不平的。文章读来有点"俏皮"，以《红楼梦》宝二爷称赞"女人是水做的"谈起，进而说"一自坠地为人，'弄璋'、'弄瓦'，便已定下了男女的尊卑贵贱"，"所以孔子便把女性与小人并列，以为是属于该服服帖帖做男性奴隶的，否则，便要兴'难养'之叹了"。社会上对女性是很不公平的，女性"既具备了奴隶身份，自然要研求所以讨好主人的方法……却又被指为要负亡国的责任"，是"祸水"。女人又须"从一而终"，一有背乎男性所定的女性教养的教条，便算是"水性杨花"，"而一切坏风俗，贼人心，'倾国倾城'，破家亡国的责任，自然都要她们负"。自清末民初尤其是五四新文化运动以来，批评封建节烈观，反对男尊女卑，提倡男女平等，日益受到社会上的重视，这篇随笔也是这一思潮的反映。

在这部诗文选里，有一篇题为《诗与我》的文章。这是书辉兄多年来写诗的心得体会，也是一篇诗论。首先谈的是为什么写诗，"既不求名山之藏，也不敢求能传于世"，"我只是写出我的真实的生活，写出我的心路历程"，"只要是不虚假不做作"。也就是说，写诗不是为了求名求利，而是要真实地反映生活和思想。因此，书辉兄宁可得罪人，也不写贺婚祝寿之类的诗，因为这类诗系应酬之作，只是堆砌美好的辞藻，恭维一番，或作违心之言。这与他在随笔中所批评的为达官贵人作隐恶扬善的"谀墓"之文的思想是一致的。其次是关于灵感。这是写诗的人喜欢说的。对于灵感是怎样产生的，文章中说："其实，灵感是可遇而不可求，是无法上天下地求索，也无法坐着等的。只有在勤劳的构思或创造中，灵感才能出现，所以应该说那是劳动的结果。"这是从写诗的实践中得到的认识，见解深刻。再次是关于现代人写旧体诗如何对待格律规矩。文章认为应该由"执"而"化"。既然是写旧体诗，就应该遵守其格律规矩，这是"写旧体诗人应有的执著"。但是，对旧体诗的格律规矩也不必拘泥死守，尽可以改良。如诗韵有的就可以混用或合用，句中平仄的死硬规定也该打破，律诗中腹两联也不一定要对仗工整，这就是"化"。"由'执'而'化'，不该只限于形式，更该在内容方面，多所变改。"最后是关于语言文字。文章认为诗的语言文字都要明白晓畅，使听受者容易了解，才算达到写作的目的。"切不要求助于典故，来掩饰自己的空洞虚夸，更不该找取僻字僻词，来为自己的无能装门面。"除在语言文字上使人易解外，还要有丰富的内容，"使人在明白之外，更有新的获得，要把新的意境感染读者"。什么是好诗，文章的归结是："真的感情，恰切的表达，明白如话的道理，便是好诗。"这有如晚清著名诗人黄遵宪所提倡的"我手写我口"。

这篇诗论，是书辉兄多年写诗的经验体会，不是泛泛而论，因而能在他的诗作中体现出来。在这部诗文选中选录的诗篇，感情真实，表达恰切，道理明白如话。书辉兄侨居国外，游于他乡，常怀家国之思，而以诗为寄托。他在居住国闲吟出"江山信美非吾土"的心情，而《故家花事二咏》则表达了对家乡的思念："故家门巷认依稀，梦里归来了不疑"，"迎春辞岁今何似，心痛年年最此时"。在晚年回国观光旅游时，写下了许多诗篇咏祖国的山川名胜，表达了对祖国变化的喜悦和赞颂："试听永定河中水，独似睡狮怒醒时。"（旧中国，被西方列强蔑称为"睡狮"）《天安门广场》一诗颂新中国开国大典："大道长安一望赊，蛰雷草莽起龙蛇。闻曾地辟天开日，七十万人灿若花。"而《京华胜慨》是赞民族大团结和中华民族的复兴："万人盛会此宏开，五十五族原一家。十二亿人齐额手，千秋重建大中华。"这些诗篇，反映了书辉兄炽热的爱国情怀。在另外一些诗篇中，则表达了对伟人、爱国者的崇敬。《中山陵》是对孙中山先生这位20世纪中国伟人的无限景仰："两行松柏千年碧，一代须眉万古新。我自低头甘下拜，高风并世几完人。"《黄花岗》赞辛亥革命殉难的烈士："黄花抔土足千秋，拼死为争大自由。一事九泉堪告慰，翻身八亿富新猷。"《梅兰芳九叠身韵》则是称颂梅兰芳在上海被日本侵略者占领后蓄须拒演的高风亮节："彪炳千秋正义身，梅郎青史姓名真。蓄须拒寇丈夫勇，岂但昆腔一代春。"而《西太后拈得豪韵》责斥了慈禧太后的误国、祸国："颐和台榭没蓬蒿，三海犹闻鬼哭号。八国可怜谁召乱，维新未许一补牢。揭竿南北纷纭日，倾轧东西扰攘劳。七四年华悲逝水，误他家国手亲操。"这些诗篇，体现了诗人是非爱憎很是分明。

书辉兄这部诗文选将出版，万树侄女和振惠侄婿要我为序，实不敢当。不过，借此机会对书稿拜读一过，获益良多。作读后感想，聊为代序。

（2006年9月于北京撰，是书北方文艺出版社同年出版）

《中华书局与近代文化》序

　　中华书局创办于1912年元旦，至今历95年。在将近一个世纪的时间里，中华书局对中国文化教育事业的发展做出了很大的贡献。

　　我知道中华书局的名字，是在20世纪30年代上小学的时候。当时学校使用的教材和课外读物中，就有中华书局出版的。后来，上中学、大学，阅读的中华书局出版的书籍也增多了。

　　新中国成立后的50多年来，中华书局出版了一大批中国近代的文集、笔记、日记、档案等。这对于中国近代史、文化史等的研究和教学帮助甚大。就我个人而言，不论研究或教学，都离不开这些书籍。

　　20世纪50年代后期，我不仅是中华书局的读者，同时也是作者。我任教的北京师范大学历史系中国近代史教研组，因为学生学习中国近代史这门课程时阅读史料的需要，决定编辑一部自1840年鸦片战争至1919年五四运动前较系统的参考资料。在编选工作进行中，我与当时中华书局近代史组负责人李侃、编辑刘德麟同志联系，他们很感兴趣，给予了支持。这部《中国近代史参考资料》是按历史顺序分编出版，第一编分两册，1840年至1842年为第一册，1843年5月至1864年为第二册，于1960年出版。当第二编的资料还在选编时，1962年中宣部召开文科教材会议，会上除定下编教材外，还要编参考资料。《中国通史参考资料》由翦伯赞、郑天挺两位教授任主编，我负责近代部分，上下两册。由于承担了这项新的任务，原来那部参考资料没有继续编选；在邵循正教授的指导下，经教研组老师们的共同努力，《中国通史参考资料》终于按期完成，由郑老审定后，中华书局于1965年出版。1980年，中华书局又出版了此书的修订本。

除教学参考资料外，中华书局还出版了我参与编撰的《中国近代史》教材。1975年，李侃、李时岳同志和我在哈尔滨参加学术讨论会，其间我们商讨为大学历史系编写一部中国近代史教材。会后，经过策划，编写教材的工作就启动了。山东大学、山东师范学院、中央民族学院、吉林大学、北京师范大学等校历史系多位教师参加了教材的编写。1977年，中华书局出版了初版。此后，经过三次修订，至1994年出第四版。到现在已印了近30次，约130万册。这部教材，对高校历史系教学和广大读者起了良好作用，荣获国家优秀教材一等奖。此外，我主编的《中国近代文化概论》，也于1997年由中华书局出版。2002年，该书经过专家评审，被教育部研究生工作办公室列为研究生教学用书。

作为中华书局的作者，我对于中华书局尤其是近代史编辑室编辑们的工作态度和作风，有直接的了解和深切的感受。我主持或参与编写的书稿责任编辑如刘德麟、陈铮同志等，对书稿的审读都十分认真，发现问题（包括标点符号），就在书稿边上写了意见，或贴上小纸条，有的页上几乎写满了。这种敬业的精神，认真负责的态度，令人感佩。在书稿修订的往返过程中，在与编辑的不断接触中，我和原总编李侃、现总编李岩、编审刘德麟、陈铮同志等结下了深厚的友谊。

周其厚同志在北京师范大学历史系攻读中国近现代史博士学位时，跟我谈了他对学位论文选题的想法。他觉得中华书局和商务印书馆是民国期间很有影响的两家出版社，关于商务印书馆，已有几种研究著作出版，而对中华书局的研究则相对薄弱，他打算以之作为学位论文的题目，加以研究。我赞成他的选题计划，并建议他去请教当时任中华书局副总编的李岩同志。李岩同志不仅支持他的选题，而且给予了具体帮助和指导，向他介绍了中华书局的历史情况，为他的研究提供了资料的方便，使得周其厚同志较为顺利地完成了他的学位论文《中华书局与近代文化》。这篇学位论文答辩通过后，周其厚同志又对它做了必要的修改。在中华书局将为其出版时，我回忆了一点往事，以为之序。

（2006年11月撰，是书中华书局2007年出版）

《危机中的文化抉择——辛亥革命时期国人的中西文化观》序

对于中国近代思想史的研究，在新中国成立前，就有学者致力于此。新中国成立后的五十多年来，中国近代思想史的研究可以说蓬勃发展。五十多年来，中国近代思想史的研究，从系统性著作发展的情况来看，大致经历了由按时期依序论述思想家及其代表作到主要按思潮分类论述。这个变化，表明了中国近代思想史研究的发展和深化。但是，任何一种体裁都有其局限性，都有其长短得失。以思想家及其代表作依序论述有其局限，不易见一时期思想发展变化的脉络；以思潮递嬗分类论述，可弥补其不足，但也有缺失，即不易见思想家的个性特点。因此，必须寻求一种能避免绝对化、简单化，善于取长补短的论述方法。

叶瑞昕同志的《危机中的文化抉择——辛亥革命时期国人的中西文化观》，虽然只是研究辛亥革命时期十年间国人的中西文化观问题，但也涉及是按人物的思想来撰写，还是按思想派别来撰写。读了书稿后，发现他既不是以代表性人物的思想依序论述，也不是以派别分类阐发，而是理出这十年间时人对中西文化不同认识和取向所形成的问题来加以探究。在一个问题意识较为突出的短时段里，以相应问题归类来写，这无疑是一种可行的研究思路。

在该书中，作者对辛亥革命时期时人对中西文化的认识和取向归纳了四个问题，即"貌袭西学，以旧化新"、"输入文明，顺应时势"、"保存国粹，国有与立"、"新旧调和，以求会通"。这一归纳是否准确、全面，自可进一步探讨，但作者所提出的这些问题，实属当时所存在而需要阐明的。

就辛亥革命时期这段历史而言，作者按照问题而不按思想派别来论述时人的中西文化观，可以避免将复杂的研究对象简单化，也可以对在同一个问题中不同认识主体的差异或内在关联加以具体分析。例如，关于国粹派，一般都是以《国粹学报》的作者群为研究对象，然而当时有"在野倡国粹"与"在上言国粹"的区别。1905年，许之衡在《国粹学报》第6期发表的《读〈国粹学报〉感言》中指出："夫在上言国粹，则挟其左右学界之力，欲阻吾民图新之先机，以是为束缚豪杰之具，辞而辟之可也。若在野而倡国粹，则一二抱残守缺之士，为鸡鸣风雨之思，其志哀，其旨洁，是犹仁者见仁，智者见智，欧化者自欧化，国粹者自国粹而已。与执政之主持，殆不可同日而语。"照此说来，官方的提倡保存国粹，与民间的国粹论者存在着本质的不同。二者虽都在提倡保存国粹，但前者旨在维护纲常伦理，维护封建统治秩序，而后者所考虑的则主要是在西学不断输入的冲击下，国粹如何保存、国学如何昌明的问题。

在"中体西用"、"输入文明"、"保存国粹"、"新旧调和"等问题之间，作者指出它们并非互不相关，而是存在着某种内在的关联。例如，孙宝瑄是主张新旧调和的，他认为："居今世而言学问，无所谓中学也，西学也，新学也，旧学也，今学也，古学也。皆偏于一者也。惟能贯古今，化新旧，浑然于中西，是之谓通学，通则无不通矣。"又说："天下只有是非，无所谓新旧。"[1]但是，孙宝瑄的"无所谓新旧"并不是无所偏倚。由于他在接受新学后，"犹赖前日宋学以为本"，因此，往往是以中解西、以旧解新。如他曾将《论语》中的某些话语与西方的自由平等思想相比附，认为孔子的言论中早就出现过西方的民权、自由、平等思想，即所谓："三军可夺帅，匹夫不可夺志。孔子言人人有自主之权也。己欲立而立人，己欲达

---

[1] 孙宝瑄：《忘山庐日记》上册，上海古籍出版社1983年，第80、451页。

而达人。孔子言平等之义也。从心所欲，孔子言自由也。不逾矩者，自由而不背于理，不碍人之权限也。凡海西大儒所发公理，与孔子之言若合符契，可见道理本来一致，何有新旧之别?"[①]且不论这种附会的讹误，仅就其思路而言，与张之洞为代表的"中体西用"论者，就存在着某种内在的关联。

叶瑞昕同志的书稿，多有自己的见解，这里不一一说明。在该书即将出版之际，写点感言，以之为序。

（2006年撰，是书商务印书馆2007年出版）

---

① 孙宝瑄:《忘山庐日记》上册，第439页。

《晚清民初的理学与经学》序

一

在漫长的中国封建社会里，儒学既是文化的指导思想，又是文化构成的主干，占据意识形态统治地位。在中国士大夫的观念中，儒家伦理既是最美好的，又是最根本的。直到1840年鸦片战争以后，西方文化已经在中国传播，中国已经产生了新的文化，他们仍然固守这种观点。因而在纲常伦理受到西方文化的冲击时，士大夫们就不能不忧心忡忡，忧虑彼教"夺吾尧、舜、孔、孟之席"，担心"孔子之道将废"。他们殚精竭虑地保卫圣道，同时又不自信地认为儒学必将自东往西，盛行于西方各国，而"大变其陋俗"。在他们的思想中，"华夏中心"的观念根深蒂固。

在士大夫中，有像大学士倭仁那样，因反对学习西方而鼓吹华夷大防的守旧派。但也有人在认识上发生了变化，感到仅有礼义忠信已不足以维护其统治。他们承认中国文化和西方文化存在着差别，主张"取西人器数之学，以卫吾尧、舜、禹、汤、文、武、周、孔之道"。这就是所谓"中体西用"论。与顽固守旧派不同，"中体西用"论者比较开明，能因时而变，但同样服膺礼义忠信。在儒学世界观这个根本问题上，他们是固守不变的。"中体西用"论一直到清政府垮台前仍然在起作用，并成为清政府的指导方针。这也表明一个事实，即仅靠儒学已不足以维持封建统治地位，而儒学本身也需要借助外力。儒学作为从意识形态上维系封建统治秩序的权威性已受到冲击，其作为官方统治思想的地位正发生动摇。

西方文化的输入及其对中国文化的冲击，引起人们的观念发生了变化。首先是"华夏中心"、"华夷之辨"这一传统观念的突破。一些有识之士改变了盲目虚骄自大，开始正视事实，承认"夷"也有"长技"，中国有不如"夷"的地方，主张学习西方的"长技"。冯桂芬在他的名著《校邠庐抗议·收贫民议》中提出："法苟不善，虽古先吾斥之；法苟善，虽蛮貊吾师之。"1898年维新运动高潮期间，维新的支持者、满族官员阔普通武对《校邠庐抗议》作了一条概括性的批语，称赞此二语是"全书精粹最妙者"、"千古名论"，认为"现值庶政维新，诚本此二语以行之，深合乎穷变通久之大旨焉"。这和传统观念大相径庭。

贵义贱利、崇本抑末，也是儒学体系中的重要内容。在中国封建社会中，儒学的义利观有两方面含义：一是指个人道德修养，不能见利忘义，醉心于利禄；一是指治国之道，如孟子所谓"王何必曰利，亦有仁义而已矣"。这里所说的义利观的变化，是指后者而言。鸦片战争前后，言义不言利的传统义利观已经在发生变化，有人就批评讳于言利是"小儒拘滞之见"。当时兴起的经世致用之学，正是反传统的"重义贱利"，而注重于计功言利，以解决国计民生的实际问题。在近代，继承并发展重功利的经世之学，成为时代的潮流。20世纪初，梁启超更是鼓吹西方边沁的"功利主义"，抨击传统义利观中轻视功利的倾向。与义利观变化相联系的，是崇本抑末、重农轻商的观念也发生变化。一些有识之士很强调取法泰西振兴工商的重要意义，他们把商提到前所未有的重要地位上，以商务为国家之元气，认为通商为"疏畅其血脉"，甚至把振兴商务提到抵制外国侵略的高度。从以农立国到工商立国这一本末观念的变化，实质上是要求变封建小农经济为资本主义经济的表现。

社会伦理观念也在变化。伦理纲常在中国封建社会是天经地义不可违背的，但是，资产阶级维新家和革命家都吸取了西方资产阶级的民权、自由、平等思想，尖锐批判纲常伦理，指出"三纲五伦之惨祸烈毒"，"官可以无罪而杀民，兄可以无罪而杀弟，长可以无罪而杀幼，勇威怯，众暴寡，贵凌贱，富欺贫，莫不从三纲之说而推"（何启、胡礼垣《〈劝学篇〉书后》）。他们主张"人人平等，权权平等"，以资产阶级民权、平等观来反对封建的伦常观。

儒学在鸦片战争以后受到了社会经济、政治变动的冲击，受到了西学的冲击，它的统治思想的地位从动摇以至失落，它的一些重要思想受到批评而逐渐被淘汰。这是儒学在近代变化的一个方面。

二

中国近代社会的变化，被认为是"三千年一大变局"。面对前所未有的变局，儒学本身不可避免地要有所调整。其中有两点值得注意：一是儒学各派都趋向于经世致用，一是儒学各派的会通融合。

理学末流被时人诟病为空疏迂腐，无实无用。但在鸦片战争以后，清王朝走向衰落的情况下，理学如果仍一味只讲"居敬穷理"，脱离实际，无补于挽救清王朝面临的危机，应付大变局的形势。因此，它不能仅满足于道德内省，而且要注重实践，切于实际，把"内圣"与"外王"紧密结合起来，即修身、齐家、治国、平天下。曾国藩就没有将理学与经世对立起来，而是认为"经济之学，即在义理之中"。因此，曾国藩及其湘系集团也就有为维护清政府而对镇压太平天国农民运动发挥作用，也就有从事以"中体西用"为方针的洋务运动的可能。

今文经学作为儒学的一派，因龚自珍、魏源借之以言世务，而开风气之先；但真正盛行则在光绪年间。1889年，康有为受廖平的启示，即想借今文经学的"微言大义"，以为经世致用。他从今文经学接受"三统"、"三世"说和"孔子改制"说，并先后著《新学伪经考》和《孔子改制考》，斥古文经为伪经，以孔子"托古改制"，而主张变法维新。康有为的弟子梁启超、欧榘甲等都张其师的学说，竭力鼓吹今文经学。谭嗣同、唐才常受康有为的影响，也接受今文经学。湖南人皮锡瑞在长沙参与维新活动，也以今文经义言变法。正是改革、维新的社会政治需要使今文经学盛行一时。

20世纪初，古文经学家也注意经世。1901年，孙诒让撰《周礼政要》40篇。他在序言中说："辛丑夏，天子眷念时艰，重议变法，友人以余尝治《周礼》，嘱之摭其与西政合者，甄缉以备采择，此非欲标扬古经以自强其虚骄而饰其疮败也。"这说明孙诒让的《周礼政要》是因清政府推行"新政"的需要而利用古文经学的产物。其后，以古文经学"论治"，其著者有章太炎、刘师培等人。章太炎绍述清代考据学开创者顾炎武的"经世致用"思想，以民族主义鼓吹革命，以古文经批评康有为借今文经学"三世"说、"孔子改制"说宣扬改良。刘师培承其家传，治《春秋左传》。他在革命派与立宪派的论战中，发表了《论孔子无改制之事》、《汉代古文经学辨诬》等文，批判康有为的古文伪经说和孔子改制说。

可以看出，在鸦片战争至清政府垮台的70年间，不论理学、今文经学还是古文经学都趋向于讲求经世致用。由于政治立场和目的各不相同，所起的作用也很不一样。然而人们往往因龚自珍、魏源、康有为等宗今文经学，并以此言变法，曾国藩辈宗程朱理学，镇压太平天国农民起义，维护清朝腐朽统治，而判定今文经学的进步性。其实，今文经学也不存在独具的进步性。儒学各派所起的社会作用，在于掌握者的政治立场和目的如何。在太平天国农民运动期间，宗程朱理学的罗泽南、何桂珍，宗阳明心学的吴嘉宾，治汉学的吕贤基、邹汉勋，以及治今文经学的邵懿辰，都维护清朝统治，在反抗太平天国农民战争中"殉道"，即是明显的事例。至于各自的学术成就如何，则又当别论。

近代儒学变化另一值得注意的方面，是儒学各派的会通融合。儒学内部，门户、派系之见甚深，汉学与宋学、今文经学与古文经学、程朱理学与阳明心学互相排斥，各不相容。鸦片战争以后，因为"时势"的关系，汉、宋学不仅归于息争，而且二者兼综会通更为盛行。如岭南著名学者陈澧，被认为是开汉、宋学会通之先声。汉、宋学的调和会通并非始于陈澧，其前辈已多有倡导，但他确实是咸同间主张会通汉、宋学颇有影响者。不仅是学者会通汉宋学，一些以治学著称而权势显赫的在位者也主张汉、宋兼采。如曾国藩，"一宗宋儒，不废汉学"，不赞成讲义理者贬抑汉学，也不赞成讲汉学者贬抑宋学。张之洞则是宗汉学不废宋学，主张"读书宗汉学，制行宗宋学"。

儒学内部各派的兼综会通，不仅是汉、宋学之间，还有其他学派，如今文经学。治汉学或尊宋学者，也不乏兼采或兼治今文经学的。邵懿辰论学宗朱子，以"仪宋"命堂名，但又重今文经学，著《礼经通论》。承家学渊源的刘师培，虽尚古文经学，力批康有为的今文经学，但其实并不一概排斥今文经学，而是对之兼采。同样，宗今文经学的人也不都排斥汉、宋学，而是主张调和汉、宋学。今文经学家皮锡瑞即主"开通汉宋门户之见"，认为汉、宋学"同是师法孔子，何必入室操戈"。在儒学内部开通门户之见，更为明显的是对陆王心学的兼采会通。曾国藩宗程朱理学，曾对陆王心学表示不满，后来却转而加以推崇。其子曾纪泽在祭文中称曾国藩"笃守程、朱，不弃陆、王"。宗今文经学的康有为，对陆王心学很喜爱。尚古文经学的刘师培，则吸收了王阳明的"良知"说。

三

近代西学东渐，异质文化的传入，导致儒学发生又一重大变化，即它在和西学的矛盾中调和会通了西学。

19世纪末20世纪初，康有为即试图将儒学与西学会通，并建立自己的思想理论体系。康有为的思想理论体系很庞杂，但其基点为孔子儒学——"仁"、"元"，包括思孟学派、陆王心学、董仲舒和今文经学派、《易经》的思想。他的哲学范畴"仁"、"元"，吸收了西方的民权、平等、博爱的社会政治学说，以及近代自然科学和天文学、天体力学、地质古生物学等。他的"大同"乌托邦思想，也融会了西方的空想社会主义。如果说宋明理学体系是"援佛入儒"的话，那么康有为的理论体系则是"援西入儒"。正是在会通中西学，以西学比附、阐释儒学的基础上，康有为建构起以"元—仁为体"的儒学体系和"大同"乌托邦社会。谭嗣同"仁学"体系的思想渊源，大致与康有为近似。他也是力图会通中西学，来建构"仁学"体系。谭嗣同和康有为都是"援西入儒"，构建起"不中不西，亦中亦西"的以儒学为主、中西学杂糅的不成熟的思想体系。

20世纪初，资产阶级民主革命兴起，民权平等学说日益传播。其中卢梭的《民约论》产生了很大的影响。刘师培1903年与林獬编撰《中国民约精义》一书，1904年刊行。该书是辑录中国"前圣曩哲"书籍中"言民约者"，起自《易》、《书》、《诗》，迄于鸦片战争前后龚自珍、魏源、戴望的著述，所及范围较广泛，但主要是儒学各派的著述。刘师培在每段后面加了按语，以卢梭《民约论》的相关论点为印证，加以阐释，评论其得失，既指出中国的圣哲与卢梭思想之间的相通和歧异之处，也指出中国古人之间思想的先后继承和变化。即如《春秋公羊传》，康有为利用的是"三世"说，而刘师培却认为其"最重要义在于讥世卿"，声称"《公羊》一书最重民权"。把《春秋公羊传》说成"最重民权"，显然是不符合事实的牵强附会。刘师培这种做法，与康有为、谭嗣同的建构思想体系有所不同，但也是试图会通儒学与西学。

1912年，清王朝覆灭，民国建立。儒学失去了它作为官方统治思想的地位。民国初年，曾经掀起一股尊孔读经的逆流，康有为等人鼓吹要把孔教作为国教定入宪法，一时间闹得乌烟瘴气。但是，随之而来的是新文化运动蓬勃展开，孔子及儒学受到前所未有的冲击。儒学终究是衰落了。但也就在此时，受第一次世界大战影响，在一些中西人士中出现感叹"西方文明的没落"而称赞东方文化的思潮。梁启超欧洲归来后，即认为民主、科学为基础的西方文明已破产，中国不应该盲目仿效"病态"的西方物质文明，而应该发扬光大本国固有的精神文化，以担当起重建世界文明的使命。同时，梁漱溟发表了《东西文化及其哲学》一书，成为建构现代"新儒学"的发端。梁漱溟也是主张中西文化的会通融合，而且是在比较完全的意义上开始把中西哲学结合起来创立体系。梁漱溟以陆王心学融会柏格森哲学等，建构其"新儒学"理论体系，以"复兴儒学"，突破了康有为、谭嗣同等人简单的杂糅比附。

继梁漱溟之后，熊十力、冯友兰、贺麟等人也努力会通中西，实现对儒学传统的重建。他们弘扬儒学，建构"新儒学"，这是一种文化现象，对他们的学理，研究者的评论自来有异，但有一点是有共识的，即他们的弘扬儒学并不是单纯回归传统，不是退回去，而是要为中国文化和中国社会谋求现实出路。因此，他们的文化构想是有针对性的，既是针对反传统的西化论者，也是抵拒马克思主义的传播。

以上所述，是儒学在近代中国的大致变化。

四

学界关于近代时期的儒学研究已有不少成果。梁启超、钱穆、周予同等在其清代学术史著作中都曾论及。近20年来，随着中国近代史研究的深入，作为近代文化史的一个重要方面，儒学在近代中国的发展变化受到重视。即以北京师范大学来说，自20世纪80年代后期至今，前后已有十余篇博士学位论文选择这方面的题目，涉及晚清的理学、心学、汉学、汉宋关系，清末民初的国粹学派、尊孔思潮、孔教会，以及魏源、康有为、章太炎儒学思想等。这些论文或侧重于学术史，或偏重于思想史，从不同角度拓展了近代儒学史研究。如何深化既有研究，有一定难度。

张昭军同志从事近代儒学研究已有多年，熟悉这些情况。他读研究生时，先后以曾国藩理学思想、章太炎儒学思想为研究对象，分别完成硕士、博士学位论文。随后，他以个案研究为基础，就龚自珍、康有为、章太炎、孙中山等八位著名思想家的儒学思想作了梳理，出版《传统的张力——儒学思想与近代文化变革》一书。最近，我们花费五年时间，合作完成了教育部重点课题"清代理学研究"，由他撰写晚清部分。这些成果，印证了一位年轻学者的成长历程，同时为他写作该书奠定了基础。

　　《晚清民初的理学与经学》是围绕程朱理学、今古文经学所进行的专题研究。前五章是综合性论述，后六章是个案研究。其中，有些论题，如今文经学家与程朱理学的关系、方宗诚的理学思想等，是以前学界关注较少的。有些论题，如晚清时期的汉宋关系，曾国藩、倭仁的理学思想，康有为、章太炎的经学思想等，作者在学界已有研究基础上，对其加以细致化或系统化，力争有所深入。应当说，作者的这些努力有助于近代学术史研究，值得肯定。

　　近代中国是中国社会和文化变动最为剧烈的阶段，也是近些年来学界关注较多的学术领域。在当今中外文化交流密切的情况下，研究者积极学习和借鉴西方学者的优长的同时，应当注意继承、保持和发展中国学术的特色，不人云亦云。这需要养成独立思考的能力，不断加强历史文献的研习，提高传统文化素养，下一番踏踏实实的工夫。期望昭军，也期望有更多年轻人对中国文化加以认真研究，能够对中国文化保持清醒认识。

　　昭军要我综括地介绍一下近代儒学，故写了以上这些话，聊以为序。

　　　　　　　　　　（2007年春节撰，是书商务印书馆同年出版）

学风与育人

——读《刘大年来往书信选》书后

一　读大年同志致他所培养的博士生信的体会

在"书信选"出版之前，有机会读了书稿，对于大年致李长莉、姜涛、杜语的几封信很注意，就复印下来，上课时给中国近代史的博士生边谈边说明，用来指导他们的学习。作为也培养中国近代史研究生的教师，我感到大年的这几封信所谈的，有几点值得我学习。

1. 史料和理论

大年同志认为要做好一篇博士论文，材料与理论两方面的准备都要比较充分，"不可畸形"。对于历史研究来说，史料是基础，不能做无米之炊。但是，仅有史料是不够的。还需要有理论的指导，上升到理论的高度。大年在信中不止一次指出，"要上升到理论论述，阐述历史唯物论，使全文表现出理论特色，打破就事论事格局"。后来，他在给胡绳同志信中讲胡绳同志的学术成就时，说："他是用哲学统帅对历史客观存在和演变的认识的。一切真正历史学家总是思想家或哲学家。"可见理论对历史研究的重要意义。

2. 鼓励学生在学术上要独立思考，讲自己的见解；但必须要建立在忠实研究的基础上，有理有据

他在这几封信中，反复鼓励学生"在学术问题上你们要独立思考"，"必须根据自己掌握的事实，加以分析，独立判断，讲自己的见解"。同

时，大年也指出，独立思考，反驳别人的说法，讲自己的见解，必须"建立在踏实的科学研究基础上的，而不是信手抓来一点什么，就自以为实现了所谓突破之类"。"至于自己还根本没有弄懂的东西，就大发议论，反驳别人，当然不在此数。"对于"别人讲的对自己有启发的意见，必须充分注意，充分吸收"。总之，如大年所说的，"科学研究要解除思想束缚，坚持科学态度"。

3．研究历史要抓住事情的本质，历史地、具体地分析问题

关于通商口岸是港口城市而不是近代化城市的问题，大年认为两种不同城市是两个不同历史时代的产物，它们的区别是城市性质的区别，亦是社会性质的区别。它们的对外开放是不可混为一谈的。"模糊了两者的区别，便会造成谬误。因此，要讲开放，但必须分析事情的实质。……强调说明中国口岸对外开放了，并不等于中国就发展了，或为发展开辟了道路。旧中国的口岸对外开放，和中国的发展、近代化完全不是一回事。旧中国是帝国主义、封建主义统治下的半殖民地、殖民地。社会要发展，走上近代化，就一要民族独立，推翻帝国主义的压迫、剥削；二要废除封建统治，最后解放生产力。它们是中国近代历史的全部根据，历史也就是这样走过来的。不要因为讲对外开放，就把事情闹颠倒了。"关于近代化和革命的问题，今天仍然是存在的问题，而且所谓现代化史观，比20世纪80年代更流行了。

4．平等地讨论学术问题

大年是国内外有影响的著名历史学家，但他没有摆出权威的架子，而是以追求真理，从科学事业发展出发，反复向学生说明，不要因为是老师说的就都要接受，"对于我写的什么，你们可以同意，更可以尖锐反驳。学术讨论中，得力的反驳推进科学"。"对我说的那一些，有几分可取就取几分；了无可取，就彻底干净抛弃之，毫不犹豫。在这里，来不得半点虚假、客气，千万千万。"大年这种真诚地要学生尖锐反驳自己意见，表现了一个学者广阔的胸怀，为人师表，堪为风范。

二 大年不仅对马克思主义理论、史学、经学等深有造诣，对旧体诗也有研究，且能诗

他做诗和做学问一样，都很认真执著。他1989年11月在《人民日报》发表的"见说"四首诗中的第四首，八庚韵插入了一个十一真的"人"字，按《佩文诗韵》，八庚是下平声，十一真是上平声，不同部，为出韵。他给冯至先生写信说："我主张写诗既然采用古典的形式，就应当遵守那种形式的规则。现在自己不遵守，虽然是打油，也无以自圆其说。流传出去，害人害己，于心难安。"于是问冯至"能否从前人论述中找到相关的解释"。冯至回信向他提到夏世钦的《槐轩论诗法》一书。大年又托任继愈先生从北图查找。后来找到了夏世钦的《槐轩千家诗注解》，但觉得该书中对出韵所说还是疑信参半。因诗中一个"人"字出韵，"于心难安"，就非把它弄清楚不可，以免"害人害己"，这种一丝不苟、认真负责的精神，很值得我们学习。

这里我想说大年的"见说"四首。他之所以写这四首诗，是有感而发。这在诗序中作了说明："亚洲一些国家和地区经济增长，据说得力于奉行孔学。几年前即闻此议论，近日主张者尤多。北京孔子讨论会的论文即有持此说的。到底是孔学可以指导现代化，还是要把现代化生活拉回到孔学思想里面去，没有本领参加讨论，打油诗数首存疑。"大年用了"存疑"二字，实际上是不赞成亚洲一些国家和地区经济增长是"得力于奉行孔学"的说法，这种说法是"要把现代化生活拉回到孔学思想里面去"，是历史的倒退。所以他在第四首的末两句感慨道："我自沙滩楼下过，可怜德赛两先生！"冯至先生在给大年的回信中对这四首诗很是赞许，他说："《见说》四首写得很好，我读后觉得很痛快。现在思想界的确相当混乱，不是'崇外'就是'泥古'，需要澄清。"可见大年的诗对澄清这种思想混乱的意义。也是在1989年，大年在《求是》杂志发表了《马克思主义与中国传统文化》一文，文中指出了"崇儒尊孔"和"全盘西化"的主张都存在于当时的思想文化论说中。他说："对于传统文化，没有人想一笔抹煞

孔子和孔学。""但这不等于我们认为可以搬用孔学体系来认识和处理现实生活。不去用批判态度对待孔学为代表的古代文化，除了表示倒转历史车轮，难以表示别的什么。孔学保守、封闭带来的危害，近代的中国人、外国人不知讲过多少。……他们的严厉批评，在今天仍然值得引起注意。重新认识和批判对待传统的文化，才能产生新的文化。"大年的诗文发表距今已近20年，这种"崇儒尊孔"、"泥古"的思想不仅仍然在，而且更为泛滥。大年的诗文在今天，仍有其现实意义，值得我们重温。

（原载《史学史研究》2007年第2期，后改为现题，

收入《史学理论与史学史学刊》2007年卷，

社会科学文献出版社2007年）

地方革命史研究的新成果

——《湖北近代革命史》简评

中国近代史是一部饱受帝国主义、封建主义、官僚资本主义压迫与剥削的历史，同时也是一部中华民族追求独立解放的历史。革命是中国近代史的主旋律。最近读到陈昆满主编的《湖北近代革命史》（湖北人民出版社出版），更加深了我的这种感受。

湖北是中国近代革命最有代表性的地区之一。早在1838年林则徐就在武昌首创禁烟；太平天国起义之前，湖北就发生了钟人杰领导的农民起义；辛亥武昌首义，为埋葬最后一个封建王朝立了头功；在中国共产党成立的第一次全国代表大会上，13名正式代表中就有5位荆楚儿女；北伐战争以后，武汉成了实现第一次国共合作的政治中心；土地革命时期，湖北的鄂豫皖、湘鄂西、湘鄂赣和鄂豫陕苏区革命红旗不倒；抗日战争时期的武汉保卫战等正面战场的战斗和新四军第五师开辟的武汉外围敌后战场，为民族自卫战争的胜利作出了巨大贡献；由中原突围打响的解放战争第一枪和刘邓大军千里跃进大别山等等，为共和国的诞生唱响了催生曲。由此，我们可以得出湖北的近代革命历史堪称是中国近代革命史的一个典型缩影的结论。

《湖北近代革命史》是编著者积数年之功，遍搜档案报刊资料、尽采最新科研成果、苦寻历史发展脉络，秉承求实史学传统所形成的宏篇巨著，它不仅让我们领略湖北近代革命活动的宏伟画卷，而且让我们在更深的层次上感受到革命先行者的不朽精神光芒：这就是英雄的荆楚人民为振兴中华而勇于牺牲的奋斗精神；为抵抗外侮而团结战斗的爱国主义精神；为探索救国之道而敢为天下先的创新精神。这些崇高精神是一百五十多年来无数革命先贤用鲜血和生命凝铸成的。

《湖北近代革命史》作为学术著作，它比较注重利用新资料，选择新视角，提出新论点，这是难能可贵的。该书选用了众多最新披露的文献资料，在介绍近代革命斗争人物时渗透着历史悠久的荆楚人文精神；在论述相关革命事件时能够放眼全国大局、乃至世界形势的发展。该书的编著者在展示自己扎实治史功底的同时，还处处体现秉笔直书的良好史德修养。这表现在对革命史内容叙述的全面上（包括政治、经济、文化等社会各个方面）；表现在对历史人物评价的客观公正上（无论是正面人物还是反面人物）；表现在对中国共产党领导革命斗争的经验教训的求实总结上（不管是思想的正确与否，政策执行的成功与失误或是方法运用的合适与缺欠）。我认为，只有真正坚持这种严谨的治史态度，才能使我们的研究成果具有其长远的生命力。

（原载《光明日报》2007年6月15日）

《百年青峰》序

今年是柴德赓先生百年诞辰。

55年前，1952年，我与柴先生相识。当年，我于北京师范大学历史系毕业，留校任助教。暑假后院系调整，辅仁大学和北京师范大学合并，柴先生任新组建的北京师范大学历史系主任。他上任后与青年教师谈话，我们就这样相识了。柴先生是我的师辈，在见到他之前，想象中他定是有着教授的那种威严。见面之后，感到跟自己想象的不一样，他平易近人，谈笑风生，时带风趣，令人很快就消除了"紧张"感。这是我对柴先生的第一印象。

1953年，柴先生要我担任系秘书，协助他处理系里的日常事务，直到1955年先生调任江苏师范学院（今苏州大学）历史系主任。在这两年多的时间里，我与柴先生见面、谈话的机会很多。我们的谈话，除了系里的工作外，范围广泛，诸如读书做学问、京剧流派、书法等。柴先生是陈垣老校长的高足，长期在陈老身边工作，甚得师传，功力深厚，学识渊博，对文献典籍尤为熟悉。他经常在跟我谈完系里的工作后，就聊起读书做学问的事，使我获益良多。有一次，他跟我谈到他的浙江同乡晚清名士李慈铭及其《越缦堂日记》，说李慈铭这个人有学问，但好贬人，他说《越缦堂日记》记载了朝廷政事、读书心得，我是教中国近代史的，阅读这部书有好处。我按照柴先生的指点，从图书馆借了这部书，放在办公室的书架上，晚上有时间就读一点，虽不都明白，却也获得不少知识。他几次跟我讲张之洞的《书目答问》，要我重视目录学的基础。柴先生负责主编中国近代史资料丛刊中的《辛亥革命》，对有关辛亥革命的资料及一些人物的逸闻遗事更是常谈的话题。先生跟我"闲谈"，实际上是在教我如何做学问。回想起来，我的成长是和先生的教益分不开的。

柴先生当时给历史系学生开设"历史要籍介绍"，这门课对他来说是驾轻就熟，但他还是认真备课，写出讲稿。对于所承担的系主任工作也很负责，每当校党委、行政召开系主任会议布置工作后，他就及时召开系务会议，研究如何贯彻落实。作为高等师范院校的历史系，任务是培养中学教师，有一门历史教学法课程，当时系里教这门课的师资不足，柴先生想办法调有经验的中学历史教师到系里任教，以充实师资力量。按教学计划的规定，每年都有学生到中学进行教育实习，举行观摩教学。柴先生即使工作再忙，也要挤出时间到中学听学生的实习课，或参加观摩教学。柴先生很重视图书资料建设，在他任上，从琉璃厂古旧书店购买了宣统退位诏书、徽州地契、田亩册等文书，以及有关辛亥革命的史籍等一批珍贵文献资料。

这两年多的时间里，我既做柴先生的助手，也是他的学生，我们相处融洽，结下了情谊。他离开北京后，让人怀念！1959年，我初次回福建老家探亲。旧中国，福建没有铁路，交通不便。1959年鹰潭至福州的铁路建成通车，才有了方便的交通条件。暑假过后返校时，从福州到北京要在上海转车办签票，学生返校很多，票签在四天后。几年不见柴先生了，于是利用等车的时间到苏州去看望他。两人见面，都很高兴。柴先生、柴师母很热情，要我住在他们家里，在苏州玩几天。盛情难却，我也就按先生的安排住下了。柴先生在苏州工作了几年，人地都很熟，可以说已是"苏州通"。他领着我参观了拙政园等名园，出阊门乘马车至虎丘游览，到周瘦鹃先生家拜访并观赏盆景，漫步于苏州街市，买了采芝斋的粽子糖、点心。当年的苏州市区，古城风貌依旧，没有车马喧闹，也不拥挤，很是安静。苏州虽好，终须归去。三日之后，与柴先生、柴师母告别，记得是邦衡送我去火车站的。再与柴先生见面，是20世纪60年代。先生先是在北京大学历史系讲授"史料与史学"课，住在北京大学专家招待所；其后，协助陈老校长整理《新五代史》，住在东官房北京师范大学宿舍。我先后到他的住处去看望过。又过了一些年，先生还是老样子，见了面，热情依旧，谈笑如常。谁也未曾想到，这会成为我与先生最后的见面！

（是书苏州大学出版社2007年出版）

断代通史著作的成功尝试

——《中国近代通史》笔谈*

通史著作多被视做史学研究总体水平的反映，也是史学体系成熟的标志。经过几代学者的努力，中国近代史研究已取得长足进展，积累了大批成果。对既往成果加以综合和总结，有助于今后更好地开展研究工作。由张海鹏先生主编、中国社会科学院近代史研究所编纂的10卷本《中国近代通史》，是中国近代史领域第一部完整的近代通史专著。该书以半殖民地半封建社会的中国历史作为研究对象，时间范围从1840年鸦片战争到中华人民共和国成立，论述了大约110年的历史。粗读全书，有以下几点看法。

一 《概说》提纲挈领，观点明确

一般说来，大型通史性著作不仅要求综合反映学术界已有成果，而且理论方法上需有一定突破。因为，指导思想、理论框架、总体思路、时期划分等直接左右着各卷的撰写，决定着各卷的内容取舍，篇章安排，甚至学术质量的高低。《中国近代通史》以《近代中国历史进程概说》（以下简称《概说》）开篇，提纲挈领，统率全局，效果显著。《概说》系统总结了50年来特别是近20多年来中国近代史学科体系方面的理论成果，对中国近

---

*与张昭军合撰。

代史的社会性质、主要矛盾、基本线索、时代主题、历史分期、总体特点等都做了深入分析、评论,对编纂《中国近代通史》的基本原则、思路、分卷标准等提出了有说服力的观点。其中,对革命史理论与现代化理论、"革命史范式"与"现代化范式"关系的辩证,是全书的核心论点,如乐章之主旋律,贯穿全篇,值得关注。

众所周知,"范式"为外来词,近些年来为不少国内学者使用。就中国近代史而言,"范式"关系到对近代中国社会性质、主要矛盾、基本线索、历史主题等主要理论问题的处理。该书因其在某种意义上与学科体系有相近似的地方,故重视范式问题的讨论与辨析。

从学科发展史看,中国近代史研究从一开始就是为了当时中国社会的现实需求,为了回答"中国向何处去"这一历史主题而产生的,因此,对现实社会出路的思考与探索往往影响着近代史研究。与对"中国向何处去"的回答较为一致,近代史研究也出现了"现代化"、"革命"或"改良"等不同答案。正如书中所说,"纵观20世纪中国近代史研究,每一时期占支配地位的对中国近代史的总体判断,主要地不是来自学科本身,而是来源于对当时中国现状与未来走向的判断。每一时期的社会政治思潮、政治意识形态和普遍的社会政治心理,往往构成这一时期中国近代史研究的学术话语和基本概念。这种学术话语所形成的学术氛围,规定和控制着中国近代史研究的方向,左右着中国近代史研究'范式'的命运"(第1卷,第42页)。在各种提法中,以"现代化范式"与"革命史范式"最具代表性,其间争议也最激烈。20世纪三四十年代,出版了几部以"中国近代史"冠名的著作。其中,蒋廷黻的《中国近代史》,把中国近代史视为在西方冲击下走向现代化(或近代化)的历史;范文澜的《中国近代史》上编第一分册,则把中国近代史视为帝国主义入侵及中国沦为半殖民地半封建社会的过程和中国人民反抗外来侵略的过程。可以说,这是中国近代史研究中"现代化范式"与"革命史范式"最早的对立。

改革开放以来,随着中国社会主义现代化事业的蓬勃开展,现代化理论再度引起近代史研究者的关注。正如现代化理论的林林总总,国内学者对"现代化范式"的说法也不一致。《概说》将其概括为两种类型。一是主张用"现代化范式"取代"革命史范式"。作者经过论证后指出："用现代化范式替代革命史范式，其结果，对近代中国历史进程的基本面貌的解释，与人们通常熟知的中国近代史知识完全相反，不能认为是正确的替代。"（第1卷，第46页）二是以现代化为视角研究中国近代史，或者说研究近代中国的现代化进程。作者辩证分析说：这种研究"是有意义的，它使读者通过另一个视角看到了近代中国的历史。但是这样的观察和研究，也终究不能把一部完整的中国近代史呈现在读者的面前"（第1卷，第47页）。针对其中一些论者提出以"现代化范式"包含"革命史范式"的观点，作者指出，对于近代中国反帝反封建、革命与改良等问题，"现代化范式"并未给出令人信服的解释，而且，"近代中国历史的全部内容，不是现代化的进程所能够包容的"，很难从历史进程的方向叙述完整的近代中国的历史。按照作者的理解，现代化以工业化为核心，而追求国家独立、人民解放才是近代中国的基本任务，因此，不能也不可能把反帝反封建斗争包含在现代化进程之中，"简单地用近代化或现代化的思路来概括近代中国的历史，虽然从历史认识或者历史叙述的过程来说可能有新意，但不一定能全面、准确反映近代中国的历史事实。在近代中国，主题还是谋求中国的独立和平等。正是这一主题，制约着近代中国历史的发展，制约着中国现代化的发展方向。中国人谋求近代化或现代化的努力，是在独立主题之下进行的"（第1卷，第57页）。

总体上说，《中国近代通史》主张以"革命史范式"为主，吸取"现代化范式"之长，取长补短。"现代化的视角如果不与革命史的视角相结合，仅仅用现代化理论揭示近代历史，也难以科学地复原历史真实面目。"（第1卷，第48页）而"用'革命史范式'撰写中国近代史，局限于革命史的视角，可能对社会经济的发展，社会的变迁注意不够。如果在'革命史范式'主导下，兼采'现代化范式'的视角，注意从现代化理论的角度，更多关注社会经济的发展、更多关注社会变迁及其对于革命进程的反作用，就可以完善'革命史范式'的某些不足"（第1卷，第50页）。这段话应当说是全书谋篇布局的宗旨，也是各卷遵循的指导思想。

二 坚持以政治史、革命史为主干，较客观地反映近代中国的历史

政治史是历史的主干。历史研究提倡创新，多年来，总有人主张以"文明史"、"社会史"、"文化史"等为主，重写历史，甚至以此淡化革命在中国近代历史上的地位。在此环境下，《中国近代通史》坚持以政治史、革命史为主干，自有价值，值得肯定。当然，坚持以政治史、革命史为主，并不意味着重走前人的老路，而是在吸收以往积极成果的基础上，加以开拓、发展。这里的政治史、革命史，不是个别党派的历史，它包括了近代中国阶级斗争、民族斗争的历史事实，包括了反对帝国主义、反对封建主义的斗争事实，内容较为丰富、全面、客观。这里谨结合各分卷对这一问题的落实情况，做简要评述。

其一，革命史的叙述不限于某一党派、阶级、团体，力求较全面地反映中华民族争取独立、富强的历史。例如，第7卷所述1924年至1927年间的这段历史，阶级斗争和政治生活极其复杂。论述革命运动时，作者没有简单地以共产党（或国民党）为重点，而是以国共两党为主角，同时关注中国国民党的"国民革命"与中国共产党的"阶级革命"，并且兼顾中国青年党（国家主义派）的政治活动和思想主张。具体阐述时，作者也没有采取形式化做法，拘泥于"左"、右倾的分析框架，而是结合历史事实，动态地、具体地加以论述。这样，既避免了把中国革命史等同于中国共产党（或国民党）的革命史，又通过国共两党的对比，雄辩地说明了中国共产党在当时更具先进性。再如对国共两党关系的阐述，该卷指出，1924年至1927年间的国共关系，既是一种相互合作的关系，又是一种相互竞争的关系。国共关系演变的复杂情形，实际远非过去常用的"容共"、"联共"等词所能容纳。无论"容共"，还是"联共"，都不足以完整表述这一

时期国共关系的动态变化过程。1925年以后，加入国民党的中共党员只是其中一部分而非全部；同时，一大批国民党的青年党员转入共产党。国共两党关系的初始形式也在发生改变，由初期的中共党员加入国民党的单向流动，发展为两党党员之间的双向互动。到后期，中共党员加入国民党者渐少，而国民党员转入共产党者日多。另一方面，中共对意识形态的强势宣导，加入国民党的中共党员对国民党地方组织和民众运动的运作，以及中共组织严密与国民党组织散漫的强烈反差，使国民党人感到共产党大有"反客为主"的态势。国民党人对共产党人"容国"的危机意识与警惧心理，加速了第一次国共合作的破裂。这些说法，未必完全正确，但从国共两方面来考虑问题，视野开阔，所得结论的客观性自然会有所提高。1927年至1937年间的历史，以往多偏重于从中共党史的角度展开，近年来的一些中华民国史著作则矫枉过正，完全以国民党政权为中心，不重视对共产党方面的阐述。第8卷论述这一时期的历史，以史实为据，对于国民党、共产党，论说较为客观。

其二，政治史的叙述不限于革命阶级、革命政党的历史，力求论述社会各阶级、各派别的历史，包括改良派、守旧派或中间派、反对派的历史。如，第5卷述1901年至1912年间的历史，重点揭示辛亥革命历史进程的同时，尽可能加强对清末新政与立宪运动的研究，努力揭示新政、立宪与革命三者之间错综复杂的互动关系。作者对清末新政与立宪运动的研究，不只是作为辛亥革命史的铺垫，而是把清政府、立宪派与革命派作为当时中国政治舞台上的三股重要势力加以综合研究。第6卷论述1912年至1923年间的历史，从阐述"北洋军阀统治的建立"入手，对北洋军阀的内部矛盾、派系斗争以及统治危机进行了深入分析，从而与革命派、改良派以及新文化派形成强烈对比，有助于彰显近代中国在这一时期的历史变化。再如，与此前出版的一些中国革命史、中国共产党通史、中国新民主主义革命史方面的著作有所不同，第7卷不仅关注"革命"、"进步"的一方，也关注"反革命"、"保守落后"的方面。例如，以往研究北伐战争，大多重视南方革命派，而不重视研究北方军阀，较少关注军阀是如何应对这场战争的。该卷对南方革命党、北洋军阀及其政府的观念、行为及互动关系的考察，有助于较清楚地说明北伐战争和国民革命在近代中国的历史地位。

其三，以革命史为主干，兼及现代化进程。近代中国要解决两大任务：一是争取国家独立，一是争取国家富强。该书首卷《概说》曾做这样的区分，用反帝反封建争取国家独立，用现代化争取国家富强。后9卷的撰写很好地落实了以革命史为主干的原则。具体说来，坚持了主编张海鹏先生提出的近代110年"七次革命运动高潮"的观点。在分卷分章的标题里，尽管没有出现"革命高潮"字样，但"革命运动"实则是各分卷论述的重点或核心。如，第2卷述太平天国起义、第4卷述戊戌变法和义和团、第5卷述辛亥革命、第6卷述新文化运动和五四运动、第7卷述国民革命、第9卷述抗日战争、第10卷述解放战争等。全书在以反帝反封建的革命运动为基本线索的前提下，还照顾到谋求国家富强的现代化进程。第3卷述1865年至1895年的历史，洋务运动是其核心内容。如何看待洋务运动，可以有政治史、经济史等不同角度。该卷不限于"革命史范式"，而以中国早期现代化的尝试为考察和分析这一时期历史的中心线索，既考察它在早期现代化历史进程中的开端地位，也分析它遭受挫折失败以及失败的原因与教训，研究视野、体系结构较前人都有新的进展。再如第5卷述1901年至1912年的历史，兼以现代化理论作参照，把清末新政、"预备立宪"、立宪派的立宪运动置于近代中国政治现代化的坐标下进行考察，较单一地从革命史角度评判，所揭示社会矛盾的复杂性、所探讨问题的深度都有进步。革命史与现代化进程的结合，使全书结构更臻完善、内容更趋丰富。

三 "通史"在于"通"

关于通史之"通"，至少有两方面含义。一是纵向贯通，前后连续；二是横向贯通，综合系统。《中国近代通史》首重历史的纵向贯通性，按历史的逻辑而不是分专题，来阐述中国近代历史进程。全书以革命运动为主线，以政治史为主干，较好地体现了中国近代历史的发展轨迹，解析了从鸦片战争到解放战争期间五次历史性转折，揭示近代中国资本主义发展的趋向和社会主义的前途。全书以时间次序和历史逻辑来书写，有助于说明历史现象的错综复杂与前因后果，阐明近代历史的特点、性质与规律。同时，注重五四运动前后历史的打通。1840年至1949年的历史，自成一个段落，既区别于此前的封建主义社会，又不同于此后的社会主义社会。长期以来，研究者将这段历史分为中国近代史（1840—1919）和中国现代史（1919—1949）。该书把前后两个时期打通，不仅是对近代中国社会演变历程的客观反映，也合乎中国近代史学科建设的内在要求。同时，对于中国革命史、中共党史研究，对于推动1949年以来已有近60年历史的中国现代史学科建设，都有裨益。

通史旨在体现历史的完整性、系统性、连续性，以历史发展演变的内在逻辑为出发点；分卷要求界限严谨、分明，便于作者撰写、操作，以历史编纂学的逻辑为出发点。二者既具统一性，又不可避免地存在矛盾。作为一部大型通史，如何划分历史时期，如何分卷，从而更好地体现出史学与历史的一致性，这既是治通史的一大难点，也是仁智各见的事情。如果求全责备，那么，《中国近代通史》除总论以外，其他9卷的时段划分、标题设计尚有可推敲之处。例如，第2卷名为《近代中国的开端》，第3卷名为《早期现代化的尝试》，而从第4卷起改以大事件题名，近代中国发展历程、现代化进程与大事件三种题名方式各说各话，不相统一。再如，关于《辛丑条约》的处理。《辛丑条约》签订于1901年，该书将其列入第4卷《从戊戌维新到义和团》，合乎历史逻辑，但与所系年份1895年至1900年则不尽一致。

横向地看，作为中国近代的通史，政治史是历史的主干，经济史、文化史、社会史等也是历史的重要组成部分。对此，首卷《概说》有清楚认识："全面反映近代中国历史内容，需要政治的、经济的、文化教育的、社会生活（包括人口状况）的、民族关系的、边疆政情和社情等各方面研究的配合，缺一不可。尤其在建设中国特色社会主义的过程中，我们需要对近代中国的基本国情有全面、深入、丰富的了解，单线条的认识是不能反映复杂多变的社会的。"（第1卷，第62页）但在通史编纂中如何加以落实，怎样处理好政治与社会、经济、文化的关系，的确有一定难度。从各分卷内容看，对于经济、文化、社会等领域的问题虽有所关注，但从整体上说，仍稍嫌薄弱，且前后照应似乎也不够。例如，五四新文化运动在中国近代文化史乃至整个近代史上，具有不可忽视的地位。它与五四运动既有联系，又有所区别。第6卷（1912—1923）中有关五四新文化运动的阐述偏少，与其历史地位明显不符。在写法上，第5卷（1901—1912）将思想文化与社会生活变迁专设一章，而其前后各卷则将思想文化融入政治史叙述中，且篇幅较短，以致对一些重要的问题缺乏交代。与政治史相比，有关经济、文化、社会等方面的叙述整体上给人以断断续续、时隐时现的印象，缺少连续性、统一性。实际上，该书作者已经认识到这一点："中国近代历史内容丰富多彩，革命是那个时期的时代主调，本书的写作，实际上贯穿着政治史的基本线索，限于篇幅，对经济史、思想文化史、社会史等领域，虽有涉及，仍然不能满足读者的需要。"（第1卷，第62页）

（原载《近代史研究》2007年第5期）

《中国近代报刊史探索》序*

　　媒介史是媒介学与历史学的交叉学科，主要探究传媒事业发展、演变的历史轨迹及其呈现出来的客观规律。媒介史应探索传媒行业兴亡盛衰的规律，而不应仅仅拘泥于揭示报刊办刊时间、地点、人物等，将活生生的媒介史写成新闻业大事年表。中国报刊通史及媒介通史理应有不同的写法。天根自2003年至2008年在安徽大学任教及在复旦大学做博士后期间，着手新闻史、媒介史的研究，发表了相关文章，有了些探索，该书便是他在媒介政治功能方面进行学术探索的一部分，即他所著的《中国近代报刊史探索》的第一卷（《晚清报刊与维新舆论建构》）。

　　媒介与政治有不解之缘，媒介具有政治、经济、文化等功能。就政治功能而言，媒介既是社会舆论的平台，又往往作为政治资本变成政党牟利的工具。由此而言，媒介史研究涉及媒介与政治压力间的关系。救亡图存条件下的媒介史探索，尤要关注对党派意识如何作用于政党报刊的研究。检视晚清媒介对政治舆论环境的建构及在救亡图存历史条件下媒介与近代的社会动员、反动员等错综复杂的历史图景，媒介对政治解构或建构的反差，在媒介史、政治史研究上特别有魅力。在近代中西文化会通中，媒介政治功能的开掘与救亡图存历史使命纠缠在一起。鉴于此，研究媒介的政治功能一直是晚清政治史、媒介史的难点、重点。对媒介与政治关系的探

*是篇为《中国近代报刊史探索》第一卷《晚清报刊与维新舆论建构》序言。

讨，政治学界偏向政治传播，传播学界侧重媒介扮演的政治角色。天根同志将两者结合起来进行探索，而这在研究的范式上也对我们有所启迪。

对于媒介史的研究可以有多个视角，可从政治也可从文化的层面来探讨。从文化层面看民主、科学等同仁办报思想与从政治层面看政党办报思想，就很不一样。新闻现象呈现的状态虽然不同，但其探究的规律则基本上一致。由此可见，坚持新闻史研究中本体论的价值取向，实际上是新闻学研究中专业精神及学科意识的体现。天根采用媒介与政治建构的分析框架解析晚清媒介政治功能的嬗变，既从外缘的角度检视西方侵略与近代传媒空间上的位移关系，也从内缘的角度分析传媒的党性与晚清政治变革的关系，颇有新意。

天根在复旦大学新闻学院珍稀资料室及上海图书馆、徐家汇外文藏书楼费时两年，通过对珍稀报刊广泛搜集与阅读，获取了第一手材料，这为研究成果的客观性、科学性提供了切实的保证。

天根的《中国近代报刊史探索》第一卷即将出版，撰此以为序。

（2008年中秋撰，是书合肥工业大学出版社同年出版）

《群学探索与严复对近代社会理念的建构》序

严复研究是近年来学术研究的热点，国内举办一些大大小小的会议专题探讨严复的学术思想，差不多每年一次，尤重严复的科学思想及其在思想启蒙中所做的贡献。天根同志原系广西师范大学中国近现代史方向硕士研究生，毕业后留校，后考入北京师范大学，跟随我研习中国近现代文化史。其博士论文探究严复社会学思想，在思想与社会互动的框架中探讨严复群学（即社会学）著译，重在比勘严复译著与原著文本的不同，充分发挥了自己原来就读英语专业的一些长处。近年来该同志发表了一批学术论文及著作，尤其是对《天演论》的探讨，有一定学术反响。

随着严复思想研究的整体推进，严复社会学思想的研究取得初步成果，也存在一些问题，主要是严复社会学思想发展轨迹是怎样的，前期与后期有无变化，与同时代人相比，有何异同及其原委，仍属薄弱环节。研究视野也有待拓展，以往研究者多关注严复社会学思想是什么，而结合严复对西方社会学著作的翻译、诠释与裁剪，从社会变革层面上探讨严复社会学思想的嬗变与社会转型的关系，以及知识界就严复对近代社会理念的评判与抉择，很少涉及。天根的探索恰恰从这些方面展开。

天根认为，对作为思想家、翻译家的严复，研究他的社会学思想可从社会与思想、翻译与思想的互动中考察。

首先，在社会与思想互动中审视严复社会学思想嬗变之轨迹，有利于研究者探究近代学术与社会转型之间的关系。主要有两个方面。其一，严复社会学思想深受斯宾塞等影响。他坚持社会进化论，主张社会有机体论，有自己的社会学思想应用形态"从物理到政理"及"国民素质论"，并将其用于解析近代社会，具有较强的实践品格。其二，严复社会学思想深受战争影响。甲午战争中国的战败被国人视做日本学习西方的胜利。他注重从学理层面探究西方的富强，著译介绍达尔文生物进化论、斯宾塞的社会进化论，反对赫胥黎伦理教化。日俄战争中日本的胜利被严复视做君主立宪制对君主专制的胜利，他认为中国要搞君主立宪。严复借评点老子将西方社会进化论与老子"道法自然"思想结合起来，意在为立宪奠定学理。第一次世界大战前后，列强侵略给落后国家带来残酷的现实：众多侵略者一旦自身势力均衡被打破，世界大战便写进人类历史。这在严复的思想中明晰地反映出来：渴望富强的他仍推崇君主立宪制。面对西方伦理危机，他日益趋向重伦理的儒学。针对如何走出专制王朝藩篱的"历史循环论"，严复认为：理想的社会建构是君主立宪制与儒家伦理并存而又剥离。

其次，在翻译与思想互动中剖析严复社会学的构建。天根以《天演论》、《政治讲义》、《群己权界论》、《群学肄言》和《社会通诠》等与社会学密切相关的译著为中心，进行中、英文比勘，从而把握译作与原著的距离，原著所表达的社会学思想对译者的影响，译者自己固有的社会学思想如何投影到其译作中，进而深层次地探讨因作者与译者文化背景的差异，导致两者社会学思想之间的对话与交流如何在译作中得以体现，以展示严复译著的宗旨，即对学理的追求，对现实政治的关注。

天根注重纵向剖析，还将与严复有类似经历，诸如翻译介绍西方社会学著作并致力解决中国现实社会问题及清理学术遗产的章太炎进行比较。严复与章太炎就引进西方社会学著作应具备的翻译水平、因译作传播而形成的价值导向等问题进行了商兑、辩论。在早期"西方社会学中国化"历程中，严复对"西方事理"的推崇和章太炎对"本土经验"的强调体现了近代社会学变迁的学术发展态势，严复、章太炎的学理建构路向代表了近代社会学转变历程中的发展态势。他们对传统社会理念羁绊下近代社会学思想的建构与创新，为我们考察中国传统社会理念在近代社会的沿革提供了独特的视角。以往很少有人研究，作者在这一方面进行了探索。

通过研究，作者得出了一些值得关注的结论。作者以英文著作及有关严复史料为基础，提出：严复认为西方社会学是科学，社会学含括的政治学也是科学，政治学主张的君主立宪制也是"科学"；严复还认为儒家伦理属"非科学"；而理想的社会建构应该在制度上搞西方科学意义上的君主立宪制，在精神上强调儒家伦理，两者的关系是并存，而又不互相干涉。作者结合其时的社会语境，通过中英文本的比勘，指出严复社会学思想反映的问题：严复社会学思想的功利性。严复深受西方社会学思想的影响，他引进西方社会学时只要对启迪国人有用，对中国社会有用，便照样搬进来。经过严复数次诠释的"物竞天择、适者生存"，也包含西方社会学思想中的几近弱肉强食的游戏规则，便是明显的案例。就是被引进的社会学理论部分，也只有那些能解决中国近代社会转型中出现的社会价值失范以及制度危机的，才能得到阐发，甚至是斯宾塞也没有意识到自己表述产生的文化意象会在严复的社会学思想中得以重建。这又和严复理论立足点，即与严复从西方语境中看中国，从半殖民地文化语境中看世界有关。

严复社会学思想是建立在对农耕文明背景下中国荀子、老子、庄子、司马迁等为代表的传统社会思想进行反思、重估，对世界资本主义背景下以斯宾塞、赫胥黎、密尔、甄克思等人为代表的西方社会学思想进行评判、选择的基础上，再加上他所处近代中国半殖民地半封建社会的环境，这和早期西方社会学创始人所面对的原创性资本主义迥然有别。因此，其社会学思想中的复杂性，是历史时空本身具有的复杂性、矛盾性的反映。作者的结论有宏观的历史视野。

总体而言，在近代社会理念建构的社会语境中，严复为西方社会学中国化做出了杰出的贡献。

以上论及的严复社会学思想及其流变，天根在书中都做了详细的阐述和分析。他能广泛搜集原始史料，肯于钻研，客观地对待已有的学术成果，其学风是严谨的。天根有较扎实的中国近现代史及传播学专业学养，希望他继续将两者结合起来，研究严复译著及其传播效果，为中国近代文化史研究做一些新的探索。

（2009年5月20日撰，是书黄山书社同年出版）

《求富与近代经济学中国解读的最初视角——〈富国策〉的译刊与传播》序

"富国策"原是晚清较为流行的经济学中文译名。19世纪70年代，美国传教士丁韪良担任京师同文馆总教习时，曾开设"富国策"即经济学课程，并以英国经济学家法思德（Henry Fawcett）的《政治经济学提要》（Manual of Political Economy）为教材。1880年，在丁韪良督率下，同文馆副教习汪凤藻将该书以《富国策》之名翻译出版。《富国策》问世后，不仅被其他学校沿用，而且社会各阶层从不同的角度对其进行介绍和评价。长期以来，学术界对《国富论》、《资本论》等经济学译著关注较多，而对《富国策》的研究既不系统，成果也有限，而且还有很多误解之处，难以反映出《富国策》的全貌和其所蕴涵的价值。这与其作为近代中国首部经济学译著的地位是不相称的。因此，对《富国策》进行系统的研究，借以考察西方经济学说在近代中国的传播和影响，不仅对拓展中国近代经济思想史的研究具有重要的学术价值，同时对我们学习马克思主义经济学说也有帮助。

张登德同志在2000年至2003年跟我攻读博士学位期间，就曾涉及《富国策》的研究。他的博士论文《陈炽研究》中的"《续富国策》和《富国策》关系研究"一章就与此有关。但是限于论文选题，许多与"富国策"相关的问题并没有展开论证。毕业后，他到山东师范大学历史系工作，继续搜集这方面的资料，并加以梳理、考证，终于完成对这一译著的研究，弥补了学术界的不足。这是到目前为止第一部研究《富国策》的专著，其学术价值是不言而喻的。

至于西方经济学说是何时传入近代中国的，学术界有不同的看法。该书作者尽可能地搜集到了这些观点，并对19世纪80年代之前外国人和中国人对西方经济学的介绍和认识进行了梳理。这对我们了解这一时期西方经济学的传播是有帮助的。作者还从京师同文馆、总理衙门、丁韪良等层面分析了选择翻译《富国策》的原因；对原著者法思德的生平与著作、"富国策"译名以及《富国策》的翻译蓝本、出版时间、译著者等进行了详细考证和辨析，提出一些很有价值的见解。尤其是在分析法思德的思想源流时，作者不仅将其与亚当·斯密和约翰·穆勒之间的关系进行分析比照，而且将译本中的"葛氏"、"拔氏"、"羊氏"、"斯氏"、"韦氏"、"童氏"、"柏腊息氏"等令人费解的人名进行了考证和介绍。这给读者阅读《富国策》提供了方便。

《富国策》出版之前，中国人所接触的西方经济学多为一些普通的常识，理论价值不大。《富国策》则把西方经济学中的生产、交换、分配、消费等理论系统完整地展现在中国人面前，此后经济学观念开始影响到中国的知识界和决策者。该书对于《富国策》中的财富、赋税、货币、交换、分配、自由贸易等西方经济学理论进行了详细分析。同时，对亚当·斯密的分工和赋税学说、大卫·李嘉图的地租学说、马尔萨斯的人口论、傅立叶和欧文的空想社会主义学说等，进行了客观的介绍和评价，并指出这是西方经济学家的理论首次传入中国。这也是该书的重点之一。作者所做的分析妥帖，多有补前人未及之处。

要想真正了解中国人是怎样认识西方经济学的，将原文与译本对照分析无疑是一个非常好的方法。该书通过双语式的比勘分析，指出汪凤藻的译文与原著之间存在着三个值得注意的问题：一是对原著内容的大量删削；二是译文中掺杂了不少汪凤藻的意见；三是对原著作了一些调整。同时论证了汪凤藻虽然不是政治经济学专业出身，但是他具有良好的英语和中文水平，还是将《富国策》中所阐述的西方经济学理论基本上翻译出来了。做这种文本的对照分析需要平心静气和甘坐冷板凳的精神，方能有所作为。作者从国内外各大图书馆找到了《富国策》的英文原本及其他版本，《富国策》译本的不同版本，并做了详细的分析论证，使结论建立在翔实可靠材料的基础之上。作者所做的这些工作，表明了其治学态度的严谨，是值得赞许的。

该书的研究体现了作者具有较开阔的视野。作者不限于研究《富国策》本身，而是采用比较研究的方法，将《富国策》与《重译富国策》、白话文本《富国策》、《续富国策》、《富国须知》、《原富》、《佐治刍言》、《富国养民策》进行了比较分析，使得这项研究更有深度，所做的结论也是可信的。

作为京师同文馆的经济学教材，《富国策》不仅供馆内学生使用，而且免费送给全国官员阅读。作者用较多的篇幅论证了《富国策》的传播和影响，指出：《富国策》出版后，有多种版本问世，许多报刊书目予以介绍评论，表明《富国策》传播范围广泛；影响了中国士人的价值观，传统的义利观和本末论受到了前所未有的冲击；促进了中国经济学学科的建立；引发了经济学著作翻译的热潮；成为外国人著书说理的重要依据等。同时，从受众群体、该书内容、传播媒介等方面剖析影响《富国策》传播的因素，作者不囿成说，其中不乏精当之论。

人无完人，书也没有完书。该书也存有不足之处。诸如，对某些经济学理论问题的分析不够，书中某些文句也有值得推敲之处。

关于西方经济学说在近代中国的传播和影响，是一个大课题，希望登德同志在研究完《富国策》后，能够继续对其他传入中国的西方经济学译著进行探讨，为繁荣我国学术做出更大的贡献。

（2009年6月8日撰，是书黄山书社同年出版）

《我们的家园》序

　　中国是一个幅员辽阔的多民族国家。中国的文化博大深邃，气象氤氲，绵延悠久，是中华民族五千年积累下来的智慧、感情、意志和能力的结晶。一般来说，中国文化包含着中华民族独特的共同精神、思维方式、心理状态、审美情趣和价值取向，是中国人民极其宝贵的精神纽带和思想资源。五千年来，中国文化几经兴衰变化的严峻考验，表现出顽强旺盛的生命力和无与伦比的延续性，它使中华民族牢固地凝聚在一起，始终坚强地立足于世界民族之林，保持着一个伟大民族的生机与活力，其文化精神熠熠生辉。

　　但是，中国文化作为中华民族奉献给人类的宝贵遗产，迄今为止，人们对它的认识仍然很不够，甚至不乏苛求、偏见和贬斥。其中，有近代中国社会的相对滞后和西方价值观的冲击与挑战的原因，也有由于"百姓日用而不知"，对自己源远流长的文化或仅存直觉的感受，而缺乏理性的了解等原因。五四以来，我们虽然提出了应该总结和继承优秀的中国传统文化，但在实践中，否定多于肯定，批判多于继承；甚至在部分国人的观念中，对我国五千年优秀文明有着某种程度上的否定，西方文化中心说和中国文化西来说助长了对中国传统文化的怀疑以致否定。这些都对中华民族的自尊心和自信心产生了很大的冲击，使得中国广大青少年的传统文化知识贫乏，文化认同感较差。在这种情况下，深入了解和正确认识中国优秀的传统文化成为当前国家和社会一个极为迫切的现实问题；而推荐和撰写一些传统文化读本，使广大中国人了解自己的文化，则是评价和抉择、继承和发展的前提。

当然，文化作为人类既往行进、发展的记录，是多元多面、错综复杂的。一些介绍中国文化的教科书，虽然视野开阔、内容翔实，可以作为对中国文化了解的基础，但大多比较板滞，带着浓厚的说教意味，可读性不够强。见解独到、精深奥妙的专题研究性著作，有的很玄妙，哲理性很强，但不一定适合大多数读者。际此21世纪，交通日繁，文化交流与日俱增，最需要的是能引导人们与文化对话，从心灵感受历史，以及启迪人们对文化进行反思的著作。

摆在读者面前的这本《我们的家园》是一本值得一读的新型文化读本。作者用典型的事例和材料，向广大读者介绍了中国文化的诸多方面的基本知识，同时客观地介绍了新中国成立以来社会主义祖国在各个领域取得的辉煌成就，让读者真实地感受到中华文化演进的脚步。近百幅生动的彩图，散文式的轻松写法，使读者能于闲适愉悦之中，把握中国历史的大势，领略中国文化精髓；大民族的写作视角，文化特质的着力阐释，可以引领读者重履中华历史文明的进程，再观民族文化的交融，品味地理山河的跌宕不朽；其中蕴藏的成败之道、历史规律、文化精神，具有较强的参考价值和现实意义。

希望有越来越多的既有深邃内容又通俗易懂的中国文化读本出版，不仅能为广大读者提供一种对中国文化的生动的、通俗的介绍，而且能提供一种对中国文化的新鲜的、有深度的认识，使中国文化的本来面貌得以还原。我们相信，中国文化经由传承与创新，对未来中国和世界文明的发展，必将产生无可估量的深刻影响。

是为序。

（2009年11月撰，是书福建人民出版社2010年出版）

《咸同年间清廷与湘淮集团权力格局之变迁》序言

  晚清时期，中央和地方权力格局的发展趋势，尤其是自镇压太平天国起义以来到清末逐步形成的两大军政集团——湘淮集团、北洋集团，与清中央皇权之间权力关系的复杂演变过程，历来是学界瞩目的研究领域，经过百余年的研究，迄今仍不断有新的成果出现。对于这一领域中若干核心问题，学界基本形成一些较为系统的看法，其中尤以晚清实力督抚专擅地方行政、财政和军政权力，逐步并最终形成地方势力"尾大不掉"，"内轻外重"的政治权力格局的观点，最为盛行。大体而言，目前学界已有成果的总体取向，是着重对湘淮、北洋等地方集团分享中央权力的探讨，而对于清中央政府方面的应对和举措，较少着意。

  邱涛的《咸同年间清廷与湘淮集团权力格局之变迁》，正是对咸丰、同治时期清廷与湘淮系地方实力集团在镇压太平天国、捻军等战争过程中和战后时期的权力博弈，以及在地方实力集团强力冲击中央集权体制的情况下，清廷逐步采取的反制措施的演变过程的探讨，并在此基础上分析得出。咸、同年间以至整个晚清时期，中央和地方权力格局变迁的大势是：政治权力格局的发展趋势总体上并没有呈现出中央权力不断削弱、地方权力不断增强的单向度的、直线式的走向，而是中央在不断受到冲击、有所削弱的过程中，逐步反制并重新稳固中央皇权的一种双向的、波浪式的、拉锯式的发展趋势。这一分析是建立在坚实的史料基础上的，反映出作者扎实严谨的治学态度。

一般认为，太平天国起义爆发后，在内外因素的作用下，清王朝长期实行的高度中央集权不断受到巨大冲击，以湘淮系为主的地方军政大员的权势明显增强，这是不争的事实。但是，面对地方势力的迅速发展，甚至是步步进逼，清廷并不是束手无策、步步退让，而是采取了一系列措施，进行了较为有力的制约和反击，并取得了显著的效果。当然，清廷反制的政策措施的发展、演变、成熟有一个演化的过程。应当说，面对湘淮集团的崛起，最初清廷还是沿用旧有的利用和压制并重的政策，但是，清廷倚重的绿营军不堪重用，而湘军在战斗中日益显露出的强大战斗力，迫使清廷不得不直面战争压力，进行政策调整，将奖励军功政策和全面实施分化制约的政策结合起来，同时辅以牵制、挤压等政策，获得了分化湘淮集团的效果。当然，湘淮系地方实力集团通过战争迅速崛起，在向中央争权并已经获得一定效果的情况下，对清廷的反制政策也会竭力开展攻势行动，这就决定了清中央和地方之间权力的争夺和转移不是单向的、直线式的，更不是摧枯拉朽式的，而是双向的、波浪式的、拉锯式的。

探讨晚清中央和地方的权力关系，很重要的一项指标，就是清王朝是否还掌握着以督抚为代表的文武官员的任免、调动权力。清中央政府对文武官员黜陟权力的垄断，是清朝中央集权制度的重要内容和基石。一般认为，随着湘淮集团、北洋集团相继崛起，以曾国藩、李鸿章、袁世凯为代表的地方实力督抚控制了清王朝的地方权力，湘淮集团和北洋集团成员长期占据着大量督抚职位，并掌握着本省区督抚以下官员的黜陟权力，清廷对他们无可奈何。邱涛在书中认为，随着太平天国战争的长期化、持久化，清廷在战争中越来越依赖湘淮军队，也就不能不接受湘淮集团的要求，授予湘淮人员越来越多的官职，且随着湘淮将领职位的不断上升，甚至不得不任命部分湘淮高层人员为封疆大吏，这使一部分政府权力落入湘淮集团之手。但是，清廷仍有能力在湘淮督抚任职的省区和相邻省区布置牵制力量，并在湘淮督抚的任职和权限上，利用湘淮人员之间的矛盾进行操控。而这部分湘淮集团成员成为政府官员之后，清中央同时也就有了更多的手段对其思想、行动施加影响和约束。在实践过程中，清廷着力利用高级官职对一些湘淮高层人物进行拉拢、分化，动摇曾国藩在湘淮集团中一人独尊的局面，破坏湘淮集团的内部团结，从而达到了维持并重新稳固中央对地方的控制权力的目的。因此，无论在战时还是在战后，除曾国藩、左宗棠、李鸿章等少数例外情况外，湘淮督抚均无法长期任职于一个固定的省区，更没有出现清中央无法调动、形成实质上的割据的局面。从咸丰、同治两朝，再扩及光绪朝，有几项督抚任职期限和调动情况的关键指标和数据，可以说明这一问题。三朝中任职某一省区在六年内的总督比例为84.6%、巡抚比例为94.9%，与学界普遍认为的中央皇权未受冲击的嘉庆、道光两朝的任职在六年以内的总督比例89.3%、巡抚比例96.3%，基本相当，并无重大变化。可见某一固定省区的督抚大部分的任职时限短暂，并未形成割据的局面。另外一项数据，就是专制君主为防止督抚在某一地区形成割据势力，而频繁调动督抚，在咸丰、同治、光绪三朝，总督通过调动离开原职的比例达到46.2%，与嘉庆、道光两朝的比例45.9%相比，并无重大差异。可见，随着清廷控制力的逐步恢复，它对地方督抚的任命调配的掌控更趋有力，清廷仍能有效控驭各省督抚。至于长期任职某一省区的曾国藩、左宗棠、李鸿章等特例，邱涛在书中也作了专门探讨，指出他们长期任职某一省区是出于清廷的特殊需要，而且清廷仍可以根据自己的需要，顺利地调动、任免曾、左、李三人。

探讨晚清中央和地方的权力关系，第二个重要因素，就是清廷是否能有效掌控国家的财税分配权力。在镇压太平天国战争期间，清廷对全国各省区财税的控制权力确实受到冲击，全国各地的传统正税因为战争而大量减少，军费开支却大量增加，清廷的财政储备根本无法应付，各省按照传统税项征收并上缴中央的财税同样无法支撑军费开支。为了筹措军费，清廷不得不允许各省督抚和统兵大员自筹饷糈，在奏报清廷同意的情况下，开征厘金等新税。在一段时间之内，传统正税的增减和具体征收情况，清廷虽仍能大体掌控，但也不可能做到像原来那样严格；对于厘金等新税的征收支用，则因具体征收地点和期限存在时设时撤的情况，数量难以明确划一，清廷也就不能准确估算其数额。不过，各省厘金等新税征收的大概数额，清廷还是能基本掌握的。同治二、三年开始了整顿厘金工作，一段时间之后，清廷完成了对厘金的掌控。因此，清廷在经历了最初的冲击之后，逐步通过强化协饷制度、京饷等专项经费解款调拨制度，以及加强对厘金和海关洋税等新税种的控制，强化对各省区财税的调配权，形成了中央在平时能有效掌控全国财税权力大局，并给予各省区以一定、可控的自主权，在战时能有效调配中央和各省区财税的局面。而地方督抚则难以有效控制大量的地方财税，无法聚积割据一方的足量经费，也无法掌握能长期维持割据局面的资金来源。

探讨晚清中央和地方的权力关系，第三个重要因素，就是清廷能否有效掌控军队。湘军和淮军这种临时军队性质的勇营在太平天国战争中崛起，并在战后裁撤的基础上留防各省，在晚清随后的三十余年时间中占据着清朝军力的重要地位。重新确立对军队的控制权力，就成为经历了太平天国战争的清朝最高统治者的重要目标。清朝最高统治者不仅在战争过程中不断寻求重新全面掌控军队的办法，战后更是随着中央权力的逐步恢复，钳制立有赫赫战功的湘淮勇营将领，重建中央控制的经制军队，这是清廷掌控军队的重要手段。从太平天国战后对勇营数量的裁减和控制情况看，虽然有讨价还价的情况，但清中央基本占据着主动，一般能将驻防各省的湘淮军总量控制在20万人左右，并能有力、有效地扼制湘淮军数量扩张、膨胀的企图。此外，清廷通过对湘淮军的分化制衡，通过任命湘淮勇营将领担任各省绿营军提镇及以下各级武官，在给予他们权力、地位和经济利益的同时，使他们调离原辖勇营，这有利于清廷控制湘淮勇营及其将领，改变了在镇压太平天国起义时期清廷对军队调控权力弱化的局面，使得清中央不仅在承平时期，即便在此后的战争时期如中法战争、中日战争期间，仍能有效行使中央对军队的控制权力。同时，清廷还通过编练新军、建立经制长江水师和近代海军等途径，重建由中央统一控制的军队。到清末又编练新军，计划全国共练三十六镇新军，由中央掌控新军的编练和供饷。

总体而言，虽然地方实力集团利用战争形势冲击了清廷高度集权的体制，获得了一部分原属中央政府控制的权力，但是，由于清廷在面对战争冲击，不得不与地方督抚分享部分权力的情况下，采取了较为有效的应对措施，最终重新稳固了中央对全国行政、人事、财税和军队的控制权力，使得至少在咸丰、同治时期尚看不出地方政府极大分权，中央控制力极大减弱的状况。而更多、更翔实的材料则进一步说明，整个晚清时期，清王朝高度集权的专制统治确实受到冲击，一度出现了"内轻外重"的倾向，但清王朝最高统治集团通过种种手段，基本维持了中央权重的局面，直到慈禧太后死前，并未完全形成"内轻外重"、地方势力"尾大不掉"的严重局面。

对于学术问题，有不同意见，提出来讨论，既正常，也是好事，这有利于学术的发展。邱涛同志当也会欢迎读者对其见解提出商榷。

（2009年12月撰，是书北京师范大学出版社2010年出版）

清代外交礼仪研究领域的拓荒之作

——读《清代外交礼仪的交涉与论争》

外交礼仪是外交活动得以开展的一种形式。它虽然并不构成外交的实质内容，但也不容小视。有清一代，外交礼仪经历了较大的嬗变与转型，而这一变化是同中国社会从传统向近代转型相一致的。所以，考察清代外交礼仪的嬗变与转型，对于我们了解清代政治制度尤其是外交体系的转型大有裨益。揆诸以往学界的研究状况，除却一些单篇论文和少量硕士、博士论文外，尚无系统探讨清代外交礼仪的专著问世。近见王开玺教授积十数年辛勤钻研之功而撰成的《清代外交礼仪的交涉与论争》一书，颇觉欣慰。该书对诸多问题进行了全面而深入的考察，就笔者研读所得，以为大致具有如下三个特点。

第一，循名责实，对与外交礼仪相关的概念进行溯源和释义。由于外交礼仪牵涉问题甚多，所以对其相交概念的解释就显得尤为必要。作者于书中专门辟出绪论一章，就"外交"、"传统外交"、"近代外交"、"礼"、"仪"、"礼仪"及"外交礼仪"等概念由来进行了严谨周详的追溯和解释，让读者明白诸多名词同外交礼仪间的关联，亦使人了解到外交礼仪虽不构成外交活动的实质内容，但并非无足轻重，可有可无，它是反映国家关系、传递政治信息、取得外交效应的重要途径。

第二，严整贯通，全面系统，对清代外交礼仪的演变脉络详作梳理与归纳。与此前朝代迥然不同，清代社会经历了由传统到现代，从闭关到开放的发展轨迹，与之相伴，外交礼仪也几经更迭与嬗变。作者以不同历史时期为纵轴，以重大外交事件为横轴，在占有大量清代外交档案史料的基础上，细心梳理，深入分析，勾勒出清代外交礼仪变迁之大貌。尤为可贵的是，作者根据交涉与论争的不同性质，将清代的外交礼仪之争分为三个阶段：第一阶段自明末清初至1840年鸦片战争爆发前，其性质属于两个主权国间的争执与交涉；第二阶段自1840年第一次鸦片战争至1900年义和团运动前，其性质属于西方列强对一个主权国家的强制、侵略；第三阶段从1901年《辛丑条约》的签订到清王朝覆灭，此时期中外之间的礼仪纠葛，都不再具有主权国家间礼仪之争的性质，完全变成西方列强单方面向清王朝提出各种礼仪要求。同时，清代外交礼仪的近代化与趋同，并非独立正常发展的自然结果，这种形式的变化，"其实质内容则是中国沦为半殖民地国家的悲惨命运"。应当说，作者对清代外交礼仪分期和实质的把握准确到位，于该领域无疑具有开创意义。

第三，考辨细密，对诸多清代外交礼仪事件的解析不乏新意。该书作者对清代外交礼仪事件的解读有两点特色：一是就以往关注不足的事件详加剖析。如尼果赖使团来华一事，作者将该事件的来龙去脉仔细考论，把中俄双方的外交态度和应对加以对比，使读者了解到这是中俄外交礼仪冲突中的典型案例；二是对于大家耳熟能详的老问题，作者亦能从独特视角给出新解。马戛尔尼使华即是一例。作者以中英双方在外交礼仪方面的分歧为切入点，对二者于礼仪方面的利弊得失详加探讨，颇富新意。从而让读者明白，马戛尔尼使华事件非但没有促使清朝统治者改善外交礼仪，反而强化了他们天朝上国的传统观念，对固有的礼仪规定愈发坚持。这也就为后来清政府在中外冲突中屡受挫折埋下伏笔。

当然，本书亦并非没有瑕疵。如对于学界在该领域的研究状况缺乏相应的学术史回顾、外文资料的征引也并不丰赡等。但是，瑕不掩瑜，王开玺教授这本厚重的学术著作，论述缜密，考证扎实，代表了当前国内学界对晚清外交礼仪研究的最高水平，为进一步深化清代外交礼仪的研究提供了一个很好的平台。

（原载《光明日报》2010年6月22日）

《求是室文集》前言

　　收入本书的文章，是20世纪90年代以来发表于报刊和载于有关的论著中的，按类分别编录。主要包括历史观和方法论问题，历史研究中存在的一些问题，关于中国近代文化史的研究，中西文化交流，文化与社会的关系，清代的理学，辛亥革命和孙中山，五四运动和新文化运动，对儒学和儒家的评价，经济全球化问题，"告别革命"和历史虚无主义，历史教育，史家纪念，著作的序跋，以及书评等。

　　收入本书的文章，内容、观点均未改动，只就个别文字作了修饰。

　　感谢北京师范大学历史学院提供本书出版的机会，也感谢编辑同志为此书的出版付出了辛勤的劳动。

（2010年4月20日撰，是书社会科学文献出版社2011年出版）

《学术探求与春秋大义：魏源〈诗古微〉研究》序言

　　近年来，随着学术界对传统文化研究关注度的不断提高，关于经学研究的著作日渐增多，晚清学术思想成为新的研究热点。尤其是一些青年学者不断加入这个研究群体，为之增添了不少活力。

　　晚清以降，受到西学的不断冲击，经学开始走向衰落，并最终失去了意识形态与思想文化领域的正统地位。在这个衰落过程中，为适应新的社会形势，经学内部也发生了新的变化，以名物训诂为特征的古文经学受到人们的质疑甚至是厌弃，以春秋公羊学为核心内容的今文经学得以复兴。关于这一点，学界已有较多论述，但对于清代今文经学家经学思想的具体细化研究，还存在一些明显不足，魏源即是一例。

　　魏源尊奉今文经学，在传统学术研究方面颇有造诣，所著《诗古微》、《书古微》是清代今文经学史上的力作。但自清末以来，李慈铭、章太炎、刘师培等人对魏源的经学多持否定态度，而对魏源的《海国图志》及其经世思想评价颇高。新中国建立后魏源研究也是史学界的一大热点，20世纪80年代改革开放以后，魏源的学习西方思想与改革开放思想，特别受到学术界的关注，直到目前，有关魏源研究的论文专著仍不断涌现。但关于魏源经学思想的研究却相对薄弱，特别是《诗古微》、《书古微》较为专门，难以卒读，故学术界对其今文经学思想或避而不谈，或仅就其个别篇章来立论，这样显然不能做到全面和深入。

　　曹志敏同志跟我读博士之初，经过认真思考，并与我讨论，决定研究魏源的今文经学思想。这是一块硬骨头，做起来有较大难度。曹志敏同志愿意尝试，敢于迎难而上，勇气可嘉。在慎重思考后，她决定从《诗古微》入手，以个案研究的方式来探讨魏源经学思想，并以《魏源〈诗古微〉研究》为题，完成了近20万字的博士论文，顺利通过了答辩。如今，通过她的反复修改，形成了目前这部专著，在相当程度上弥补了学术界关于魏源具体经学著述研究较少的缺憾。

为了写好这部书，曹志敏同志下了很深工夫。她一方面细致梳理近百年的魏源研究现状，对相关问题的推进情况做到心中有数；另一方面，再三研读《诗古微》一书，并注意参阅魏源其他的经学著作，从而较好地把握了魏源经学思想，而不是就事论事，泛泛而谈。再者，中国历代有关诗经学的著述可谓浩如烟海，学苑出版社出版的寇淑慧所编《二十世纪诗经研究文献目录》，仅列20世纪的诗经研究书目，就多达459页，自先秦两汉以来的《诗经》研究著述之多，可以想见。因此系统梳理中国诗经学史，是一项非常艰苦的工作，但曹志敏同志不畏艰难，认真阅读了大量诗经学著作，比如此书对历代《诗经》研究情况的回顾，虽然是为了论述《诗古微》的成就、特色作铺垫，但由于作者做了细密的专门研究，对历代《诗经》文献较为熟悉，因此比较准确地把握了历代《诗经》研究的基本特色与主要成就，而并非"束书不观、游谈无根"的泛泛之论。

学术著作贵在创新，难在创新。但本书关于《诗古微》对《诗经》世次的考辨、对《诗经》学术问题的探求，对《春秋》微言大义的阐扬等问题的论述，却有自己的见解，颇富新意。书中指出，对《诗经》世次体系即创作年代的考证，贯穿《诗古微》全书，成为一条主线。作者认为，《诗古微》全面考证《诗经》的世次，在诗经学史上具有重要地位。魏源的考证方法与考证思想，也应得到足够的重视和准确的定位。此外，清代今文经学家治经，注重阐发经书的微言大义，如庄存与、刘逢禄等皆是如此，学界一般认为魏源治经好求微言大义，但究竟应该如何阐发魏源《诗》学著述与《春秋》大义之间的关系，却并不是一件容易的事情，学术界也没有专题论文可供参考。曹志敏同志通过解读《诗古微》的具体篇章，论证了魏源《诗》学思想与《春秋》大义之间的关联，系统考察了《诗古微》阐扬《春秋》微言大义的问题，为学界重新认识魏源的经学思想提供了十分有益的帮助。

当然，任何一部著作都不完美，本书也不例外。如《诗古微》与魏源其他经学著述之间，并非全无关系，书中虽有论列，但较为简单。同时，做完专门研究之后，希望曹志敏同志今后继续发扬严谨朴实的学风，将学术研究由专精而走向宏博，以更为广阔的视域，把握清代学术史研究，创新研究方法，拓宽研究领域，提升理论水平，取得更多更好的研究成果。

作为曹志敏同志的博士生导师，对于此书的问世，我不胜欣慰，但由于抱病在床，就不再多谈。

（2011年2月22日于二炮医院撰，是书社会

科学文献出版社2011年出版）